फूलको आँखामा

आनी छोइङ डोल्मा

nepa~laya

प्रकाशक
पब्लिकेसन नेपा~लय
कालिकास्थान, काठमाडौं
फोन : ०१-४४३९७८६
इमेल : **publication@nepalaya.com.np**
www.nepalaya.com.np

लोरँस दब्रिलसँगको सहकार्यमा फ्रान्सेली भाषामा लिखित मा भ्वा पुख ला लिबेख्ते, ओह ! एडिसन्सद्वारा प्रकाशित

गिरीश गिरीसँगको सहकार्यमा अनूदित नेपाली संस्करण, ओह ! एडिसन्ससँग भएको समझदारी अन्तर्गत रही पब्लिकेसन नेपा~लय, नेपालद्वारा प्रकाशित

© पब्लिकेसन नेपा~लय

संस्करण : पहिलो, सन् २०११
दोस्रो, सन् २०१३
तेस्रो, सन् २०१४
POD, सन् २०१८

१ २ ३ ४ ५ ६ ७ ८ ९ ०
९ ८ ७ ६ ५ ४ ३ २(२०००)

आवरण : जे.एन.आर. डिजाइन

Published by:
Publication nepa~laya
Kalikasthan, Kathmandu
Ph: 01-4439786
Email: publication@nepalaya.com.np
www.nepalaya.com.np

Original Copyright © 2008 Oh! Editions

First published in French by Oh! Editions

Original French title: Ma voix pour la liberté.
Written in collaboration with Laurence Debril

Translated in collaboration with Girish Giri, this Nepali edition is published by Publication nepa~laya by arrangement with Oh! Editions.

All rights reserved.

First Nepali edition copyright

© 2011 publication nepa~laya

1 2 3 4 5 6 7 8 9 0
9 8 7 6 5 4 3 2(2000)

POD edition 2018

Cover: JNR Dzine

ISBN: 978-9937-8740-9-0

Phoolko Aankhaama
Autobiography by Ani Choying Drolma

आभार

आफू जन्मेको परिवेशबाट मुक्ति खोज्दै अनकन्टार गुम्बाको शरणमा पुगेकी एउटी बालिका स्वयं रुमलिएकी हुन्छे। उसका पाइलाका डोबहरू कदाचित् पाठकका निम्ति रुचिकर भइदिए त्यसको सम्पूर्ण श्रेय औँला समातेर हिँडाइदिनेमा जान्छ। मेरो जीवनकथाले पुस्तकाकार पाइरहेका बेला म सर्वप्रथम आफ्ना आदरणीय गुरुहरूप्रति नतमस्तक छु। मलाई सदैव माया गर्दै आउनुहुने र सुनेर प्रेरणा दिनुहुने शुभचिन्तक एवं श्रोताहरूप्रति पनि आभार प्रकट गर्दछु। नागी गुम्बाका सम्पूर्ण आनीहरू र आर्यतारा स्कुलका विद्यार्थी एवं सहकर्मीहरूलाई पनि यति बेला धन्यवाद नदेई रहन सक्दिनँ।

मेरा भोगाइ फराकिलो घेराका पाठकसम्म पुऱ्याउन सुरुआती पहल गरिदिने फ्रान्सको 'ओह ! एडिसन्स' नभइदिएको भए सायद यी कथाहरू मैसँग रहने थिए। त्यसलाई सुनेर लेखनमा मदत गर्ने लोरँस दब्रिलको मिहिनेत प्रशंसायोग्य छ। त्यसैलाई अनेकौँ भाषामा संसारभरिका पाठकमाझ पुऱ्याउने विभिन्न मुलुकका प्रकाशकहरूप्रति पनि म आभार व्यक्त गर्दछु।

अन्यत्र धेरैले पढिरहेको पुस्तक मेरै जन्मभूमि तथा कर्मभूमिका आदरणीय दाजुभाइ, दिदीबहिनीका हातमा नपरेको भए पनि बेस्वाद हुने थियो। त्यो दायित्वका निम्ति अघि बढिदिने 'पब्लिकेसन नेपा~लय' प्रति कृतज्ञता जनाउँछु। यस पुस्तकका निम्ति अनुवादसहित मसँग सहकार्य गरेका गिरीश गिरीलाई धन्यवाद दिन चाहन्छु। भाषा सम्पादनका क्रममा महत्त्वपूर्ण सुझाव दिने पारसप्रकाश नेपाल, सुन्दर डिजाइन तयार पार्ने परिकल्पनाकार नवीन जोशी प्रति पनि आभारी छु।

आनी छोइङ डोल्मा

विषयसूची

प्रारम्भ १

१. खत ५

२. भन्टचाङभुन्टुङ १९

३. शरणागत २९

४. जन्मघरको बिदाइ ४५

५. पुनर्जन्म ६२

६. शिरमा फुल्ने इन्द्रकमल ७६

७. ओरालोमा ८६

८. बादलभन्दा माथिमाथि ९४

९. ठूली छोरी १०५

१०. संवेदनाका बाँधहरू ११७

११. एक्लोपन १३४

१२. अर्को सुरुआत १४४

१३. यात्रामा १५२

१४. आर्यतारा स्कुल १७२

१५. छोरो १९०

१६. दलाई लामा २०३

१७. फन्फन् उज्यालो २१३

१८. मृत्यु बोकेको सोमबार २३३

१९. टुहुरी २४७

उपसंहार २६१

प्रारम्भ

ताली गुन्जिरहेको छ। मञ्चछेउको एउटा कुनामा म टोलाइरहेकी छु। पाँच मिनेट वा त्यसभन्दा पनि बढी भइसक्यो, करतल ध्वनि थामिएको छैन। आयोजकमध्येका एकले मलाई कुइनामा समातेर सुस्तरी मञ्चतिर धकेल्दै भन्छन्, 'जानुस् अनी, उनीहरूले तपाईंलाई नै बोलाइरहेका हुन्। आफ्ना श्रोतालाई अभिवादन फर्काउनुस्।'

म अघि बढ्छु। हङकङको यो विशाल सभागृहमा मेरा सामुन्ने चौध हजार दर्शक छन्। यस किसिमको भव्य जमघट मेरो पहिलो अनुभव पक्कै होइन, तैपनि यो साँझ अलिक बेग्लै छ।

बेलायती शासकले यो भूमि चीनलाई सुम्पेको दसौं वार्षिकोत्सवमा आयोजित कार्यक्रमको सुरुआत मबाटै भयो, जहाँ छ सय बौद्ध भिक्षुका साथ गाउने मौका पनि पाएँ। समारोहमा चीन र ताइवानका केही लोकप्रिय गायकगायिका पनि समावेश छन्।

ताली र हौसलाको एकोहोरो आवाजले मलाई तुवाँलोले जस्तै स्पर्श गर्न थाल्छ। यहाँ वास्तवमा अचम्मै भइरहेको छ। मेरो मन्त्रोच्चारणबाट प्रभावित कतिपय भिक्षुहरू प्रशंसाका शब्द लिएर मछेउ धमाधम आइरहेका छन्। आफूतिर सोझिएका बत्तीको चकमन्न उज्यालोसामु

हामी सबै मञ्चमा लहरै हातेमालो गर्दै दर्शकहरूप्रति कृतज्ञता व्यक्त गरिरहेका छौँ ।

मानिसहरूले आफ्ना गीत सुनिदिएकामा मलाई खुसी लाग्छ । यसमा सफलताको प्यास छैन, न त यस्ता आडम्बरी कुरामा मेरो ध्यानै जान्छ। बरु यो मेरा निम्ति आफूसँग भएको बुद्ध ज्ञान साट्न पाउँदाको आनन्द हो । म प्रेम र भ्रातृत्वको गीत गाउँछु, जसमा सम्भावनाले स्वर पाएको हुन्छ । जति धेरैले मेरा सन्देश सुन्छन्, त्यति नै म रमाउने गर्छु ।

हङकङका बाटाहरूलाई छिचोल्दै मेरो गाडी होटलतिर बढिरहेका बेला म आनन्दले दुवै खुट्टा तन्काउँछु र लामो सास फेर्छु। थकाइले लखतरान छु । केही दिनमै फेरि म्युनिखतर्फ उड्नु छ । त्यसपछि म्याड्रिड, जहाँ अर्को कार्यक्रमले मलाई पर्खिरहेको छ । अनि बल्ल घर फिर्न पाउनेछु। काठमाडौँको घर, जुन बौद्धनजिकै छ र जहाँ म जन्मिएकी थिएँ।

म थाकेकी छु, हो, तर खुसी छु । मैले यो कार्यक्रम गरेबापत चित्तबुझ्दो पारिश्रमिक पाएँ । कति भने यसले मेरो स्कुलमा पढ्ने आनीहरूका निम्ति केही महिनासम्मै मजाले भरथेग गर्न सक्छ । मलाई योभन्दा महत्त्वपूर्ण अरू केही पनि लाग्दैन । मेरो आवाज साधन बनेको छ । त्यसको बलमा म सङ्घर्ष गरिरहेकी छु । यस्तो सङ्घर्ष जसले गरिबी र शोषणका सिकार नारीहरूको हितमा मोर्चाबन्दी गरिरहेको छ। नरकको जीवनबाट हाम फालेर अध्यात्म र ध्यानको बाटामा समर्पित धेरै नेपाली दिदीबहिनीका पक्षमा म लडिरहेकी छु ।

उनीहरू घरेलु दासी हुनुको साटो त्यसबाट मुक्ति खोज्दै आनी बन्ने गर्छन् । पशुतुल्य लोग्नेबाट मुक्ति पाउन, जसले स्वास्नीलाई

गधालाई झैँ काममा जोत्छ, त्यसमाथि उसलाई भक्कु चुट्छ पनि। यस्ता दृश्यहरूको स्वयं साक्षी भएकै कारण मलाई थाहा छ, यो सब कसरी हुन्छ। मेरा बा जस्तो हात उठाउने लोग्ने झेल्नु नपरोस् भनेर दस वर्षको उमेरमै मैले कहिल्यै बिहे नगर्ने निधो गरेकी थिएँ।

मेरा बा... मैले उहाँलाई अत्यन्त माया गरेँ र उत्तिकै घृणा पनि गरेँ। उहाँ मलाई गोरुलाई झैँ चुट्नुहुन्थ्यो, सँगसँगै देवीलाई जस्तो सम्मान पनि गर्नुहुन्थ्यो। मेरो जीवनमा दुई पुरुष उल्लेख्य छन्, जसले मलाई आजको अवस्थासम्म ल्याइपुऱ्याए। एक जना मेरा बा, किनभने उहाँले मलाई राम्ररी धुलाइ गर्नुभयो; अर्का, मेरा गुरु, किनकि उहाँले मलाई माया गर्नुभयो। म यी दुवै पुरुषप्रति ऋणी छु र दुवैलाई कहिल्यै बिर्सन्नँ। एकको ताडना र अर्काको करुणा नभइदिएको भए म नि:सन्देह आफूभन्दा बीस वर्ष बूढो कुनै पसलेकी पत्नी भइसकेकी हुने थिएँ। अन्य धेरै भोटिया महिलाहरू जस्तै आत्मसमर्पण गरेकी स्वास्नी जसको प्रत्येक बिहान पकाउनमा, दिन लुगा धुनमा र रात लोग्नेलाई सन्तुष्ट पार्नमा बित्ने गर्छ।

मैले सायदै लेखपढ गर्थें। त्यसको अर्थै पनि के रहन्थ्यो र! किनभने मैले त एक हूल केटाकेटी स्याहार्नुपर्थ्यो, कहिल्यै पूरा नहुने सपनाहरूको चिहानमा उभिएर। म चालै नपाई परनिर्भर र बन्धक बन्दै जान्थेँ। तर मेरो जीवन अन्तै मोडियो। म कति भाग्यमानी छु भन्ने मलाई मात्र थाहा छ।

'तपाईंका गीतले मलाई शान्ति प्रदान गर्छन्, आफूलाई सम्पूर्ण तनावबाट मुक्त अनुभव गर्छु, यो आवाजमा एक किसिमको भद्रता छ, धन्यवाद!' मानिसहरू मेरा गीत सुनिसकेपछि यस्तै प्रतिक्रिया दिने गर्छन्।

भद्र, हो, म भद्र हुन सक्छु। म विनम्र छु र मान्छेहरू भन्छन्– मेरो अनुहार र बोलीचालीमा एक खाले निर्दोषिता छ। पक्कै पनि मेरा मिलेका पाखुरा, हँसिलोपना र लचिलो शरीरले गर्दा यस्तो भएको होला। मुडुलो टाउको, सुन्तले पहिरन र संयमित प्रस्तुतिले पनि भिक्षुणीलाई बेग्लै देखाउँछ। म आफूभित्र अचानक उत्पन्न हुने प्रतिक्रियाहरू प्रकट गर्दिनँ र सकभर मुस्कानका साथ बिस्तारै बोल्ने कोसिस गर्छु। बुद्ध धर्म र ध्यानको अभ्यासले मलाई एक किसिमको शान्ति दिएको छ र म हत्तपत्त नरिसाउने प्रयत्नमा रहन्छु।

हो, मलाई स्त्रीयोचित गुण प्रकृतिले दिएको छ, तर मसँग सङ्कल्प र दृढता पनि छ, जसले पुरुष कामनालाई पाखा लाग्ने बाटो देखाइदिन्छ। पृथ्वीको केन्द्रमा पग्लिएको लाभा जस्तै आफूभित्र पनि कतैतिर सघन कणहरू थुप्रिएको महसुस गर्छु। अत्यन्तै प्रभावशाली ऊर्जाको त्यो स्रोतले नै मलाई हाँक्ने र निर्देशन गर्ने गरिरहेको छ। हृदयमा जड भएर बसेको यही सङ्कल्प मेरो मित्र साबित भएको छ। यसले मलाई ओरालो लगाउन पनि सक्थ्यो। कहिलेकाहीँ यसले मलाई गलत सल्लाह पनि दिएको छ, अवचेतनमा समेटिएका हिंसा र घृणालाई पनि बेलाबेलामा जगाइदिएर। अब वशमा परेको कुनै बाघ जस्तै यो मेरो मुटुभित्र, पेटमा र अन्तरकुन्तरमा बसिसकेको छ, आवश्यकता परेको बेलाका लागि जङ्गली रूप पनि साँचेर। म एउटा योद्धा हुँ र मेरो हतियारको नाम हो– प्रेम र करुणा।

अध्याय १

खत

म काठमाडौँमा जन्मेकी हुँ, उत्तरपूर्वी बस्ती बौद्धमा। यो ठाउँ भोटबाट बाहिरिएकाहरूको नेपालस्थित एउटा सानो संसार प्रतीत हुन्छ। हाम्रो टोल पस्नुअघि ठूलो पक्की गेट छ। मानिसहरू यसलाई बौद्ध गेट भन्छन्। बाहिर हेर्दा नेपाल हो भने, भित्र गएपछि जोकोही पनि यहाँको तिब्बती परिवेशमा रुमलिन्छ। यो बस्तीकै मुटुका रूपमा रहेको विशाल स्तूपको चारैतिर सडक लगभग षट्कोण आकारमा विस्तार भएको छ। यो नेपालकै सबैभन्दा ठूलो स्तूप हो भनेर सुनाउँदै गर्दा मेरी आमाको अनुहारमा गर्वको अनुभूति देख्न सकिन्थ्यो। दिनभरि आफ्नै दुनियाँमा व्यस्त रहे पनि बेलुकीपख सबै जना घरघरबाट निस्केर यही स्तूपवरपर जम्मा हुने र आपसमा समाचार साटासाट गर्ने चलन पुरानै हो। भोटियाहरू स्तूप परिक्रमा गर्दा प्रायः एउटै दिशा पछ्याउँछन्। बायाँबाट सबै जना एकसुरमा दायाँ लाग्नुको विशेष महत्त्व पनि छ। एकोहोरो अघि बढेका बेला उनीहरूले स्तूपका भित्ताभरि राखिएका मानेहरू एकै दिशामा घुमाउँछन्। त्यति बेलै एकतमासले हुने मन्त्रोच्चारणले सम्पूर्ण परिवेश बेग्लै बनाइदिन्छ।

यो स्तूपमा बाँधिएका सयौँ रङ्गीबिरङ्गी रेसमी झन्डा, जसलाई हामी लुङ्दा भन्छौँ, हर बखत आकाशमा फरफराइरहेका हुन्छन्।

अधिकांश पसलेहरू तिब्बती भाषा बोल्छन्; प्राय:जसोले पो चा (घिउको चिया) पिउँछन्। यहाँ मम पनि पाइन्छ। भोटको राजधानी ह्लासामा जत्तिकै स्वादिलो। छिमेकमा केही रैथाने नेपालीहरू पनि छन्। फरक संस्कृति भए पनि दुवै थरी मिलेर बसेका छन्। मेरा नसाहरूमा अभिभावकबाट आएको भोटिया रगत बग्ने गर्छ, तर पनि म चाहिँ आफूलाई नेपाली ठान्छु। जबजब मलाई बुद्ध जन्मेकै यो देशमा आफू पनि जन्मिएको अनुभूति हुन्छ, तबतब मेरो छाती गर्वले फुल्ने गर्छ।

सन् १९५० को दशकको मध्यतिर मेरा बाआमाले छुट्टाछुट्टै रूपमा आफ्नो थातथलो त्याग्नुभएको थियो। तिब्बतमा हमला गर्ने चिनियाँ कम्युनिस्टहरूले आफूसामु नतमस्तक नहुनेहरूलाई मार्न र थुन्न सुरु गरेको बेला थियो त्यो । बाआमा पूर्वतर्फ पर्ने खाम क्षेत्रबाट आउनुभएको भए पनि उहाँहरू बेग्लाबेग्लै गाउँका हुनुहुन्थ्यो।

आफन्तसहित उहाँहरूको लस्कर पहिले भारत पुग्यो, जहाँ दुवैको भेट भएको थियो। जीवनका सुरुआती दिनबारे उहाँहरूले विस्तारमा कहिल्यै बताउनुभएन। घरमा पाहुनाहरू आएका बेला साँझपख विगतका सम्झनाहरू उक्काइन्थे; त्यस्तै बेला मैले थोरबहुत सुनेकी हुँ। छाडेर आएको त्यो कठिन पहाडी जीवनको तुलनामा नेपालका दिनहरू त्यति कष्टकर छैनन् भन्ने उहाँहरूको कुरागराइमा झल्किन्थ्यो।

आफ्ना अधिकांश छिमेकीझैँ उहाँहरू बक्खु लगाउनुहुन्थ्यो। यो भोटिया पोसाकलाई कम्मरमा एउटा रङ्गीन कपडाले टमक्क कसेको हुन्थ्यो। मेरा बा अन्य लोग्नेमान्छेभन्दा दुई टाउका अग्लो देखिनुहुन्थ्यो। उहाँको कुमसम्म आएको कपाल पछाडितिर बाँधिएको हुन्थ्यो। आमाको कालो लामो कपाल छाती हुँदै तल कम्मरसम्मै

लत्रेको हुन्थ्यो। उहाँ बालाई सघाउनुहुन्थ्यो; त्यसबाहेक घरायसी काम त छँदै थियो। हामी सबै एउटै छानामुनि एउटै कोठामा बाँचेका थियौँ। सुत्ने कोठाजत्रो पनि नलाग्ने त्यहो चौघेराभित्र सबै थोक हुन्थ्यो। काम गर्ने, पकाउने, खाने र सुत्ने। सबै थोक! बा त्यहीँ मूर्तिहरू बनाउनुहुन्थ्यो। उहाँ दिनभर कडा परिश्रम गर्नुहुन्थ्यो। साँझ परेपछि उहाँलाई शान्ति चाहिन्थ्यो। औजारहरू थन्क्याइन्थे। दिनभरि बनेका मूर्तिहरू कोठामा लामबद्ध पारिन्थे। पहिले ढलौटबाट तयार पारिएका ती मूर्तिलाई पछि खुर्केर मूल रूपमा ल्याइन्थ्यो। त्यसपछि कुनै 'खतरनाक' वस्तुले तिनलाई रँगाउने गरिन्थ्यो। त्यो वस्तु छुने अनुमति मलाई हुँदैनथ्यो।

भित्तामा यसो छड्के परेर ठूलो सास तान्दै डराईडराई त्यसको गन्ध सुँघ्दा म आनन्दित हुन्थेँ। त्यो गन्ध टाउकामा पुगेपछि मलाई अनौठो अनुभूति हुन्थ्यो। त्यो खतरनाक भनिने बोतलबाट निस्केको गन्ध सुँघ्नु कहाँसम्म बुद्धिमानी हो? तैपनि खै किन हो, यस्तो काम लुकेर सम्पन्न गर्न पाउँदा मजा आउँथ्यो। मलाई बाले मूर्ति कुँदिरहेको हेर्न रमाइलो लाग्थ्यो; शान्त भएर हेर्थें, उहाँलाई कुनै व्यवधान नहोस् भनेर।

पहिलो भेट भएका बखत बा-आमाले प्रेम सागरमा डुबुल्की मारिरहनुभएको थियो, तर बेग्लाबेग्लै। बा जीवनमै मन परेकी युवतीसँग दिन बिताइरहनुभएको थियो। त्यो जोडीको एउटा छोरो पनि थियो, मेरो सौतेनी दाइ। उहाँहरूको जीवन सुखी थियो। यता मेरी आमाकी चाहिँ, भोटबाटै आएको र पछि भारतीय सैनिक बनेका व्यक्तिबाट जन्मेकी छोरी रहिछ। ती सैनिकलाई आमाले यदाकदा मात्र भेट्ने गर्नुभएको थियो, किनभने उनी जहिले पनि कामका सिलसिलामा घुमिरहन्थे। तर आमालाई ती रिकुटे साह्रै मन परेका

थिए। उहाँले ती पुरुषका निम्ति मन लगाएर चिठीहरू पनि लेख्नुभएको थियो। यो कुरा मलाई सधैँ असाध्यै रोमान्टिक लाग्थ्यो। तर मेरा मावलका बाजेलाई ती मान्छे पटक्कै मन परेका रहेनछन्। मैले जीवनमा केवल एक पटक भेट्दा बाजेले आमाका प्रथम पतिका बारेमा भन्नुभएको थियो, 'त्यो केटो क्यै कामको थिएन।'

मेरा हुनेवाला बाकी पत्नी भारतमै बितेपछि मेरा बाजेले हत्त न पत्त आफ्नी छोरीको हात बालाई सुम्पिनुभएछ। यसमा आमाको कुनै प्रतिक्रिया थिएन। त्यसै पनि हाम्रो समाजमा छोरीहरूले ठूलाबडाका निर्णयविरुद्ध बोल्ने हैसियत राख्दैनन्। जहिले पनि आफ्ना सन्तानका बारेमा अभिभावकले नै निर्णय लिन्छन्। यसरी भएको बिहेमा बाजागाजासम्म थिएन। खर्च गर्न त्यति बेला कसैसँग पैसा वा समय पनि थिएन। केवल यी दुईको मिलाप गराउनु थियो र त्यो त्यत्तिकै फत्ते पनि भयो।

फेरि यस्तो बेला भोजको इच्छा पनि कसले राखोस्? मेरा बा आफ्नी प्रिय दुलही गुमाएको शोकमा हुनुहुन्थ्यो; आमालाई भने आफ्ना बा र सानीआमाको भरमा छोडेकी नाबालक छोरीको चिन्ता थियो। त्यो कुनै बिहान थियो, जब आमालाई जीवनदेखि विरक्ति लाग्यो र त्यसै बेला उहाँले हठात् लिनुभएको निर्णय थियो त्यो। उहाँले आफूभन्दा पच्चीस वर्ष जेठा पुरुषलाई नयाँ पति स्वीकार गर्नुभएको थियो।

आमाको आँसु सुकाउन उहाँका 'प्यारा प्रेमी' ले मेरा बासँग निःसङ्कोच जारी बुझेको खबर पर्याप्त थियो। हाम्रो परम्परा अनुसार, अर्काकी पत्नी भित्र्याउनुपरे पत्नी त्यागनेलाई जारीबापत नयाँ लोग्नेले पैसा बुझाउनुपर्छ। यसरी जारी लिएका बेला ती रिकुटेले आमालाई फिर्ता पाउन रत्तीभर इच्छा देखाएनछन्। उनले चुइँक्क नबोली पैसा खल्तीमा हालेछन्।

यता आमा चाहिँ तिनै पुरुषका कारण पश्चात्तापमा मर्छु भन्ने छटपटीमा हुनुहुन्थ्यो। आफूले मनमुटु दिएका व्यक्तिले यति चाँडो सबै कुरा बिर्सिदिएकामा उहाँ अचम्भित हुनुभयो र परिस्थितिसँग सम्झौता गर्नुभयो। बा-आमाको मिलनलगत्तै यो धरतीमा म टुप्लुक्किएँ। यस कुराले मेरा जन्मदाताहरूलाई हर्षित पारेको थियो वा थिएन भन्नेमा आफैँ अनभिज्ञ छु। किनभने म जबरजस्ती विवाह बन्धनमा बाँधिएको जोडीकी सन्तान थिएँ।

तिथि अनुसार मुसा वर्ष, चौथो महिनाको दसौँ दिन मेरो जन्म घरैमा भएको हो। आमालाई जन्ममितिका बारेमा ठ्याक्कै थाहा थियो भन्ने मलाई लाग्दैन। तरै पनि उहाँ सधैँ तिथि अनुसारको जन्ममिति उल्लेख गर्नुहुन्थ्यो। यी कुराले त्यस्तो महत्त्व पनि किन राखुन् !

आमाको गर्भ आठ चोटि बसेको थियो। तर, चार सन्तान मात्र उहाँले हुर्काउन पाउनुभयो। अर्थात्, दुईमा एक सन्तान मात्र बाँचे। मृत्यु जीवनजत्तिकै शक्तिशाली भइदियो। जीवन र मृत्युको चक्रमा अल्झेकाहरूका लागि कुनै विशेष दिन ध्यानमा राख्नु जटिल काम हो। मानिसहरू मेरो जन्मदिनका बारेमा सोधिरहन्छन्। त्यति बेला लामो बहसमा प्रवेश गर्न मलाई मन लाग्दैन र फ्याट्ट भनिदिन्छु– १९७१ जुन ४। त्यसपछि त्यो प्रश्न त्यत्तिकै बन्द पनि हुन्छ।

म पाँच वर्ष पुगेपछि आमालाई अब छोरीले सघाउनुपर्छ भन्ने लागेछ। पखेटा लागेको बचेराले मुख आँ गर्न सुहाउँदैन भने जस्तै मेरो नियति बदलियो। पानी ओसार्ने जिम्मेवारी अब ममाथि आइपर्‍यो। दुइटा भाँडा बोकेर प्रत्येक बिहान र बेलुकी अलि परको पँधेराबाट पानी ल्याउनुपर्थ्यो। भरिएका बेला भाँडो भारी लाग्थ्यो। त्यसमाथि एक थोपो पोखिनु हुन्थेन। जे होस्, आमाका निम्ति केही गर्न पाएकामा गर्व लाग्थ्यो। भित्री मनदेखि नै मलाई उहाँको सहयोगी

बन्ने इच्छा थियो। सुख के हो भन्ने उहाँले थाहै पाउनुभएको थिएन, तैपनि कहिल्यै गुनासो गरेको मैले सुनिनँ।

बा प्रायः मातेर घर आउनुहुन्थ्यो र रत्तीभर दया नराखी आमालाई भक्कुर्न थाल्नुहुन्थ्यो। कुट्दाकुट्दा थाकेर चूर भएपछि उहाँ भुइँको ओछ्यानमा लड्नुहुन्थ्यो। त्यसपछि सुरु हुन्थ्यो घुराइ– घ्वार्र... घ्वार्र...। म चाहिँ सुतेको सुत्यै आफ्नो हात बिस्तारै आमाको हातमाथि राख्थैँ र टाउको सार्दै उहाँको गर्दननजिकै पुऱ्याउँथैँ। काननिर बिस्तारै सास फेरेर उहाँलाई सकेसम्म अपनत्वको आभास दिन खोज्थैँ। बा-आमाको ओछ्यानभन्दा अलि परको कुनामा ससाना ढुङ्गा ओछ्याइएका हुन्थे। त्यसैमाथि हामी च्याप्प टाँसिएर सुत्थ्यौँ। चिसोले निद्रा खुलेपछि आमा आफ्नो ओछ्यानमा जानुहुन्थ्यो; म पनि आफ्नो ओछ्यानतिरै लाग्थैँ। कोठाको कोण कस्तो थियो भने आमा केही नभए जस्तै गरी बाको छेवैमा सुत्न पुगेको म देखिरहन्थैँ। म आफ्नो ढाडलाई भित्तै धकेलुँला जस्तै गरी ठेल्थैँ; खुट्टा तन्काएर सकेसम्म घोप्टो पर्दै ओछ्यानतर्फ हेर्थैँ, केही गडबड भए चाल पाइयोस् भनेर। र, आमा ओछ्यानमा पुगेपछि बा उठ्नुहुन्थ्यो र कामवासना शान्त पार्न पत्नीलाई बिथोल्न सुरु गर्नुहुन्थ्यो। यो दृश्य चाहिँ हेर्ने इच्छा हुन्थेन र म अर्कापट्टि फर्किन्थैँ।

आफू छ वर्ष पुग्दा-नपुग्दै मैले बाको व्यवहार कुटिल छ भन्ने बुझिसकेकी थिएँ। सर्वप्रथम त आमा मलाई बचाउने कोसिस गर्नुहुन्थ्यो। तर सब निरर्थक! बा केही चपाए वा नचपाए पनि घरीघरी दाह्रा किट्नुहुन्थ्यो। जहिल्यै कुनै जटिल विषय सोचिरहे जस्तै देखिनुहुन्थ्यो। तर विषय चाहिँ के हो भन्ने हामी हम्मेसि थाहा पाउन्नथ्यौँ। त्यो आक्रोश मत्थर हुनुमा पनि सधैँ एउटा राम्रो कारण हुने गर्थ्यो। आमाले सहन छाडेपछि बामा तत्कालै नियन्त्रण देखिन सुरु हुन्थ्यो।

बाले मलाई पहिलो पटक कहिले चुट्नुभयो ? मेरो स्मरणले त्यसलाई सम्झेर राख्नै चाहेन। या यो पनि हुन सक्छ– म त्यो बेला सम्झना राख्नै नसक्ने गरी फुच्ची थिएँ।

एक बिहान म छिमेकका साथीहरूसँग मिलेर बाहिर काम गरिरहेकी थिएँ। उनीहरू दुवैको नाम डोल्मा थियो। एउटी डोल्माले बाजी थापी- 'भाँडा कसले राम्ररी माझ्न सक्छ ?' खाना पकाउँदा आगोका लप्काहरूले हलुङ्गेका भाँडाकुँडामा कालो पत्र बस्ने गरेको थियो। हामी जोडले मस्काएर भाँडाहरूको ध्वाँसो हटाउने गर्थ्यौं। हामीले सडक किनारालाई नै अखडा बनायौं। लुगामा फोहोर लाग्ला भन्ने चिन्ता पनि थियो। त्यसैले हामी पसलका बाहिरी खुड्किलाको अलिक माथि बसेका थियौं। मस्को मुठीमा कसेर न्वारानको बल लगाउँदै भाँडाको ध्वाँसो छुटाउन एक किसिमको तन्मयता चाहिन्छ। हामी भाँडाकुँडा सिलाबर होइन चाँदीले पो बनेका हुन् त भनेर एकअर्कालाई विश्वास दिलाउन पनि खोज्दै थियौं। जबकि त्यस बेलासम्म कसैले चाँदी देखेकै थिएनौं। तर गुम्बाहरूमा साँच्चैको चाँदीका भाँडा पनि हुन्छन् रे भनेर डोल्मा सुनाउँथी। म प्रतिस्पर्धामा मग्न थिएँ। कति मग्न भने बाले बोलाएको पनि सुन्न सकिनछु।

उहाँ त अचानक मेरो पछिल्तिर पो आइपुग्नुभएछ। त्यसै त बडेमाको शरीर, त्यसमाथि भुइँमा बसेर हेर्दा झनै ठूलो देखिने ! अस्ति केही दिनअघि पसलेकहाँ एउटा किताबमा देखेको हरियो दैत्य याद आयो, जसको कमिजका बाहुला उसैका विशाल पाखुराले च्यातच्युत पारेका थिए। एउटा फुच्चेतर्फ ऊ झुक्दा त्यस फुच्चेका आँखा बाहिरै निस्केर भयभीत अवस्था प्रदर्शन भइरहेको थियो। हे भगवान्, अब ममाथि के आपत् आइलाग्ने हो !

'यहाँ के गरिरै'छस् भुमो ? दस मिनेटभन्दा बढी भयो तँलाई खोजेको !'

भोटिया भाषामा छोरीलाई भुमो भनिन्छ र मलाई वरपरकाले यही नामले चिन्थे। मेरो खास नाम चाहिँ डोल्मा छेक्विद हो, जसलाई कसैले प्रयोग गर्दैनथे। म सधैँ भुमो नै रहेँ। सबैकी छोरी !

'मलाई माफ गरिदिनुस् बा, मैले सुन्दै सुनिनँ। हामी भाँडा माज्दै दोहोरी गाइरहेका थियौँ।'

'तँलाई दोहोरी...'

उहाँले मेरो भेटेजति कपाल मुठ्याउनुभयो र ब्वाट्ट तान्नुभयो। पुतली जस्तै उचालिएकी म उहाँको टाउकैनिर पुगेँ। कपाल धेरै नदुखोस् भनेर मैले खुट्टाका बूढी औँला भ्याएसम्म भुइँमै टेकाइरहेकी थिएँ। कसैको मुठीमा कैद भएपछि लगातार अग्ली भए जस्तो, मैले सकेसम्म खुट्टाले भुइँ नछाड्न खोजेँ। केही गरी लडेँ भने उहाँले धूलिसात् हुने गरी लछारपछार पार्न सक्नुहुन्थ्यो। तै मेरो एउटो खुट्टो अल्झियो र स्वाभाविक रूपले मेरा हातले उहाँका खुट्टा पक्रन पुगे। उहाँले अब मलाई उचाल्न छाडेर लात्तीले हिर्काउन थाल्नुभयो। म भुइँमा लडेँ। डोल्माहरू अघि नै फरार भइसकेका थिए।

'मलाई जान दिनुस् ! जान दिनुस् !'

म घरअगाडिको खाँबामा गएर बजारिएँ। उहाँ भित्र पस्नुभयो। म पनि उहाँकै पछि लागेँ।

'तँलाई थाहा छ तैँले मलाई सघाउनुपर्छ, थाहा छ कि छैन ?'

उहाँले बुरुसहरू बाहिर निकाल्नुभयो। आवाजमा केही नरमपना थियो, तर म चाहिँ थरथर कामिरहेकै थिएँ। अहिले सम्झन्छु, मलाई दिइने सजाय पनि समय अनुसार मात्रा मिलाएर हुने गर्थ्यो। लामो समयपछि पिटाइ खाइरहेकी छु भने उत्तिकै ठूलो यातना हुन्थ्यो। कारणवश तत्कालै पिट्न सकिएन भने उहाँ आराम गर्नुहुन्थ्यो वा

कतै निक्लिनुहुन्थ्यो । त्यसपछि जब गोरुचुटाइ सुरु हुन्थ्यो, त्यो निरन्तर चल्थ्यो ।

'म तेरा मामाकहाँ सातु लिन जाँदै छु । फर्केपछि तेरो मर्मत गर्छु । तेरै कारणले आज मैले चिया खान नपाई हिँड्नुपऱ्यो । हेर्दै जा भुमो, अब तँलाई के हुन्छ !'

कत्रो न महान् काम गरे जस्तो गर्दै बा निस्कनुभयो ।

मेरो मुटु यस्तरी ढुकढुक गर्दै थियो, मानौँ बाहिर सडकमा बाले पनि सुन्दै हुनुहुन्थ्यो। आतङ्कका बीच मैले अरू कुनै आवाज महसुस गर्न सकेकी थिइनँ । मलाई थाहा थियो, बाले अब मामासँग बसेर छ्याङ पिउनुहुनेछ । त्यसको हल्का गुलियो गन्ध लिएर बेलुकी घर आएपछि उहाँले अरू बेलाभन्दा पनि डरलाग्दो रूप देखाउनुहुनेछ । त्यस्तो बेला सानो गल्तीमै मेरो रामधुलाइ हुने गर्थ्यो ।

आमा केही समयका निम्ति कतै जानुभएको थियो । घरमा बा र म मात्रै थियौँ । अर्थात्, आतङ्क ! एक्कासि हावा तातो र भारी भएर आयो । सास फेर्नै सकिनँ । मैले जुठोचुलो गर्नु थियो, तर चल्नै सकिनँ । म त्यहीँ घोप्टो परेर पसारिइरहेँ, अब सधैँ यत्तिकै रहुँला जस्तो गरी । आखिर बा घर फर्किनुभयो । रात परिसकेको थियो। उहाँले न एक शब्द निकाल्नुभयो न त मलाई हेर्नु नै भयो। मसम्म उहाँको मुखबाट गुलियो गन्ध मात्रै आइरहेको थियो । उहाँ गह्रौं चालले यताउता गरिरहनुभएको थियो। उहाँले बत्ती बाल्नुभयो र आफ्नो काम गर्ने ठाउँनेरि पुगेर औजारहरू उध्याउन सुरु गर्नुभयो । म तयार थिएँ। त्यहाँ लुक्ने कुनै ठाउँ पनि त थिएन। तर उहाँ त सुसेला हाल्दै काममा मग्न हुन पो थाल्नुभयो । मानौँ मेरो नियतिलाई उहाँले बिर्सिसक्नुभयो । मेरो पेट मडारिन थाल्यो, साह्रै अप्ठ्यारो लाग्यो । यो त यातना भयो !

बाले बिर्सनुभएकै हो ? छोरीको गल्ती उत्तिको अक्षम्य होइन भनेर विचार पो बदल्नुभयो कि ? आतङ्कित केटाकेटी बुद्धिले यो बेवास्ताको कारण फेलै पार्न नसक्दा सानो दिमागमा झनै तुफान मच्चिन थाल्यो। आज उहाँले पिट्नुभएन भने कुनै निहुँमा भोलि त्यो काम फत्ते गर्नुहुनेछ। पछिल्लो पटक पिट्न लाग्दा यो उम्केकी थिई भन्ने उहाँको मनमा पर्नेछ। मैले आफू बच्न सक्छु भनेर चिताएकामा उहाँ झनै आक्रोशित हुनुहुनेछ। धोका भएझैँ ठान्नुहुनेछ। यस्तो बेला म आफैँले यो कुरा बताइदिएँ भने सायद बा प्रभावित भएर केही सहुलियत पो पाउँछु कि !

'बा, तपाईंले केही बिर्सनुभए जस्तो छ। सोच्नुस् त, अघिको, दोहोरी, तपाईंको चिया...'

उहाँले फेरि सान लगाउँदै गरेको चक्कुबाट आँखा उठाएर मतिर हेर्नुभयो; अलि बेर गम खाए जस्तो गर्नुभयो। उहाँलाई छोरीप्रति गर्व अनुभव भयो भन्ने मैले सोचेँ। अन्धकारमा उहाँका आँखा चम्किए। बत्तीले तलबाट पारेको सुन्तला रङ्गको धिपधिप उज्यालोमा उहाँ अचानक बौलाहाझैँ पो देखिन थाल्नुभयो। हे भगवान्... गर्व होइन, पागलपन ! पूरै मत्थुको चालामाला ! त्यो कुनाबाट उहाँले हातको धारिलो चक्कु मतिर हुत्त्याउनुभयो। म त चकित परेँ, हल्लिन पनि पाइनँ। काठको दाप मेरो आँखै मास्तिर लाग्यो। उहाँले मूर्ति खोप्ने राँबो उठाएर फेरि मतिर हुर्‍याउनुभयो। बाले मार्नुहुन्छ, आँखा निकालेरै छाड्नुहुन्छ जस्तो मलाई लाग्यो। चारै वस्तुले हिर्काएपछि उहाँ उठेर मछेउ आउनुभयो। उहाँको हातमा कुनै औजार नरहेको चाल पाइसकेकी थिएँ। फनक्क फर्केर भेडाको भुवाले बनेको कम्बलतिर कुदेँ, जसमा म सुत्ने गरेकी थिएँ। बस, त्यत्ति हो। उहाँले लौरो उचालेर मेरो ढाडमा, खुट्टामा, टाउकामा... जहाँजहाँ मन लाग्यो, त्यहाँत्यहाँ दनादन बजाउन थाल्नुभयो।

कम्बलभित्र भकुन्डो जस्तै डल्लो परेर बस्दा मलाई सास फेर्न गाह्रो भइरहेको थियो । कडा गन्ध आउने कम्बल टोकेर म सुँक्कसुँक्क गर्दै प्रहार खेपिरहेकी थिएँ । मेरो सुँकसुँकाइले बालाई उत्तिकै रोमाञ्चित पारिरहेको थियो । उहाँ यसरी मात्नुभएको थियो, त्यो कम्बलले मलाई बचाइरहेको छ र त्यसलाई हटाएर पिट्ने हो भने मजा अझ बढी पाइन्छ भन्ने पनि सम्झन सकिरहनुभएको थिएन । आखिर उहाँ रोकिनुभयो । म पनि हल्लिइनँ । अब उहाँ बोल्न थाल्नुभयो, 'तँ मलाई काम गर्ने बेलामा किन यति परेसान गर्छेस्, हँ ? तेरी आमा र तँलाई पाल्न म यसरी नर्ने गरी मिहिनेत गर्छु ।' ममा केही मिनटसम्मै दोष थुपारेपछि उहाँ ओछ्यानतिर जानुभयो र लड्नुभयो । फेरि एक पटक मेरा निम्ति आतङ्कको चक्र थामियो ।

मलाई चुट्न बासँग दिनैपिच्छे कुनै न कुनै कारण हुने गर्थ्यो । उहाँका अनुसार, यसरी लगातार पिटाइ खान मैले थुप्रै हर्कत गर्ने गरेकी थिएँ । तर यत्रो पिटाइले पनि ममा कुनै सुधार आउन सकेको थिएन । बरु चुटाइले म सायद अझ नराम्रो बन्दै गइरहेकी थिएँ । मलाई केवल राम्रो व्यवहार चाहिएको थियो, तर बाको आक्रोशले अब के गर्छ भन्ने कहिल्यै पत्तो पाइनँ । यदि भोक लागेका बेला खाना तयार भएन भने, यदि बोलाउनेबित्तिकै हाजिर भइनँ भने, यदि भाँडा माझेर सकिनँ भने, पाठ गर्दा अड्किएँ भने, जुन भाइलाई म सदैव आमाले जस्तै माया दिन्थेँ, ऊ रुन थालेको बेला तत्कालै स्थितिलाई नियन्त्रणमा लिइनँ भने .. यदि, यदि, यदि... । नसामा उम्लिरहेको उत्तेजना बिसाउन उहाँ जहिले पनि एउटा अवसरको खोजी गरिरहनुहुन्थ्यो । यसरी मैले एउटा दानव जस्तो मान्छेको उपस्थिति बेहोर्नुपर्थ्यो । जे पनि उठाएर हिर्काइदिइहाल्ने; चक्कु, कुर्सी, बिजुलीको तार, प्लेट, तावा, जे पनि ! दयामायाको अलिकति पनि गुन्जाइस थिएन । मलाई कत्तिको चोट लाग्छ भन्ने

पर्वाहै गर्नुहुन्थेन। मानौँ मलाई सिध्याउन बा सम्पूर्ण शक्ति लगाउँदै हुनुहुन्थ्यो।

बा भएकाले उहाँलाई पिट्ने अधिकार थियो र उहाँ आफ्नो सम्पूर्ण सामर्थ्य लगाउन सक्नुहुन्थ्यो। मैले यसबारे कहिल्यै कसैसँग गुनासो गरिनँ। तर उहाँ यत्ति बेस्कन चाहिँ किन चुट्नुहुन्छ भन्ने मैले कहिल्यै बुझ्न सकिनँ। ममाथि पूरापूर अन्याय भइरहेको थियो। म आतङ्कमा बाँचिरहेकी थिएँ। हरहमेसा रामधुलाइको आतङ्क मानौँ मैले कुनै गलत काम गर्नुको नतिजा थियो !

बाले पनि केटाकेटी हुँदा सौतेनी बाका हातबाट पिटाइ खाने गर्नुभएको रहेछ। उहाँलाई तिनले रगत आउन्जेल पेटीले ढाडमा हिर्काउने गर्थे रे। यो कटु भोगाइबाट पनि बालाई थाहा हुनुपर्ने थियो, पिटाइ खाइरहेको क्षणभन्दा म पिटिन्छु भन्ने क्षण बढी पीडादायी हुन्छ। जुनसुकै बेला धरातल खस्कन सक्छ भन्ने त्रास मनमा राख्दै भीरमा हिँडे जस्तो ! लड्नु निश्चित छ तर कहिले, कसरी भन्ने थाहा नपाउँदाको त्रस्त मनस्थिति !

तर यति हुँदाहुँदै बाको हातबाट मेरो कुनै हाड भाँचिएन। मेरा ढाड र कम्मर सधैँ घाउले भरिएका हुन्थे।

मेरो ढाड भाँच्ने दुष्प्रयास फेरि एक पटक भएको थियो। आमा बजार जानुभएको थियो। म बासँग एक्लै थिएँ। हामी जौको पीठो एउटा झोलाबाट अर्कामा राख्दै थियौँ। बाले कुनै जरुरी काम अह्राएका बेला सधैँझैँ यस पटक पनि म थकित महसुस गर्दै थिएँ। मैले खुट्टामाझ अड्काएको झोलामा बा पीठोले भरिएको भाँडो घोप्ट्याउँदै हुनुहुन्थ्यो। लगातार काम गरेको केही मिनेटमै बाले बोकेको भाँडो झोलाको मुखभन्दा अलिक पर ढल्कियो र नियन्त्रण गर्न खोज्दाखोज्दै अलिकति पीठो भुइँमा पोखियो। यसमा बाकै गल्ती थियो।

तर, यसको भुक्तान आफैँले गर्नुपर्छ भन्ने मैले थाहा पाइसकेकी थिएँ।

'बेवकुफ !'

'माफ पाऊँ बा, म उठाइदिन्छु...'

ड्याम... ड्याम... । आफ्नो हातको टिनको भाँडो बाले बिजुली गतिमा मेरो टाउकामा बजार्न थाल्नुभयो। त्यो धारिलो थियो। एकै छिनमा मेरो टाउकाबाट तातो झोल चुहिए जस्तो भयो र म बेहोस जस्ती भएँ। पानीमा तैरिँदै छु जस्तो लाग्न थाल्यो। चोटले रापिएर छटपट-छटपट गर्न थालेँ। रगतका बलिन्द्रधारा निधारबाट आँखातिर आएपछि हातले पुछेँ। त्यति बेलै सिँगान पनि बगिरहेको थियो। मैले बातिर हेर्दै हेरिनँ। म लज्जित थिएँ। आफ्नो कुनै दोष थिएन, तैपनि म स्वयंलाई धिक्कार्दै थिएँ। किनभने, यत्ति पीठो जोर्न पनि बाले साह्रै मिहिनेत गर्नुभएको हुन्थ्यो।

'माफ पाऊँ बा, मबाट गल्ती भयो.. '

के कारणले यो सबै भयो भन्ने हेक्कै नराखी म एकोहोरो आफूबाट गल्ती भएको भन्ठान्दै थिएँ। एक शब्द पनि नबोली बाले मेरो टाउको फनक्क घुमाउनुभयो; गोजीबाट रुमाल झिकेर रगत रोक्ने कोसिस गर्नुभयो। बग्दै गरेको रगतमा ध्यान दिए पनि उहाँको हात साह्रै कडा थियो। उहाँको अनुहार भावविहीन थियो। केही क्षणमै उहाँ जुरुक्क उठ्नुभयो र टिनको भाँडो भुइँमा फ्याँक्नुभयो। छ्याङ्याङ-छ्याङ्याङ आवाज गर्दै त्यो मेरो खुट्टामा आएर ठोक्कियो। उहाँ मलाई हेर्दै नहेरी बाहिरिनुभयो। म चाहिँ आफ्नो मूर्खतालाई सरापिरहेकी थिएँ...

त्यो घटना मेरो जीवनकै भुल्न नसकिने क्षण बन्न पुग्यो। किनभने, आज पनि मेरो टाउकामा त्यसले दिएको चार सेन्टिमिटर लामो खत छ। कपाल खौरेका बेला त यो झनै प्रस्ट देखिन्छ। सर्लक्क कपाल

कोरेपछि देखिने सिउँदोझैँ छ यो धर्को ! कहिलेकाहीँ मान्छेहरू यसबारे मलाई सोध्छन् पनि । मचाहिँ सोझै उत्तर नदिएर टाउकाका अन्य दागबारे वर्णन गर्न थाल्छु, जुन सामान्य कार दुर्घटनामा लागेको थियो। बाल्यकालको त्यो दुर्घटनाबारे मैले सायदै कतै चर्चा गरेकी छु।

मलाई बरु बासँग बिताएका राम्रा क्षणहरू उल्लेख गर्न मन पर्छ । जस्तो– एक समय उहाँले मेरो उमेर पूजापाठ सिक्न योग्य भयो भन्ने निधो गर्नुभएको थियो; उहाँ मलाई सानो बच्चालाई जस्तै काखीमा च्यापेर हिँड्नुहुन्थ्यो...

बाको उल्लेख आकर्षक रूपमा पनि हुन सक्छ। अतिथि सत्कारमा उहाँ बेजोड हुनुहुन्थ्यो । विशेष गरी भारतबाट उहाँका नातेदारहरू आएका बेला हाम्रो घरमा स्वादिलो खाना पाक्ने गर्थ्यो। दालभातका साथमा टन्नै मासु ! ती दृश्यहरू मेरो स्मृतिमा निकै रमाइला क्षणका रूपमा बाँचेका छन् । तिनलाई सम्झिँदा म आँसु थाम्न सक्दिनँ । नरमाइला क्षणहरू भने मेरो स्मरणमा क्षीण बनेर बसेका छन् र तिनको सम्झनाले त्यति छुँदा पनि छुँदैन ।

अध्याय २

भन्टचाङभुन्टुङ

आमा फेरि दोजिया हुनुभएको थियो। उहाँको पेटमा बल नपरोस् भनेर मैले घरका कामहरू भ्याएसम्म सघाइदिने गरेकी थिएँ। माइजूले ल्याइदिएको चामलको झोला बोकेर हिँड्दै गर्दा एक बिहान उहाँ एक्कासि घोप्टो परेर लड्नुभयो। उहाँको नीलो लुगाको घुँडाछेउको भाग भिज्दैभिज्दै कालो देखिन थाल्यो। उहाँ पेट समाएर चिच्याउन थाल्नुभयो, 'भुमो, झट्टै बालाई बोला, हत्तेरी !'

तर पटक्कै हलचल गरिनँ। म उहाँसँगै बसिरहन चाहन्थेँ।

झट्केलो दाइकी सासू पनि त्यस दिन हाम्रै घरमा थिइन्। दाइ लोड्ु कुन्छाप सासूका साथ हामीलाई भेट्न आएको बेला थियो त्यो।

दाइकी सासूले हत्त न पत्त आमालाई गुन्द्रीमा सुताइदिइन्। आमाका फट्टाइएका खुट्टातर्फ हेर्दै म सुस्तरी एउटा कुनामा बसेँ, जहाँबाट हरेक गतिविधि देखिन्थ्यो। कसैले अन्तै जा पनि भनेनन्। मैले यसअघि नै कुकुरले सडकमा छाउराछाउरी जन्माएको देखेकी थिएँ। तर त्यो बेग्लै थियो। यहाँ त यति धेरै रगत र चिच्याहट थियो, मलाई रिँगटा लाग्न थाल्यो। आमाका आँखा फनफनी घुमिरहेका थिए। उहाँका

सबै थोक राता देखिन थाले– अनुहारदेखि तिघ्रासम्म, उहाँ पल्टेको ओछ्यानदेखि फट्टाइएका खुट्टाका बीचबाट निस्कँदै गरेको वस्तुसम्म ।

मेरी प्यारी आमा रगतमा पौडिरहनुभएको थियो; पीडाले गर्दा चिन्नै नसकिने हुनुभएको थियो । भ्रम हो कि जस्तो दृश्यलाई म यथार्थमै एकटक नियालिरहेकी थिएँ ।

बाहिर निस्किरहेको वस्तु टाउको थिएन । दाइकी सासूले चिल्ला मसिना खुट्टा समातेर तान्न खोजिन्– बच्चा पछिल्तिरबाट निस्कन थाल्यो । म सायद सात वर्षकी थिएँ, तैपनि मलाई थाहा थियो– यस्तो अवस्थामा कसैको मृत्यु पनि हुन सक्छ । म थरथरी काम्न थालेँ । बा पनि आइपुग्नुभयो, तर त्यहाँ उहाँले गर्न सक्ने केही थिएन ।

'आमालाई अस्पताल लैजानुपर्छ बा; लौन अस्पताल लैजाऔँ !'

'भुमो, भोटे आइमाईले यसै गरी बच्चा जन्माउँछन् ।' बा भन्दै हुनुहुन्थ्यो, 'हुन्दे, केही फरक पर्दैन ।'

बाको आवाज काम्दाकाम्दै पनि चर्को थियो । बेहोसी जस्तो पनि । वास्तवमा हामीसँग आमालाई डाक्टरकहाँ लैजान पैसा पनि थिएन ।

बल्लतल्ल त्यो वस्तु सग्लो रूपमा आमाका तिघ्राबीचबाट निस्क्यो । तर आँखा चिम्म थिए ।

'खै, रो'कै छैन त !' दाइकी सासूले भनिन् ।

'बच्चा मरेको रै'छ, यशी !' बा आमाको कानैनिर पुगेर फुसफुसाउनुभयो ।

वास्तवमै त्यो नवजात शिशुले चाँचुँ केही गरेको थिएन ।

'ए पख-पख, सालनाल सोझै नकाट...'

आमा मूर्च्छाकै बीच पनि भएभरको शक्ति लगाउँदै कम्मरमाथिको ज्यान उचालेर बोलिरहनुभएको थियो । बाले भर्खरै भनेका कुरामा उहाँले ध्यान दिनुभएको थिएन। उहाँले सालनालले आफूसँगै जोडिएको त्यो बच्चालाई पाखुरामा उचाल्नुभयो र बिनाकुनै हिचकिचाहट बडो मायाले चाट्न थाल्नुभयो। जिब्रोले स्वाद लिए जस्तो गरेर बच्चाको मुख र नाक चाटिरहेको त्यो दृश्यमा एक किसिमको अनुभव झल्किरहेको थियो, मानौँ कुनै बिरालो आफ्नो छाउरो सफा गरिरहेको छ। सामुन्ने बसेका हामी यो सब चकित भएर हेरिरहेका थियौँ । शिशुको सास अवरुद्ध गर्ने तरल वस्तुहरू उहाँले जिब्रोले हटाइरहनुभएको थियो । प्रजननका बेला एउटी आमामा पाइने प्राणी जगत्को प्रेमको अनन्त गहिराइ हामी प्रत्यक्ष देखिरहेका थियौँ। गल्लीमा कुकुर ब्याएको बेला मैले यस्तै देखेकी थिएँ।

'रुन थाल्यो ! रुन थाल्यो !'

अघिसम्म निष्प्राण देखिएको वस्तुले अब बिस्तारै गर्न थालेको क्रियाकलापले उपस्थित सबैमा उत्साह फैलायो । म एक किसिमको स्वाभाविक हाँसोमा बग्दै बाको गोडा च्याप्प समाउन पुगेँ । बा मक्ख परेर जोडजोडले बोल्न थाल्नुभयो । उहाँले मलाई जुरुक्क उचालेर काखीमा यसरी च्याप्नुभयो, मानौँ भर्खरै जन्मेको बच्चा मै हुँ ।

आफ्नो चमत्कारलाई सिद्ध गरेपछि आमा अचेत भई ढल्नुभयो ।

कर्मा फुन्सोक त छँदै थियो; भर्खरै जन्मेको कर्मा चुसाङसहित अब मेरो जिम्मामा दुई भाइ भए । त्यसअघिसम्म मेरा साथीहरू भनेका टोलभरिका कुकुरका छाउराछाउरी हुने गर्थे, जसलाई म लुकीछिपी

केही न केही खुवाउने गर्थें। फोहोरमा फेला पारेको दूधदानीबाट तिनलाई कहिलेकाहीँ खानेकुरा पनि खुवाउने गर्थें।

मैले लगाउने गरेका लत्ताकपडा सम्भवतः मअघि नै तीन जना बच्चाले लगाइसकेका हुन्थे। आफूभन्दा साह्रै ठूला गन्जी, कुनाकुनामा उधेका, प्वालैप्वाल भएका, खुइलिएका सुरुवाल र साइज नमिल्ने चप्पल ! बाले खोइ कहाँबाट हो, यी पहिरन बटुलेर ल्याउनुहुन्थ्यो। सायद कुनै सामाजिक सङ्घसंस्थाबाट मागेर ल्याउनुहुन्थ्यो। ती चिथ्राचिथ्रा नपरुन्जेल म केही नभनी लगाउँथेँ। खासमा भन्ने हो भने यी पहिरनको अन्त्येष्टि मेरै शरीरमा हुने गर्थ्यो। यस्ता कतिपय लुगा मैले लगाउन सुरु गर्दा निकै ठूला हुन्थे भने काम नलाग्ने अवस्थामा पुगुन्जेल साना भइसकेका हुन्थे।

हामी कुनै चीजबाट आनन्द उठाउँथ्यौँ भने त्यो घरको खाना नै थियो। खानलाई म टन्नै पाउँथेँ। कहिलेकाहीँ मासु र तरकारी अनि दालभात। यही एउटा कुरा थियो जसका निम्ति बाप्रति अनुगृहीत हुनुपर्थ्यो। तर बाँकी कुरा सोच्दा रमाइला क्षणहरू ओफेल पर्दै जान्थे। म स्कुल जान्नथेँ। बाटामा फेला परेका वस्तुहरू मात्र मेरा खेलौना हुन्थे। त्यसबाहेक पनि केही कुरा थिए भने यिनै मेरा भाइहरू थिए।

उनीहरूले आफूलाई मप्रति जति आश्रित अनुभूति गराउँथे, मलाई त्यत्तिकै आनन्द आउँथ्यो। कहिलेकाहीँ बाको यातनाबाट उम्केर आमा केही दिनका निम्ति बाहिर जाँदा भाइहरूसँग म एक्लै हुन्थेँ। उनीहरूकै कारण मलाई यो दुनियाँमा आफू पनि महत्त्वपूर्ण मान्छे हुँ भन्ने महसुस हुन्थ्यो। तर कुनैकुनै बेला म उनीहरूसँग दिक्क पनि हुन्थेँ। यस्तो अनुभव चाहिँ खास गरी उनीहरूका थाङ्ना धुनुपर्दा हुन्थ्यो। सानो भाइ जाडामा जन्मेको थियो। जाडो महिनामा काठमाडौँमा पानी कम्ती चिसो हुँदैनथ्यो ! धाराबाट मानौँ हिउँ झर्थ्यो।

छिमेकबाट अलिकति पानी जुटाएर म साताको एक पटक नुहाउँथेँ। त्यो पानी रक्सी पार्न तताइएको हुन्थ्यो। रक्सी पारिसकेपछि तातो पानीको कुनै काम नहुने भएकाले बाहिरै राखिन्थ्यो। त्यसमध्ये केही मागेर म नुहाउन बस्थेँ। कसैले नदेखोस् भनेर घरपछाडि कुनामा छेलिँदै आनन्दले नुहाउने गर्थें। तर, तातो पानी पर्याप्त कहिल्यै हुँदैनथ्यो। यसैले भाइका थाङ्ना धुन र भाँडा माझ्न जहिले पनि चिसो पानी नै प्रयोग गर्नुपर्थ्यो।

मेरा हातहरू चिसोले ढाडिएका हुन्थे। औँला साह्रै दुख्थे; मुठी पार्नधरि सक्दिनथेँ। हात डोल्माकी हजुरआमाको छाला जस्तो चाउरी पनि पर्थ्यो। सानो फुच्चेले कसरी त्यत्रो आची गरेको होला भनी कहिलेकाहीँ म छक्क पर्थें। तैपनि ऊ रुन थाल्नासाथ म तुरुन्तै थाङ्ना फेरिदिइहाल्थेँ। मलाई लाग्छ, घिन लाग्दालाग्दै पनि चिच्याइरहेको बच्चाको दुर्गन्धित नितम्ब सफा गर्न तत्पर हुनु वा कसैलाई हेरेरै मात्र पनि उसको मनको दर्दलाई बुझ्न सक्नु नै प्रेम हो। भाइले मलाई विनम्र बनाइरहेको थियो।

मेरा भाइ र आमालाई धन्यवाद! उनीहरूकै कारण मभित्र प्रेम भन्ने तत्त्व पनि हुर्कँदै गयो। अनि ठीक उसै गरी, अर्कातिर चाहिँ, मेरो आत्मा नीरस बन्दै थियो।

आठ वर्ष पुग्दा-नपुग्दै मभित्रको कठोरता जड बन्न थालिसकेको थियो। चिनेजानेका मान्छेहरू मलाई ब्रुस लीकी बहिनी भनेर बोलाउँथे। मेरो कपाल ठीक उस्तरी नै गोलाकार काटिएकाले पनि सायद त्यस्तो सम्बोधन गर्थे। मलाई यो उपनाम मन पर्थ्यो, किनभने म ब्रुस लीलाई मन पराउँथेँ। कुङ फु खेलाडी! म उनी जस्तै लड्न चाहन्थेँ; बलियो हुन चाहन्थेँ; उनले जस्तै हत्केलाको धारले भित्तो फुटाउन चाहन्थेँ। उनले जसरी नै विजय हासिल गर्ने रहर प्रत्येक पटक

मभित्र जाग्ने गर्थ्यो। टोलका केटाकेटीसामु मेरो दादागिरी चल्थ्यो। यो कुरा सम्झिँदा म गमक्क पर्थें। त्यसो त म फुच्ची नै थिएँ। नौ वर्षको उमेरमा पनि सात वर्षकी जस्ती। तर मलाई केही-कसैको डर लाग्थेन। हद्द भए अझ मुक्का खानुपर्छ, के भो त ! मैले घरमा जस्तो व्यवहार सामना गरिरहेकी थिएँ, त्यसका सामु अर्थोकको कुनै भय थिएन। यसले मभित्र शक्तिको उन्माद पनि बढाइरहेको थियो। मलाई विशेष गरी केटाहरूसँग जोरी खोज्न मन लाग्थ्यो। आफूभन्दा ठूला र बलिया केटा भए झनै गज्जब !

हाम्रो छिमेकीका दुई छोरा थिए, दुवै मोटा र मूढ। एक बिहान ठूलो लेखे चाहिँलाई ठीक पार्ने सोच बनाएँ। त्यति बेला ऊ आफ्नी सानी बहिनीलाई हिर्काइरहेको थियो। आँगनमा बसेकी निर्धी बहिनी रोइरहेकी थिई, उसले प्लास्टिकको लौरो बजार्न छोड्ने सुरै गरेको थिएन। बहिनीको रुवाइ जति बढ्थ्यो लेखे उति आनन्दित बन्थ्यो।

मेरो टाउकामा रगत उम्लन थाल्यो। मैले ढुङ्गा टिपेर उसको डँडाल्नामा हिर्काइदिएँ। उसले फनक्क घुमेर मलाई लघार्न थाल्यो। म बौद्धका गल्ली नै गल्ली भाग्दै गएँ; ऊ पछ्याउँदै आयो। हामी हाम्रो टोलको पुछारतिर पुग्यौँ। उसको भन्दा मेरो कुदाइ तीव्र थियो। म कुद्दै फर्केर ऊतिर हेर्दै पनि गरिरहेकी थिएँ; ऊ रातोपिरो र असिनपसिन हुँदै ढुङ्गे बाटो मलाई पछ्याइरहेको थियो। ऊ थाकेछ, परै उभियो। हातमा ढुङ्गा बोकेरै म पनि उभिएँ।

'छोरी मान्छे, खुरुक्कसँग आफ्नो घरभित्रै बस्नु नि !' ऊ स्याँस्याँ गर्दै बोल्यो, 'अर्काको मामिलामा बेसी जान्ने नबन्।'

'तैँले पनि तेरी बहिनीलाई केही गर्न पाउँदैनस्।' मैले भनेँ, 'ऊ सानी छे। तेरो केही बिगारेकी छैन।'

मलाई लड्ने इच्छा थिएन, केवल उसले गल्ती महसुस गरोस् र हार स्वीकार गरोस् भन्ने थियो। म कुनै कुरामा लागेँ भने बौलाहा

कुकुर जस्तै एकोहोरी हुन्छु भन्ने उसलाई थाहा थियो। उसले एक पटक मलाई आँगनपट्टिको भित्तामा धारे हात पारेर हिर्काउँदै गरेको देखेको पनि थियो। टोलकै कच्ची घरहरूमाझ त्यो एउटा मात्र कङ्क्रिटले बनेको घर थियो। त्यस दिन म साह्रै रिसाएकी थिएँ। पहिले त त्यो भित्ताको अघिल्तिर पुगेर मैले नाक र निधार जोडले थिचेँ। यसरी रगडिँदा भिजेको कङ्क्रिटको भाग सूर्यको उज्यालोमा अलि अर्कै देखिँदै थियो। नजिकैबाट हेर्दा त्यो भाग विस्तृत देखिन्थ्यो; ससाना हीराका टुक्राहरू जस्तै तिनमा चमक थियो। मैले हत्केला भित्तामा खुबसँग रगड्न थालेँ। मेरो हातमा लागेका धूलिकणहरूले आकर्षक रूप लिए। रगडिएको भाग अन्यत्रभन्दा गोरो देखियो। भित्तालाई थिचिरहेको हत्केलाको धारलाई मैले थिचेको थिच्यै तलसम्म लगेँ। पोल्न थाल्यो। मेरा औँलाहरूबाट कोमल रातो छाला स्वाटस्वाटी निस्कन थाल्यो। रगत थोरै निस्के पनि तछारिएर बनेका चम्किलो गुलाबी रङ्गका दागहरू निकै देखिँदै थिए। हत्केला झनै दह्रोसँग रगड्दै तल झार्न थालेँ। मैले कल्पना गरेभन्दा कता हो कता बढी दुख्न थाल्यो। मैले झन् आक्रोशित भई त्यो भित्तालाई हिर्काएको हिर्कायै गर्न थालेँ। ढ्याङ... ढ्याङ... ढ्याङ...। गलामा एक किसिमको कुण्ठाको चाप बढ्दै थियो भने दाह्रा अझ बढी किट्दै थिएँ। आँसु झर्न नदिन टाउकालाई बलपूर्वक पछाडि फर्काएकै बेला लेखेसँग मेरा आँखा जुधे। ऊ आफ्नै घरको झ्यालमा कुनातिर बसेको रहेछ। म बौलाही भइरहेको दृश्य ऊ वाल्ल परेर हेर्दै थियो। यतिन्जेल म उसका निम्ति बेग्लै बनिसकेकी थिएँ।

बाहिर जे होस्, घरमा भने म अलिक शान्तै बस्थेँ। बाको हैकमका सामु मैले चुइँक्क गर्ने गुन्जाइस नै थिएन। बाका मुक्कालाई फर्काउने अथवा उहाँमाथि हात उठाउने कल्पनासम्म पनि गर्न सकिन्नथ्यो। जेसुकै होस्, उहाँका सामुन्ने म फुच्ची नै थिएँ। त्यसैले एकपछि अर्को कुटाइले मलाई कठोर बनाएर हुर्काउँदै लग्यो। मेरो टाउको सधैँ भारी

हुन्थ्यो। रन्किएको टाउको बोकेर म ठूली भइरहेकी थिएँ। हो, म उहाँसँग डराउँथें, तैपनि आफूलाई मन लागेका कुराहरू गरेरै छाड्थें।

हिन्दी सिनेमा भनेपछि म हुरुक्क हुन्थें। तिनको त म अचेल पनि उत्तिकै फ्यान छु! बौद्धमा सिनेमा हल थिएन। तर केही पसलेहरू मिलेर भिडियो प्रदर्शनको चाँजो मिलाइरहन्थे। घरधन्दा सिध्याएपछि मात्र मलाई त्यहाँ जान सम्भव हुन्थ्यो। तर हिन्दी सिनेमाहरू साह्रै लामा हुन्छन्। कुनैकुनै त तीन घण्टै लामा! बाका आँखाबाट आफू ओझेल पर्ने तीन घण्टा! त्यसले बालाई कति साह्रो रिस उठाउँथ्यो भने उहाँ मलाई कहिल्यै भिडियो हेर्न जान दिनुहुन्नथ्यो। उहाँ सिनेमा भनेका विनाशकारी वस्तु हुन् र यिनले मान्छेलाई बेवकुफ मात्र बनाउँछन् भन्ने सोच्नुहुन्थ्यो। तर जब म यस्ता कुराको पर्बाह गर्दिनथें, अथवा भनूँ, जब साथीहरूले मभित्रको ज्वाला भड्काइदिन्थे, स्वयंलाई थाम्न सक्दिनथें र कसै गरी हेर्न गइहाल्थें। यसका लागि बिहान अथवा बेलुकीको खाना खाने समय सबैभन्दा उपयुक्त हुन्थ्यो। त्यति बेला बा खानामै मस्त भइरहनुभएको हुन्थ्यो र म भोको पेटै लुसुक्क निस्कन पाउँथें। यसरी सिनेमाको प्रभाव मनमस्तिष्कमा लिएर रोमान्सका कल्पनाहरू उन्दै फर्किएका बेला घरमा प्रायः मेरो स्वागत बिजुलीको तारले बनाइएको चाबुकबाट हुने गर्थ्यो। आफूलाई सम्झाउन म के सोच्थें भने कुनै सिनेमा हेर्नुको मूल्य भनेकै दुई रुपैयाँ र रामधुलाइ हो।

मैले आफैँलाई घृणा गर्ने, तुच्छ ठान्ने वा गलत साबित गर्ने कहिल्यै गरिनँ। ममाथि जे भइरहेको छ त्यसको कारण मै हुँ भनेर आफूलाई सम्झाउने काम पनि कहिल्यै गरिनँ। मैले आफूलाई गलत कहिल्यै औँल्याइनँ। कहिल्यै-कहिल्यै औँल्याइनँ। तर मैले आफूलाई कठोरबाट झन् कठोर चाहिँ बनाउँदै लगेँ। आँसुमा आफूलाई

बगाइनँ । मलाई कुटाइ खानु ठीक लाग्दैनथ्यो, साँच्चै लाग्दैनथ्यो । तर मलाई आफ्नो नियति स्वीकार्य हुँदै गयो । भाग्य भन्ठानेँ र चुप लाग्न सिकेँ । पीडाको अनुभूतिबाट निस्कन सिक्दै गएँ । आफूलाई दुखिरहेका बेला उस्तै किसिमका अन्य पीडा सम्झिँदा अलिक आराम अनुभव हुँदो रहेछ । यो पीडाका बारेमा तत्काल सोच्न छाडिदिनुपर्छ र दुखाइको मात्रा अलिक कम हुन दिनुपर्छ; अनि त्यसपछि पीडा बन्द हुन्छ । मूल कुरो, यसलाई धेरै महत्त्व दिइनु हुँदैन । यसलाई एउटा आकारमा ढालेर बाक्सामा बन्द गरिदिनुपर्छ, फेरि देख्नु नपरोस् भनेर । बाले हिर्काउन छाडेपछि म आफूलाई बिर्सन थाल्थेँ । यो मेरो नियति थियो । बरु म आमा, भाइहरू र हिन्दी सिनेमा जस्ता आफूलाई रमाइला लाग्ने विषयतिर स्वयंलाई मोड्न थाल्थेँ ।

बेलुकीको खानपिन र कामधन्दा सकेपछि म कान्छो भाइलाई पिठ्यूँमा बाँधेर अनि ठूलोलाई डोऱ्याउँदै बाहिर निस्कन्थेँ । पटुकाले बेस्कन कसिएर आरामले बसेको कान्छो भाइ घरी रुँदा र घरी हाँस्दा निकै मजा हुन्थ्यो । म ढाडको त्यो प्यारो पोकालाई बोकेर बौद्ध स्तूपवरपरको सडकैसडक भौँतारिन्थेँ । स्तूप चक्कर लगाइरहने टोलभरिका मान्छेहरूको भीडमा म पनि मिसिन थाल्थेँ, अबेरसम्म । दुखिरहेको कम्मरलाई उभिएरै घरीघरी म यसरी हल्लाउँथेँ, मेरो चालकै गतिमा पिठ्यूँमा रुँदै गरेको भाइको आवाज हाँसोमा बदलिन पुग्थ्यो । मेरो हात समातेर बढ्दै गरेको ठूलो भाइ पनि आफ्नै मस्तीमा हुन्थ्यो । कहिलेकाहीँ हामी स्तूपका सिँढीहरूसमेत चढ्थ्यौँ । त्यस्तो बेला आफूमा भएको बलभन्दा बढी जोस जम्मा पारेर चढ्नु र ओर्लनुको बेग्लै मजा लिन्थेँ । यसो गर्दा न म थाकेको महसुस गर्थें न त समय बितेकै पत्तो हुन्थ्यो । र म लगत्तै झसङ्ग हुन्थेँ, विशेष गरी भाइले पछिल्तिरबाट भुत्ल्याइदिँदा । त्यसको चिरिक्क दुखाइले बाको सम्झना गराउँथ्यो । लामो सयम बेपत्ता भएकामा

बा पक्कै बेचैन बन्नुभयो होला र यत्रो आनन्दपछि अब उहाँका मुक्काहरूले मलाई मेरो वास्तविक संसारमा चाँडै पुऱ्याउनेछन्। के भो त, खेलेपछि सजाय पाइहालिन्छ नि! तर ती वर्षहरूमा मभित्रको एउटा अंश मर्दै गएको थियो। जस्तो, अहिले पनि मेरा शरीरका खतहरूले उहाँले दिएका सास्तीहरूको वर्णन गर्छन्। त्यसै गरी मेरो आत्मा शून्यताले भरिएको छ, जसले आफ्नो स्वाभाविक कोमलता यो जुनीमा कहिल्यै भेट्नेछैन।

अध्याय ३

शरणागत

जिन्दगी आफैँमा एउटा दुर्दशा भइदिएको छ, तैपनि मैले हरेस खाइहालेकी छैन । तर आमाका वेदनाहरूले चाहिँ मलाई बेचैन पार्छन्; छाती मडारिन्छ। बाको शासनाका सामु उहाँ कुम्राको पुतली लाग्नुहुन्छ। यो चाहिँ मलाई अब सह्य छैन।

आमाले मलाई जसरी सहयोग गर्नुभएको छ, त्यही कुरो उहाँका निम्ति गर्न सक्दिनँ भन्ने कुराले मलाई भाउन्न हुन्छ। म घरका काम सघाइदिउँला; बच्चा हेरिदिउँला; नुटुभरिको माया गरुँला; वा भनूँ, एउटी अर्की नारीका रूपमा उहाँको स्थान लिने कोसिस पनि गरुँला। तर पनि म उहाँलाई खुसी पार्न सक्दिनँ; उहाँको दिमागलाई हल्का पार्न सक्दिनँ। मलाई यही कुराको दुःख छ। बा मलाई अझै भक्कु कुट्नुहुन्छ; आमाले पाउने चुटाइमा भने अब नयाँ खाले घृणा छ। जड हुँदै गएकी मलाई मानसिक यातना दिन पनि आमालाई बढी तड्पाउनुपर्छ भन्ने बुझाइ बामा विकास भएको छ। अब उहाँको आक्रोशमा ईर्ष्याको पनि लेप लाग्न थालेको छ। म र आमा आपसमा नजिकिँदै जाँदा हामीबीच उहाँ आफ्नो स्थान कतै पाउनुहुन्न। यही कुरो उहाँलाई रत्ती मन परेको छैन। यसको मूल्य पनि हामीले चुक्ता गर्नैपर्ने भएको छ।

त्यस दिन म बौद्धतिर एकै छिन घुमेर फर्कंदा आमा भुइँमा लडिरहनुभएको थियो। उहाँको दाहिने हातले कम्मर बेस्सरी समातेको थियो। त्यही अवस्थामा उहाँ भित्तो समातेर उठ्ने कोसिस गरिरहनुभएको थियो। बाका साथीले दिएको हरिणको सिङ, जुन भित्तामा झुन्डिने गरेको थियो, भुइँमा थियो। हुँदाहुँदा यो सजाउने कुरा पनि अब आएर हामीलाई सजाय दिने साधन भइसकेछ! लडेकै अवस्थामा आमाले टाउको उठाउनुभयो। उहाँको अनुहारको रङ्ग उडेको थियो; आँखा भयाक्रान्त थिए।

छेउमै दलाई लामाको तस्बिर र पूजा सामग्री राखिएको सानो टेबल पनि लडेको थियो। त्यस दिन के भएको थियो, मलाई याद छैन। के बाको नियमित समयभन्दा ढिलो खाना पाकेको थियो? उहाँ ढिलो आएकामा आमाले अलिक रूखो बोली पो निकाल्नुभएको थियो कि? यसको के अर्थ छ र? उहाँले आमालाई भुइँमा नाक जोतिने गरी धकेलिदिनुभएको थियो। आमा भित्तामा ठोक्किनाले दाहिने कुम त्यसमा बज्रिएको रहेछ। त्यहाँबाट हुत्तिएर उहाँ लुगा राख्ने टचाङ्कामा घोप्टिन पुग्नुभएछ। त्यसपछि बाले भित्ताबाट हरिणको सिङ निकालेर डँडाल्नामा बजाउनुभएको रहेछ।

मभित्र रिसको वेग र घृणाको उत्कर्ष दुवै ज्वालामुखी जस्तै विस्फोट हुने अवस्थामा पुग्यो। आँखा रातापिरा भए। अनुहार रन्कियो। कुन आवेगमा आएर हो कुन्नि, मैले पिठ्यूँमा रहेको भाइको पिँडुलामा बेस्कन चिमोटेछु। यो वास्तवमै अन्याय थियो; त्यति बेला मेरो छेउ हुनुको सजाय ऊ बिचरोले पायो। भाइ चिच्याउन थाल्यो। आमालाई उठाउनुअघि मैले केही क्षण आँखा चिम्म गरेँ।

'अब आइन्दा आफ्नू लोग्नेलाई माया गर्छु भनेर मलाई कहिल्यै नसुनाउनू।'

मेरो शरीर थरथर काम्न थाल्यो । यस्तो लाग्दै थियो, मानौँ यस घडी मैले केही गरेँ भने तुरुन्तै भुइँचालो जानेछ । आमा यस्तरी असहाय हुनुभएको थियो, मैले उहाँलाई उचाल्नुपरिरहेको थियो । म दस वर्षकी भए पनि हाम्रो उचाइ उस्तै-उस्तै थियो । मैले उहाँलाई सकी-नसकी बोकेर ओछ्यानमा सुताइदिएँ ।

'यस्तो मान्छेलाई त छाडेर जानु नि ! किन यहाँ बसेको ? यहाँ बसेर आफैँलाई मार्नुको साटो बरु मामाघरै गए पनि त हुन्थ्यो । लौ न आमा...'

'उल्लू नबन भुमो । छाडेर कहाँ जाने ? कसले मलाई पाल्छ ? जहाँ गए पनि जे गरे पनि मेरो घर, मेरो संसार यहाँ छ । मेरा केटाकेटीलाई मैले हेर्नुपर्छ। फेरि नरिसाएका बेला त तिम्रो बा संसारकै असल मान्छे हुने गर्छन् । तिमीले पनि देखेकै छयौ ।'

'कहिले ? कहिले ? कहिले ? उहाँ जहिल्यै राक्षसी व्यवहार गर्नुहुन्छ, हरेक दिन । उहाँ कहिलेकाहीँ भुक्किएर मात्रै मान्छेले जस्तो व्यवहार गर्नुहुन्छ । मलाई घृणा लाग्छ बादेखि ।'

आखिर मैले भन्न सक्ने कुरा यति मात्र थियो । खाटको कुनामा घुमेको काठलाई मैले यस्तरी च्यापेकी थिएँ, मेरा औँलाहरू सेता बनिसकेका थिए । म न केही सोच्न सकिरहेकी थिएँ, न कुनै कुराको अनुभूति भइरहेको थियो । म यहाँ हुँदाहुँदै पनि कतै थिइनँ । ढाडको भाइ जोडजोडले रोइरहेकै थियो । मैले अचानक आफूबाट गल्ती भएको अनुभव गरेँ । आँखा चिम्म गरेँ । यो बिचरा सानो बालक वास्तवमै कति निर्दोष छ ! किन मैले उसलाई चिमोटेँ ? सोचेँ– के म हिंसा मन पराउने मान्छे हुँ ? अहँ । मलाई थाहा छ, वंशानुगत रूपमा धेरै गुण आउँछन् । के आक्रोश पनि बाउबाट छोरीमा सर्ने गर्छ ? आवेशमा मेरो चिउँडो फरफराउन थाल्यो र गहमा भरिएको आँसुलाई आँखा चिम्लेर त्यतैतिर रोक्न खोजेँ ।

'भुमो ! भुमो ! तिमीलाई के भयो ?'

आमाको अनुहारमा चिन्ताको गहिरो छाप थियो। उहाँको हातले सुस्तरी मेरो पाखुरा स्पर्श गऱ्यो। एक किसिमको मीठो दबाव अनुभव गरेँ, हाँगामा थपक्क चरो बसे जस्तो। आँखा खोलेँ र उहाँतिर हेरेँ। उहाँ भयातुर भई मेरो आक्रोशलाई ठम्याउने कोसिस गरिरहनुभएको थियो; म किन रन्थनिएकी छु भनेर बुझ्ने कोसिस गरिरहनुभएको थियो। मलाई थाहा थियो, उहाँ यो तुफानलाई राम्ररी चिन्न सक्नुहुन्छ। अघि च्याप्प समाएको काठमा मेरो हात उसै गरी अडिएको थियो; जसलाई आमाले न्यानो र खस्रो हातले सुमसुम्याउन थाल्नुभयो। टाँसिएका हाम्रा हातमा मेरा आँखा नाच्न थाले। उहाँको हात रातो र फराकिलो अनि छेउछेउमा चिरा परेको थियो, मेरो चाहिँ नरम र स्वच्छन्द। म एकदमै थकित भएँ। सक्ने भए फालिएको कमिज जस्तो आफूलाई फुकालेर भुइँभरि आकारविहीन छरिदिन्थेँ। मेरो थकानलाई आक्रोशले मत्थर पार्दै थियो। तर यसले उत्पन्न गर्ने शून्यता अरु भयावह हुन्छ। म एकदमै रित्तिएको महसुस गर्न थालेँ।

'तिम्रा बा असल मान्छे नहोलान्, तर म उनलाई कहिल्यै घृणा गर्दिनँ। तिमीलाई थाहा छ किन ?'

जवाफमा म केही बोलिनँ।

'किनभने मलाई उनले तिमी र तिम्रा भाइहरू जस्ता बहुमूल्य सम्पत्ति दिएका छन्। उनकै कारणले तिमी आज यहाँ छचौ। उनकै मिहिनेतले तिमीहरूको पेट भरिँदै आएको छ। हो, यही कारण हो जसले मेरा नजरमा तिम्रा बालाई महान् बनाइराख्छ। तिमीले पनि यस्तै सोच्नुपर्छ। तिमी केटाकेटी छचौ, धेरै बुझ्दिनौ। तर यति मान, मैले मेरो कर्म यसै गरी पूरा गर्नुपर्छ। तिम्रा बा मसँग जस्तो हिंस्रक

व्यवहार गर्छन्, त्यो पनि मेरो आफ्नै कर्मको कारणले गर्दा हो। पूर्वजन्ममा मैले पक्कै केही पाप गरेको हुनुपर्छ जसको हिसाब सायद म अहिले चुकाउँदै छु। त्यसैले म यसलाई भोग्न तयार रहनुपर्छ।'

आफ्नी आमालाई यत्तिकी दयावान् पाएर म गदगद थिएँ। त्यो घटनायता उहाँले म रिसाएको देख्नेबित्तिकै जहिल्यै बिस्तारै नजिक आएर सुमसुम्याए जस्तो गरी सम्झाउन थाल्नुभयो। त्यो सम्झाइमा उहाँ आफ्नो मान्यता मलाई बुझाउने भरसक प्रयत्न गरिरहनुभएको हुन्थ्यो। मभित्रका असल कुरालाई बचाउन उहाँ लागिरहनुभएको थियो, मानौँ आँधीबेहरीमा परेको फक्रँदो फूलप्रतिको चिन्ता प्रकट भइरहेको थियो।

भाँडा माझ्दा, खाना पकाउँदा वा लुगा धुँदा हामी आमा-छोरीबीच हुन थालेका कुराकानीले मेरो मनभित्र बढ्दो त्रास र आक्रोशलाई अलिअलि गरेर अन्तै मोड्न थाले। मभित्रका सबैजसो सकारात्मक भावनाहरू त्यही भान्छा परिवेशमा उत्पन्न भएका हुन्, जसलाई पछि गुरुको सामीप्यले मलजल गरिदिएको थियो।

प्रत्येक बौद्ध धर्मावलम्बीझैँ आमा पनि जीवनको हरेक भोगाइलाई, चाहे यो जन्म होस् वा पछिल्लो जन्म, त्यसैका कामहरूको परिणति मान्नुहुन्थ्यो। यसलाई कर्म भनिन्छ, जसको अर्थ हो केही गर्नु। यसरी हेर्दा हामी प्रत्येकको जीवन एउटा चक्रले बाँधिएको छ, जसमा अघिल्लो जुनीमा बाँच्ने र आगामी जुनीमा बाँच्नेसमेत जोडिएका छन्। आमाले मनमा यही कुरालाई गाँठो पारेको बुझेर म अवाक् हुन्थेँ। आफ्नो त्यही सोझोपनाका कारण कति ठूलो मूल्य चुकाइरहनुभएको थियो!

उहाँभित्र विद्रोहको गुण थिएन। तर ममा थियो। यसलाई म लरतरो पाराले छाड्न चाहन्नथेँ। कुनै लोग्नेमान्छेकी दासी बन्न वा जनावरको जस्तो व्यवहार भोग्न म तयार थिइनँ। दुई खुट्टाबीच

कुन्डिएको इन्द्रिय र पढ्ने अधिकार पाएको भरमै महान् ठान्नेहरूको इसारामा चल्नुभन्दा मलाई बरु मृत्यु स्वीकार्य थियो। आमालाई हेर्‍याहेर्‍यै मैले अठोट गरेँ– मेरो जीवन बेग्लै किसिमको हुनेछ। उहाँ मसँग प्रेमका कुरा गर्नुहुन्थ्यो, जबकि म आफूभित्र उत्पन्न हुँदै गएको घृणा मात्र महसुस गर्थें। सबेरै उठेर बाका निम्ति चिया पकाउँदा, दिउँसो उहाँका मूर्तिहरूका निम्ति सफा पानी ल्याउँदा वा बेलुकी सबै जना साथमा बसेर खाँदा, कुनै बेला पनि मैले यी गतिविधिलाई आत्मसात् गर्न सकिरहेकी थिइनँ। बा र आमा साथ बस्दाको दृश्य नै मेरा निम्ति डरलाग्दो चित्र बन्दै गएको थियो। उहाँहरूका गतिविधिमा मैले आफ्नो भावी वैवाहिक जीवनलाई ढालेर हेरिरहेकी थिएँ। मसँग बिहे गर्न चाहने पुरुष कस्तो होला ? म आमाले जस्तै जबरजस्ती कुनै हजुरबाको उमेरको मान्छेसँग बिहे गर्न चाहन्नँ, जसले मलाई नोकर्नी जस्तो व्यवहार गरोस्।

प्रत्येक दिन मभित्रभित्रै एउटा शक्ति पैदा भइरहेको थियो, जसलाई म स्वयंभन्दा बलियो महसुस गर्थें र जसले आज्ञाकारी असल छोरी बन्ने मेरो चाहनालाई भित्रैबाट अलग्याउँदै लगिरहेको थियो।

छोरीलाई सम्झाएर कहिल्यै नथाक्ने आमालाई यो पनि थाहा थियो, उहाँको न्यानो छातीमा टाँसिएर त्यो अँध्यारो भान्छामा बगेको आँसुसँगै मेरो जीवनमा धेरै कुरा फेरिँदै गएका थिए। म विद्रोही बन्दै थिएँ।

'तपाईंले किन बिहे गर्नुभयो ? अर्थोक केही थिएन सास्ती भोग्नको लागि ?'

'तिमी कुरो बुझ्दिनौ...'

'म जबरजस्ती तपाईंको जस्तो जीवन बिताउन चाहन्नँ। म कुनै त्यस्तो पुरुषकी दासी बन्न चाहन्नँ, जसलाई मेरो भावनाको कुनै मतलब छैन, जसले मलाई मान्छे नभई कुनै वस्तु जस्तो व्यवहार

गर्छ र जनावरलाई जस्तो चुट्छ। जति गरे पनि यस अडानमा म दृढ रहनेछु।'

'धन्दा नमान। तिम्रो नियति अर्कै हुन सक्छ।'

उहाँ एक छिन शान्त हुनुभयो। बडो अन्यमनस्क। म उहाँको प्रत्येक शब्दमा झुन्डिरहेकी थिएँ।

'मैले यतै नजिकैको गुम्बाका एक जना गुरुको बारेमा सुनेकी छु। उनी अत्यन्त सम्मानित व्यक्ति हुन्। एक दिन यसो समय मिलाएर तिमीले भेट्नुपर्छ। त्यस बेला आफू आनी बन्न चाहेको कुरा बताउन नबिर्सनू।'

आनी बन्ने! यो विचार त मभित्र कहिल्यै आएको थिएन! तर खै किन हो, मलाई हो त नि जस्तो लाग्यो। यसमा मैले समाधान पनि देख्न थालें। पक्कै पनि, आनी बनेमा मैले कहिल्यै लोग्नेबाट अपमान सहनुपर्नेछैन, किनभने त्यसपछि मेरो लोग्ने नै हुनेछैन। म स्वतन्त्र हुनेछु। पत्नी बन्ने कसैले पनि आजसम्म पाउन नसकेको स्वतन्त्रता! बढ्दो उमेरसँगै मैले भविष्यबारे कुनै दृष्टिकोण बनाउनै पाएकी थिइनँ। तर आमाले मेरा निम्ति ढोका खोल्दै हुनुहुन्थ्यो। त्यसमा जतिसक्दो चाँडो प्रवेश गर्न म छटपटाउन थालें।

अचानक दिइएको यो सुझाव मलाई रमाइलो लागे पनि उता आमा अलमलमै हुनुहुन्थ्यो। आमाले भनेका गुरु मेरा निम्ति अब जीवनको अर्को बाटाको प्रवेशद्वार बन्नुहुनेछ। अब मलाई कसैले रोक्न सक्दैन, मानौं म फुत्किसकें। म यो बाटामा बढ्न अब कुनै बाधा राख्न चाहन्नथें।

मलाई अलिकति पैसा चाहिएको थियो। कुनै पनि बौद्ध गुरुलाई दर्शन गर्न जाँदा आफ्नो गच्छे अनुसार केही न केही दक्षिणा चढाउने

चलन छ । यसलाई सम्मानका रूपमा पनि हेर्ने गरिन्छ । त्यसमाथि म यी गुरुलाई मेरा निम्ति यो भेट कति महत्त्वपूर्ण छ भनेर अवगतसमेत गराउन चाहन्थेँ ।

हरेक बिहान दूध किनेर फिर्ता आएको पैसा म आमालाई बुझाउने गर्थें । तर अब त्यो मैले आफूसँगै राख्ने निधो गरेँ । चानचुन नै भए पनि यो मेरो अर्थ सङ्कलनको सुरुआत थियो । मैले हरेक कुरामा बचत सुरु गरेँ । यसरी खुद्राखाद्रीले भरिँदै गएको खुत्रुकेका बारेमा एक दिन बाले पत्तो पाउनुभएछ । सानै भए पनि मेरो भारी खुत्रुके हात पर्नेबित्तिकै पहिले त त्यसलाई हल्लाएर सुन्नुभएछ र भएभरको पैसा कब्जामा लिनुभएछ । यो अन्यायले मलाई भित्रभित्रै क्रुद्ध बनायो । तैपनि मैले फेरि पैसा जम्मा गर्न थालेँ । म हार मान्नेवाला थिइनँ । र, दोस्रो चोटि मेरो बचत योजना लुकाई-छिपाई नभई सबैका सामुन्ने अघि बढ्न थाल्यो । आमा सामान किन्न पठाउँदा पैसा ठिक्क तोकेर दिने गर्नुहुन्नथ्यो । त्यसैले जहिले पनि मेरो खुत्रुकेको भाग्यमा केही न केही बच्ने गर्थ्यो । यसरी बचेको पैसाको हरहिसाब आमा राख्नुहुन्नथ्यो । केही सातामै मसँग फेरि राम्रो बचत तयार भयो । योबाहेक गुरुका सामुन्ने सानी बच्ची हुनुको लाभ पनि त थियो ।

आखिरमा मैले पर्खिरहेको त्यो बिहान आइपुग्यो । बाका निम्ति खाजा तयार पार्न उज्यालो नहुँदै जागेँ । त्यसपछि धारामा गएर नुहाएँ । निकै चिसो थियो । सडक किनारका दुइटा कुकुर फोहोरको कन्टेनर पछिल्तिरबाट मलाई टुलुटुलु हेर्दै थिए । चिसोमा चुपचाप काम्दै घर पुगेँ । सबै जना सुतिरहेकै रहेछन् । मैले साँचेर राखेको एउटा राम्रो लुगा लगाएँ । स्कुलको वार्षिकोत्सवका बेला त्यो सेतो पोसाक नृत्यमा भाग लिएबापत मलाई दिइएको थियो । सेतो लुगा

मलाई शुद्ध लाग्छ। पुरानो नाइलनको डोरीले कपाल टिमिक्क पारेँ। मैले गुरुका अघिल्तिर आफू संवेदनशील र गम्भीर केटी भएको छाप छोड्नु थियो । हाम्रो घरछेवैका बाटाहरू भएर कतिपय भिक्षुहरू बजार ओहोरदोहोर गर्छन् । सायद उहाँले मलाई देखिसक्नुभएको पो छ कि ? टोलका केटाहरूसँग कुदाकुद गरेका बेला देख्नुभएको हो भने त अब सबैभन्दा पहिले मैले आफू बदमास होइन भनेर साबित गर्नुपर्नेछ ।

बादल चिर्दै घामका किरणहरू फैलन थाल्दा मैले घरको पिँढी टेकिसकेकी थिएँ। गुम्बाबाट आवाज र धुनहरू निस्कन सुरु भइसकेका थिए । त्यस बेला मेरो चेतनशक्ति यति तेजिलो थियो, त्यो बाटो छिचोल्दाको प्रत्येक पाइलाबारे म अझ पनि वर्णन गर्न सक्छु। सपना जस्तो त्यो यात्राले मलाई विशाल रातो र सुवर्ण रङ्गको ढोकाबाट भित्र पसायो, जहाँ देवीदेवताका मखुन्डाहरूको चित्रबाट सजिएको एउटा कोठा थियो। यो ढोकाभित्र म पहिले पनि धेरै पटक प्रवेश गरिसकेकी थिएँ । तैपनि किन हो, आज मलाई आफू हिँडेको यो बाटो पनि नौलो लाग्दै थियो । मैले एक जना भिक्षुलाई रोकेँ र आमाले बताएका गुरु ज्यामगन कोङत्रुल रिम्पोछेका बारेमा जानकारी मागेँ । आमाले उहाँलाई व्यक्तिगत रूपमा चिन्नुभएको छ कि छैन, मलाई थाहा थिएन, तर उहाँको लोकप्रियताबारे जानकार हुनुहुन्छ भन्ने पक्का थियो ।

मेरो जिज्ञासाको जवाफमा एकै पटक भिक्षुले मुख्य भवनतर्फ इसारा गरे र म काम्दै गरेको मुटु लिएर सरासर अगाडि बढेँ । जुत्ता फुकालेँ । लामो गल्छेडोबाट सरासर हिँड्दै ध्यानकक्षको ढोका खोल्नुअघि मैले एक पटक लामो सास फेरेँ ।

उहाँ त्यहीँ हुनुहुन्थ्यो । कोठाको अर्को कुनामा ओछ्याइएको राडीमा, सहयोगीका साथ। हातमा बौद्ध धर्मावलम्बीले मन्त्रपाठ गर्दा

प्रयोग गर्ने माला थियो । काठको प्रत्येक गेडा घुमाउँदा ओठमा गन्ती पनि चलिरहेकै थियो, मानौँ विनम्रतापूर्वक केही चपाइरहे जस्तो । कोठामा त्यस्तै दस जनाजति महिला र पुरुष कोही उभिएका त कोही बसेरै प्रतीक्षा गरिरहेका थिए । उनीहरू सबै गुरुकै दर्शनका निम्ति आएका थिए । म छिटो भेट्न आतुर भए पनि परिस्थितिले धेरै बेर पर्खनुपर्ने सङ्केत दिइरहेको थियो । हत्तेरी, अरू केही उपाय पनि त छैन ! अलिक वरै घुँडा टेकेर बसेँ, पाठ सकिनेबित्तिकै मलाई देख्नुहुनेछ भन्ठानेर ।

गुरुले त मतिरै पो चासो दिएर हेरिरहनुभएको रहेछ। उहाँले छेउमै बसेकासँग केही फुसफुसाएपछि तिनले नै मलाई औँलाको इसाराले बोलाए। म अगाडि गएँ र तीन पटक साष्टाङ्ग दण्डवत् गरेँ। गुरुका अघिल्तिर घुँडा मारेर बसेँ। शिर निहुऱ्याएर ढोग्दै आफूले ल्याएको खादा अर्पण गरेँ। एक छिनपछि टाउको उठाएँ। चिम्सा आँखामा धातुले मोडिएको चस्मा उहाँलाई खुबै सुहाएको थियो। छाला अत्यन्त नरम र चिल्लो देखिन्थ्यो। ठूला हातका लाम्चा औँलाहरू र आकर्षक रेसमी पहिरन। परैबाट हेर्दा पनि अत्यन्त भद्र र सफा व्यक्तित्व थियो त्यो। उहाँको उमेर तीस वर्षको हाराहारी मात्रै त थियो।

'तिमी को हौ, नानी ? यति सानो उमेरमै यसरी एक्लै मसँग भेट्न आयौ । भन के चाहन्छयौ ?'

उहाँ अत्यन्तै दयालु हुनुहुँदो रहेछ । भयमिश्रित श्रद्धाकै माझ पनि मैले आफूलाई बडो गौरवशाली ठानिरहेकी थिएँ । अचानक मैले गुरुका सामुन्ने भनुँला भनेर याद गरेका शुभकामनाका शब्द र पाठहरू सबै बिर्सिएँ । आफ्नो अनुरोधलाई मीठा शब्दले सजाएर गुरुसमक्ष राखुँला भन्ने कत्रो रहर थियो ! तर, मेरो मुखबाट एउटा वाक्य मात्र निस्कियो । सायद यो अलिक ठाडो पनि सुनियो, 'म आनी बन्न चाहन्छु ।'

मेरो आवाज कामेको थिएन। म सत्य जो बोलिरहेकी थिएँ। ज्यामगन कोङत्रुल रिम्पोछे मुस्कुराउनुभयो र आफ्ना सहयोगीतर्फ हेर्दै इसारा गर्नुभयो। यो दृश्य यस्तो थियो, मानौँ कसैले त्यो माहौलमा हाँसउठ्दो कुरा गरेको छ। पछाडिबाट कुनै केटाकेटीले जिस्क्याएको जस्तो।

उहाँका पाउमा छालाका नयाँ चप्पल थिए। टोलकै कसैले राम्रो कमाइपछि भर्खरै गुम्बामा आएर उहाँलाई चढाएको हुन सक्छ। गुरु पनि म जस्तै नयाँ पहिरनमा बस्नुभएको थाहा पाउँदा मलाई बडो आनन्द लागिरहेको थियो।

'म आनी बन्न चाहन्छु।'

उहाँ पछाडि ढल्किनुभयो र सुतीको रातो झोलाबाट कैँची निकाल्नुभयो। अनि पाठ गर्दै नजिकै आएर सामान्य तालले कपालको टुप्पो काटिदिनुभयो। मलाई थाहा छ, यसले गृहस्थी जीवन त्यागेको सङ्केत गर्थ्यो, जसलाई लामा र आनीले स्वीकार गरेका हुन्छन्। तर मलाई आफूले केही त्याग्दै छु भन्ने लागेको थिएन। वास्तवमा म आफैँ यो जीवनमा आफूलाई समर्पित गर्दै थिएँ।

भित्रको हलचल थामेर म आफूलाई शान्त र स्थिर पार्दै थिएँ। गुरुले चाहिँ फेरि भित्तातर्फ ढल्किएर आँखा चिम्लँदै मन्त्रपाठ गर्न थाल्नुभयो। एकै छिनको ध्यानपछि उहाँले मलाई अलिक अगाडि सर्न इसारा गर्नुभयो।

'आजदेखि तिम्रो नाम कर्मा छोइङ डोल्मा भयो।'

म टाउको झुकाएरै पछाडि सर्न थालेँ। यसो गर्दा भित्रभित्रै उम्लँदै गएको गर्व देखाइदिने मेरा आँखा अरूबाट छेलिन्थे। गुम्बाबाहिर चौरमा पुगेपछि अन्त्यमा मैले फेरि लामो सास फेरेँ। बस, म अब

शरणागत भएँ। अबउप्रान्त जे भए पनि म आनीका रूपमा उभिएकी हुनेछु। मलाई कसैले भेटाउन सक्नेछैनन्। हो, यो अब सम्पन्न भयो। लोग्नेमान्छेका उपद्रो र घृणाहरूले अब मलाई छुन पनि सक्दैनन्। आनी भएकैले पनि मैले कसैकी स्वास्नी बन्नुपर्नेछैन। अब म सहजै बाँच्न सक्छु।

त्यसै बेलादेखि मैले जानें, बुद्ध धर्मको सुगन्ध व्यापक रहेछ। त्यसभन्दा अघि मेरो जीवनमा धर्मले अत्यन्त थोरै स्थान मात्र लिएको थियो। छिमेकका अरू केटाकेटी जस्तै म बौद्ध संस्कृतिमा हुर्कें र यसका केही आधारभूत मान्यताहरू अँगाल्दै ठूली भएँ; जस्तो, अहिंसा, झूटो नबोल्नु, नचोर्नु आदि इत्यादि। तर, दस वर्षको उमेरमा पुगेपछि मलाई चाहिएको बुद्ध धर्म थिएन, स्वतन्त्रता थियो। र, कस्तो आश्चर्य, यो पनि बुद्ध धर्मभित्रै अटाएको रहेछ जसले मलाई भर्खरै स्वतन्त्र बनाइदिएको छ!

म फुरुङ्ग पर्दै घर फर्किरहेकी थिएँ।

'म आनी भएँ! म आनी भएँ! अब मलाई यहाँ राख्न पाउनुहुन्न! तपाईंले मलाई गुम्बामा पठाउनुपर्छ! म जान्छु अब!'

बाआमा मलाई अनौठो मानेर एकोहोरो हेर्न थाल्नुभयो। मैले केही सामान पोको पारें। मलाई धेरै थोक चाहिँदा पनि चाहिन्थेन। पुराना लत्ताकपडा फोहोर फाल्ने ठाउँमा फाल्दिए पनि हुन्छ। अब म केवल खैरो, रातो र सुन्तले रङ्गहरूमा बेरिनेछु। केवल ती रङ्गहरू, जसलाई कुनै पनि आनीले लगाउन मिल्छ। मलाई केही महान् गुरुहरूका तस्बिर लैजानु थियो; रातो रेसमले तगिएको कम्बल पनि, जुन मेरा मामाले म दस वर्ष पुगेको दिन उपहार दिनुभएको थियो। एउटा सानो घडी पनि बोक्नुपर्ने थियो, जुन बाले किनिदिनुभएको थियो। बाले मलाई दिएका थोरै वस्तुमा पर्थ्यो यो घडी। अर्थोक मलाई केही चाहिन्नथ्यो। मेरो जीवन आजदेखि सुरु हुन्छ।

आमा मुस्काउनुभयो । बाको अनुहारमा पनि हाँसो दौडियो । उहाँहरू आफूलाई धन्य ठानिरहनुभएको थियो । कुनै पनि बौद्ध धर्मावलम्बीका निम्ति उसको परिवारको कुनै सदस्यले अध्यात्मको बाटो समात्नु जहिले पनि सकारात्मक मानिन्छ । यो यस्तो सत्कर्म हो जसको फलमा उसका सबै आफन्तहरूले पुण्य कमाउँछन् । बाकी पहिली श्रीमतीबाट जन्मेका सौतेनी दाइ पनि मक्ख थिए । कम्तीमा आज म बालाई आनन्दित हुने कारण बनिदिएकी थिएँ । बा मेरो ओछ्यानमा आउनुभयो र आफ्नो हातले मेरो पाखुरा सुमसुम्याउन थाल्नुभयो । जस्तो– म उहाँलाई राम्ररी चिन्छु, उहाँका आँखामा आफैँलाई धिक्कारिरहेको दृश्य देखिइरहेको थियो । त्यतिखेरै मलाई यो पनि महसुस गराइयो– गुम्बा पुग्नु त्यति सहज पनि छैन ।

'बडो राम्रो समाचार भुमो, तिमीलाई गुम्बासम्म सुबिस्तासाथ पुऱ्याउन हामी सबै व्यवस्था मिलाउनेछौँ । तर तिमीले केही समय पर्खनुपर्छ ।'

र, मलाई थाहा दिइयो, उहाँले तत्काल मलाई बिदा गर्नुहुनेछैन । मैले पर्खिनुपऱ्यो, पूरै तीन वर्ष । अत्यन्त लामो तीन वर्ष ! यो अन्तरालमा म गुम्सिएर बाँचेँ । यो अवधिभर मैले आफ्नो स्वतन्त्रताका बारेमा मात्र सोचिरहेँ । मेरो दिमागमा म कतै अन्तैको बासिन्दा भइसकेकी थिएँ । मेरो हरेक दिनका गतिविधिमा कतै न कतै समस्या उत्पन्न हुन थालिसकेका थिए । समय बित्दै जाँदा बाले छोरी घरै बसिदेओस् भन्ने चाहना पनि बेलाबेला राख्न थाल्नुभएको थियो । आखिरमा मेरी आमालाई कसले सघाउँछ ? पक्कै पनि मेरा भाइहरूले त सघाउँदैनन् । म सजिलै उम्किन पाउने थिइनँ । हाम्रा दैनिकका संवाद हुन्थे :

'मलाई कहिले जान दिनुहुन्छ ?'

'पख न, छिटै।'

भित्रभित्रै म तातिरहेकी थिएँ, आगोको रापमा उम्लिँदै गरेको दूधजसरी। र, कहिलेकाहीँ उम्लिई पनि हाल्छु कि जस्तो। अघिल्लो दिन फेरि बाले मलाई बिनाकारण कुटेपछि मैले केही गरेरै छाड्ने निधो गरेँ। प्रत्येक बिहानझैँ मैले नास्ता बनाएर भाइहरूलाई खुवाएँ र घरमा कोही आइहाले भने सत्कारका निम्ति एक थर्मस चिया तयार पारिदिएँ। त्यसपछि एकदुइटा पाउरोटी चपाएँ। आमाको सेतो ऊनी ओढ्ने मलाई साह्रै मन पर्थ्यो। त्यति बेला त्यो ओढ्ने लिन म सङ्कोच मान्दै थिएँ। तर पछि लिएरै छाडेँ। र भागेँ।

मलाई बाले किन कुट्नुभयो त ? अति गर्नुको पनि सीमा हुन्छ। मैले नागी गुम्बा जाने निधो गरेँ, जहाँ मेरो प्रतीक्षा भइरहेको थियो।

दुई वर्षअघि, सायद म एघार वर्षकी छँदा, हाम्रो परिवारकै एक सदस्यले अत्यन्त सम्मानित गुरु टुल्कु उर्गेन रिम्पोछेसँग परिचय गराएका थिए। उहाँ धेरै गुम्बाका प्रमुख हुनुहुन्थ्यो, जसमध्ये बौद्धकै सेतो गुम्बा पनि पर्थ्यो। त्यसबाहेक काठमाडौँछेउको डाँडामा रहेको नागी गुम्बाको जिम्मा पनि उहाँकै थियो। बौद्धको गुम्बामा आएका बेला मैले पहिलो पटक उहाँलाई भेटेकी थिएँ। त्यो बेला ध्यानमग्न हुनुहुन्थ्यो। लगत्तै मेरो शिरमा हात राखेर उहाँले आशीर्वाद दिनुभएको थियो। प्रेमले भरिपूर्ण आँखा र शारीरिक चालमा झल्किने भद्रताले मलाई आनन्दको जुन उचाइमा पुऱ्याएका थिए, त्यसका अघिल्तिर उहाँले व्यक्त गरेका शब्दहरूमा मेरो ध्यानै गएन। उहाँले मेरा बालाई भन्नुभएको रहेछ, 'तिमीहरूले जहिले चाहन्छौ, छोरीलाई ल्याउनू। उसको लागि गुम्बाका ढोकाहरू खुला छन्।'

त्यहाँदेखि मैले दिनरात उहाँकै बारेमा सोच्न थालिसकेकी थिएँ। कतिपय रात मैले त्यो भेटघाटको क्षणजत्तिकै रोचक

सपना देख्न पुगेँ। त्यस्ता सपनामा टोलबाट गुज्रँदै गर्दा अचानक मेरो ध्यान होहल्ला चलिरहेको एउटा स्थानतिर पुगेको हुन्थ्यो। म आँखा उठाएर हेर्थें, अहो... टुल्कु उर्गेन रिम्पोछे हेलिकप्टरमा चढेर मलाई गुम्बा लैजान आउनुभएको छ। हो, अब छिटै मैले उहाँलाई भेट्नु छ, मेरो रक्षक उहाँ नै हो भनेर बताउन पनि मलाई ढिलो भइरहेको छ।

भागेको दिन मैले उहाँकै शरणमा जाने मनसाय राखेकी थिएँ। गुम्बा काठमाडौं उत्तरको शिवपुरी डाँडामा छ। त्यस्तै चार वा पाँच घण्टा हिँडेर पुगिन्छ। मलाई त्यति मात्र थाहा थियो। तर के मतलब ? म पुगेरै छाड्छु। यसरी म आफ्नो सडक, आफ्नो टोल र आफूले खेल्ने गरेको आँगन छाडेर लम्कन थालेँ। घाम टाउकैमाथि चर्किरहेकाले अत्यन्त गर्मी थियो। मलाई सोझै उत्तर लाग्नु थियो। हिलाम्मे बाटो पछ्याउँदै म लगातार अघि बढेँ। अब मैले हिँडिरहेको बाटामा बस्ती थिएन। घरबाट यत्तिको टाढा म कहिल्यै आएकी थिइनँ। हो त नि, आजसम्म म बौद्धबाट कहिले पो बाहिर निस्केकी थिएँ र ? मलाई संसारका बारेमा केही थाहा थिएन। लौ, यसरी हिँडेँ भने म सोह्रै आना हराउँछु। तत्कालै मलाई भय महसुस भयो। म काम्न थालेँ। मलाई आफू कुन दिशामा उभिएकी छु भन्ने पनि थाहा छैन। मैले गर्न सक्ने भनेको त्यतिन्जेल हिँडिराख्नु हो जबसम्म मलाई नागी गुम्बाको बाटो बताउन सक्ने कुनै बटुवा फेला पर्दैनन्। र, यो अनकन्टारमा त्यसको कुनै सङ्केत पनि देखिरहेकी थिइनँ।

मनमा के आयो खै, म एक्कासि फनक्क घुमेँ र आएकै बाटो फर्किएँ। घर पुगेर मैले कसैलाई आफू भागेको कुरा सुनाइनँ; आमालाई पनि सुनाइनँ, किनभने म असफल भएकी थिएँ। म दैनिक व्यहोरिरहेको आतङ्कबाट पर एउटा यस्तो विन्दुबाट फर्किएँ जहाँ

उफ्रन मात्र बाँकी थियो। म एक घण्टाको हिँडाइ वा भनूँ भगाइपछि फर्किएकी थिएँ। थाहा नपाएको कुरातर्फ बढ्नु भनेको जहिले पनि नरकमा जानुभन्दा बढी डरलाग्दो हुँदो रहेछ।

घर पुग्दा म यसरी भागेको बाआमाले चाल पाउनुभएको रहेनछ। घरभन्दा अलिक परको सडकमा पुग्दा पनि कैयौँ पटक निर्घात चुटिएकी म आज भागेर फिर्ता आउँदा पनि कुनै प्रतिक्रिया थिएन। अर्थात्, मेरो भगाइ मभित्रैको एउटा घटनामा सीमित थियो। तर पनि यतिन्जेल फलफूलमा कीरा पसिसकेको थियो।

अध्याय ४

जन्मघरको बिदाइ

त्यो शुक्रबार, लुगा धुने दिन, मेरो जीवनमा परिवर्तन आउँदै रहेछ । बिहानभर घरभरिका लुगा धुँदै धाराको डन्डीमा चाङ लगाएकी थिएँ । घण्टौं निहुरिँदा र लुगा निचोर्दा हात दुखिरहेका थिए। कमसल साबुन र चिसो पानीले हत्केला राताम्मे बनाइदिएको थियो। म बाको खरानी रङ्गको सर्ट रगडिरहेकी थिएँ। लुगा धुँदै गर्दा पनि मैले पाठ घोक्न छाडेकी थिइनँ। स्कुल जाने हाम्रो समुदायका थोरै केटाकेटीमा म पनि पर्थें। भारतबाट आएका एक आफन्तले भनेपछि बल्ल बा छोरीलाई स्कुल पठाउन सहमत हुनुभएको थियो। अचम्म त के भने उहाँले यस्तो सल्लाह पनि सुनिदिनुभएको थियो ! त्यसपछि घरछेउकै सानो स्कुललाई महिनाको चालीस रुपैयाँ तिर्न उहाँ तयार हुनुभएको थियो। त्यो सस्तो स्कुलमा गतिलो पढाइको चाहना राख्नु बेकारै थियो। तर पनि मैले सरसरी पढ्न र गन्ती गर्न सिकेकी थिएँ। मलाई अङ्ग्रेजीका दुईचार वटा शब्द उच्चारण गर्न आउँथ्यो; तिनको नेपाली माने पनि थाहा थियो। अभिभावकले चाहेका कुरा यिनै हुन् भन्ने मैले बुझेकी थिएँ। तर, त्यसभन्दा माथि आफू कक्षाकै राम्रो विद्यार्थी हुँ भन्ने जानकारी पनि मैले पाइरहेकी थिएँ। शिक्षकले पहिलो वर्षै मलाई एकै पटक दुई कक्षा फड्काइदिएका

थिए। उनले बासँगको कुराकानीमा यसो भन्दै गरेको पनि एक पटक सुनेकी थिएँ, 'पढाइमा यसरी नै उन्नति गर्दै गई भने यो केटीको भविष्य धेरै राम्रो हुन्छ।'

यति हुँदाहुँदै मैले घरमा पढ्ने अवसर कहिल्यै पाउँदिनथेँ। स्कुलको गृहकार्यका निम्ति छुट्टै बसेर लेखपढ गर्ने ठाउँ थिएन। त्यसैले पनि म सकभर सबेरै उठ्थेँ। त्यति बेला आमा भान्छामै व्यस्त भइरहनुभएको हुन्थ्यो। म खुसुक्क घरछेउको स्कुलतिर लाग्थेँ। त्यति सबेरै त्यहाँ कोही नहुने हुनाले मैले पढ्न उपयुक्त अवसर पाउँथेँ। काग कराउन नथाल्दै म स्कुलको बेन्चमा बसिसकेकी हुन्थेँ। अरू बालबालिका आउनुअगावै मेरो गृहकार्य सकिइसकेको हुन्थ्यो। रात पनि उस्तै। सारा टोल मस्त निद्रामा डुब्नुअघि घरहरूको रछ्यानमा फुत्ती खेल्न जब अँध्यारा कुनाहरूमा कुकुर भुकिरहेका हुन्थे, लगभग त्यति बेलैतिर म भाँडा माझिरहेकी हुन्थेँ। त्यसपछि बल्ल मेरो सुत्ने पालो आउँथ्यो। एक मन त यस्तो बोझिलो दैनिकीभन्दा बरु पढाइ छाडेर घरैमा आरामले बसूँ कि जस्तो पनि लाग्थ्यो। तर जीवनमा मैले पाएको थोरै अवसरमध्ये एउटा यो स्कुल पनि हो भनेर अन्तर्मनले सम्झाउँथ्यो।

पानीले ढाडिएका लुगाको भारी बोकेर मलाई घर जानु थियो। बिहान ममाथि कत्रो अन्याय भएको थियो ! त्यही कुटाइले नीलडाम भएको ढाडमा कपडाको भारी पनि थपिएको थियो। भारीले थिच्दा झन् दुखेपछिको पीडा सहन नसकेर म रोइरहेकी थिएँ। ती नीलडाम बिजुलीको तारले हिर्काउँदा बसेका थिए। यी तिनै डाम हुन्, जसमाथि शिक्षकले हिसाबमा राम्रो नम्बर ल्यायौ भनेर धाप मार्दा पनि मलाई असाध्य पीडा भइदियो। शिक्षकले मेरो पछाडि आएर निकै आत्मीयतासाथ धाप मार्दा सहन नसकेर म झन्डै चिच्च्याएकी थिएँ।

मैले अनायासै उनको हातलाई पोल्दै गरेको कुमबाट समातेर अन्त हुत्त्याइदिएँ। त्यति बेला मैले निकै कालोनीलो भएर हेरेकी थिएँ। कारण नबुझेकाले उनी एक छिन दु:खी देखिए। मलाई जङ्गली र संवेदनाहीन भन्न थाले। उनले मलाई सहपाठीहरूबाट अलग्ग राखिदिए। मैले किन यसरी उनको हात झड्कारेर हिँडें भन्ने उनले बुझेका छैनन् भन्ने थाहा हुँदाहुँदै पनि म उनीसँग आक्रोशित थिएँ। मैले कुर्सी तान्ने बेलामा कहिलेकाहीं अनुहार किन बिगार्छु भन्ने उनलाई कहिल्यै बताएकी थिइनँ। दुखेर लामो सास तानिरहेका बेला मेरो पीडालाई कसैलेत्र कहिल्यै देखेका थिएनन्। म चाहन्थें, यसो किन गर्छु भन्ने अनुमान शिक्षकले स्वयं लगाऊन्, तर त्यसो गर्नुको साटो उनले मविरुद्ध कडा फैसला गरे र उल्टो सजाय दिए।

यसरी कक्षाभित्र बेग्लै राखिएको अवस्थामा टोलका अरू केटाकेटीले देखे भने मलाई गिज्याउन बेर लगाउने थिएनन्। म कक्षाकोठाबाट घरसम्म निहुरिएरै पुगें। घरमा बाआमा मलाई पर्खिरहनुभएको रहेछ। आमाको अनुहारमा प्राय: नदेखिने एक किसिमको चमक थियो। बा पनि कृतज्ञ भावले हेरिरहनुभएको थियो। मैले पहिले कतै नदेखेका एक जना मान्छे पनि त्यहाँ थिए। बीस वर्ष हाराहारीका अग्ला र जवान ती लामा मलाई एकदमै आकर्षक लागे।

'भुमो, यी बाबु सोनाम घुर्मे हुन्। तिम्रो लागि खुसीको कुरो। गुरु टुल्कु उर्गेन रिम्पोछेको गुम्बाकै यी लामा तिमीलाई लिन आएका हुन्। तिमी गुम्बा जाने भयौ; हामीलाई छाडेर जाँदै छ्यौ मेरी छोरी...'

बाले अनुहार अँध्यारो पार्दै गर्दा मैले आमातिर एक झलक दिएँ। उहाँका आँखामा आँसु मुस्किलैले देखिन्थ्यो। यी शब्द सुन्न म तीन वर्षदेखि लालायित थिएँ। तीन वर्षदेखि म हरेक रात बाका मुखबाट यिनै शब्द सुन्न चाहन्थें। बितेका तीन वर्ष म हरेक क्षण आफ्ना

सामान पोको पारेर हिँडेको कल्पना गर्थें। मलाई पहिल्यै थाहा थियो, मेरो पोकामा केके हुन्छन् । सिनेमा जस्तो यो दृश्य मेरो दिमागमा घरीघरी घुमिसकेको थियो । र, नभन्दै बल्ल समय आयो । यसलाई मैले अन्त्यमा प्रतीक्षाको मीठो फल मिलेको रूपमा बुझेँ ।

'म दस मिनेटमै तयार हुन्छु ।'

उहाँहरू हाँस्नुभयो ।

'होइन भुमो, हामी आज जाने होइन । यी बाबु तीन दिनपछि फेरि आउँछन्, त्यसपछि जाने हो ।'

उफ्... तीन वर्षपछि अरू तीन दिन ! कुराइका हिसाबले त एक झमटमै यो क्षण सकिनुपर्ने थियो । मलाई भने समय यतिको ढिलो कहिल्यै गुज्रेको थिएन जस्तै लाग्दै गयो । झन्, छटपटीमा बितेको अन्तिम रात कटाउनु त यातना सहेझैँ हुन पुग्यो । लाग्यो, सूर्योदय फेरि कहिल्यै हुँदैन र मलाई यसको पहिलो किरण हेर्न नपाउँदाको छटपटी बाँकी जीवनभरि हुनेछ । त्यो रात म पटक्कै निदाइनँ, न आमाले नै आँखा झिमिक्क पार्नुभयो । उहाँले रातभरि कोल्टे फेर्दाको आवाज म सुनिरहेकी थिएँ । मलाई लाग्यो, उहाँ मेरा निम्ति खुसी हुनुहुन्छ र आफ्ना निम्ति चाहिँ असाध्य दुःखको चेपमा पर्नुभएको छ । यता मेरो मनमस्तिष्कमा फैलिएको उमङ्ग अब कुनै कुराले पनि खुम्च्याउन सक्ने स्थिति छैन । निस्लोट अँध्यारोमा आँखा खुलै राखेर टोलाइरहेकी छु । म पहिले यत्तिको खुसी कहिल्यै थिइनँ, मानौँ स्वयंभित्र मैनबत्ती बल्न थालेको छ । त्यसको मधुरो उज्यालोको राप मेरो आत्मामा कसरी फैलिएको छ भने अब जीवनभर यसले मलाई न्यानो दिइरहनेछ । जीवनमा पहिलो पटक मैले आशीर्वाद पाएको अनुभव गरेँ ।

म उड्न थालेँ, बग्न थालेँ...

केही घण्टामै घरबाट नागी गुम्बातर्फको मोटर यात्रा सुरु भयो। त्यस अवधिभर पनि म बगिरहेकी थिएँ। सोनाम घुर्मेको हरियो सुजुकी जिप सानो थियो। त्यसैको पछिल्लो सिटमा म बसेँ। बेलाबेलामा सहर र पहाडी गुम्बाबीच यात्रु ओसारपसार गर्नु उनको दायित्व रहेछ। अगाडिको सिटमा काका बस्नुभयो भने बा मेरो छेवैमा। नीलो रङ्गको मेरो सानो बाकस मछेउमै राखिएको थियो। मैले अरू दिन जस्तै नीलो फ्रक, सेतो कमिज, मोजा र छालाका काला जुत्ता लगाएकी थिएँ। भाइहरूलाई हेर्नुपर्ने भएकाले आमा घरै बस्नुभएको थियो। तर उहाँको बोली मेरो अन्तर्मनमा गुन्जिरहेकै थियो। मेरा निम्ति उहाँका अन्तिम सुझाव थिए– 'सबैसँग मिलेर बस्नू', 'आफूलाई जे कुरामा पनि जान्ने नबनाउनू', 'गुरुको आदेशको सधैँ पालना गर्नू'। हिँड्ने बेलामा पनि उहाँ पिँढीमा बसेर मलाई हेरिरहनुभएको थियो। भाइहरू उहाँका खुट्टामा लुटपुटिएका थिए। मोटर हिँड्न थालेपछि उहाँले हात हल्लाउँदै मलाई बिदाइ गर्नुभएको थियो।

म दङ्ग थिएँ, आनी बन्दै छु भनेर। वास्तवमै आनी ! म अब कुनै केटाकेटी रहिनँ, जसले केवल सपना देख्ने र उत्ताउलिने काम गरोस्। हो, म तैरिँदै छु। मलाई थाहा छ, म अब स्वर्गको ढोकामा प्रवेश गर्दै छु। मेरो जीवनमा सुखको यात्रा सुरु भएको छ।

हाम्रो मोटर खेतका गरा, गाउँ, अझ ठूलो फाँट र झन् अर्को गाउँ नाघ्दै अघि बढ्यो। एक घण्टापछि हामी शिवपुरी राष्ट्रिय निकुञ्जको प्रवेशद्वारमा पुगेर अडियौँ। गुम्बा यही निकुञ्जभित्रको डाँडामा छ। ठूलो ढुङ्गे द्वारमा सैनिकले पहरा दिइरहेका रहेछन्। तिनैमध्ये एक जना भिक्षुको नजिकै आए।

'हामी नागी गुम्बा जाँदै छौँ। यी बालिका आनी बन्न लागेकी हुन्।'

'यिनको नाम के हो ?'

'आनी छोइङ डोल्मा !'

मैले अचानक उच्चारण गर्दा आवाज भारी थियो । यो अनौठो नामबाट मैले पहिलो पटक आफूलाई परिचित गराएकी थिएँ । यो नाम पाएपछि मैले केही दिनसम्मै आमाका साथमा सही उच्चारण गर्ने प्रयास गरेकी थिएँ, ताकि आफैँले अनौठो तरिकाले भनिदिँदा नाम नक्कली जस्तो नसुनियोस् ।

म पहिलो पटक वास्तविक परीक्षामा उभिएकी थिएँ। मेरो आवाज सुनेर आश्चर्यचकित बाले फर्केर मतिर हेर्नुभयो। पक्कै उहाँ छोरीप्रति गर्व गर्दै हुनुहुन्थ्यो ।

झ्यालबाट चियाउने सैनिक मेरो अनुहार नियाल्दै थिए । उनको इसारासँगै हामी द्वारबाट अघि बढ्यौँ । सोनामको सानो मोटर उकालो चढ्न लाग्यो। केवल गिट्टी र माटाले बनाइएको त्यो बाटो जङ्गल हुँदै अघि बढेको थियो। मोटरको इन्जिनले पनि अन्त सायदै यस्तो अग्निपरीक्षा झेल्न सक्थ्यो ! मोटरमा बसेका सबै जना शान्त थियौँ। बाटाको दुश्चक्रमा फसेको मोटर पटकपटक उफ्रन्थ्यो; बाको टाउको धेरै पटक छतसँग ठोक्किन खोज्दै थियो। दुई पटक मोटर खाल्डामै जाकियो । त्यतिखेर बाले नै सराप्दै उत्रिएर अघिल्तिरका ढुङ्गाहरू हटाइदिनुभएको थियो । पानी परिरहेका बेला हिलोको सास्ती बेग्लै थियो । मैले च्याप्प ढोका समातेँ । गन्तव्य आइपुग्न सय मिटरजति बाँकी रहँदा भित्रभित्रै डर पो लाग्यो । नागी गुम्बा पुग्न यस्तो विधि कठिन छ भन्ने मलाई कहिल्यै लागेको थिएन। बा पछिल्तिरबाट आउँदै हुनुहुन्थ्यो, झरीले निथ्रुक्क कमिजबाहिरबाटै जीउ कन्याउँदै मतिर हेरेर मुस्काउनुभयो। के यो बाटो अलमलिँदाको भय

थियो ? रमाइरहेकै बेलामा यो कस्तो अचानकको मोड आइपुग्यो, जसले बन्दी परिवेशको आभास दिइरहेको छ मलाई ? बातर्फ मुस्कान फर्काउँदा एक मन लाग्यो, उहाँ एकदमै खराब मान्छे पनि त होइन । अब के हुन्छ भनी तत्काल अनुमान गर्न मलाई गाह्रो भयो ।

लामो भुक्तभोगाइले मलाई क्षुद्र बनाउँदै लगेको थियो । मलाई थाहा छ, जहाँ गए पनि संसार सहज छैन । सायद यस्तो पनि हुन सक्छ– म एउटा नर्कबाट उम्केर अर्को नर्कतर्फ बढ्दै छु । हुन सक्छ, अबका दिन म कुनै कुनामा एक्लै बसेर रोइरहनेछु जहाँ टाउको बिसाउन मेरी आमाको आनन्ददायी छाती पनि हुनेछैन अथवा आँसु निस्कँदै गरेका आँखा छुन खोज्ने भाइहरूका कमला हातहरू पनि हुनेछैनन् ।

जे परे परोस्, आफ्नो रक्षा आफैँले गर्न सक्छु भन्ने आँट पनि मभित्र थियो । सबैभन्दा महत्त्वपूर्ण त मैले बाको आतङ्कबाट मुक्ति पाउँदै थिएँ । घरको त्यो भयावह स्थितिभन्दा जे पनि राम्रो हुन्थ्यो । नौ वर्षकै उमेरमा मैले बुझेको सत्य थियो– छोरी भएर जन्मिएपछि घरका सम्पूर्ण कामकाजको बोझ बोक्नैपर्छ, जबकि सँगैका दाजुभाइ यो सबैबाट मुक्त हुन्छन् । दस वर्ष पुग्दा-नपुग्दै मैले के पनि थाहा पाएँ भने बिहे गरेपछि म झन् घरकी दासी बन्छु । मलाई लोग्नेमान्छेमा विश्वास छैन । नारीत्वभन्दा पहिले म आफूभित्र पितृ सत्तात्मकताविरुद्धको एक विद्रोहीलाई भेट्छु । आज पनि म नारीलाई लोग्नेमान्छेभन्दा बढी विश्वास गर्छु । एक पटक आनी भएपछि मेरा यी सबै समस्या टाढा हुनेछन् । किनभने मलाई थाहा छ, यहाँ जोसँग म भेट्न जाँदै छु, उहाँमा नारीप्रति अगाध श्रद्धा छ । टुल्कु उर्गेन रिम्पोछे अरू सबैभन्दा बेग्लै हुनुहुन्छ । दुई वर्षपहिले पहिलो पटक भेट्दा मलाई यस्तो अनुभव भएको थियो ।

त्यस बेला गुम्बाको बाहिरपट्टि गुरुको सेवामा खटिने आनीसँग हामीले केही भलाकुसारी गरेका थियौँ । अन्यत्र भिक्षुहरूलाई मात्र दिइने शिक्षासमेत गुरुले आफूहरूलाई दिने गरेको उनले बताएकी थिइन् । उनका अनुसार भय र घृणासिर्जित पीडाबाट बाहिर निकाल्ने चो जस्ता तान्त्रिक अभ्यासहरूसमेत उहाँले भिक्षुणीहरूलाई गराउने गर्नुभएको छ । म एकाग्र भएर उनलाई सुनिरहेकी थिएँ । साक्षात् देवीलाई हेरेझैँ मेरा आँखा उनीतिर सोझिएका थिए। अब त्यस्तै शिक्षा लिने मेरो पनि पालो आएको छ ।

आखिर मोटर अडिने विन्दु आइपुग्यो। एक घण्टाजतिको उफ्राइले मेरो टाउको र मगजमा भएका सबै कुरा उल्टोपाल्टो भए जस्तो लागिरहेको थियो। मोटरबाट ओर्लेर जसै गुम्बातर्फको उकालो चढ्न थाल्यौँ, झरी झनै तेज हुन थाल्यो । बा र काका दुवै जनाको दम फुलिसकेको थियो । दुवै बूढाहरू कम्मर समातेर फ्याँफ्याँ गर्दै थिए। म चाहिँ त्यसैत्यसै रोमाञ्चित थिएँ ।

मेरो अघिल्तिर आफ्नो सम्पूर्ण जीवन उभिएको छ । तेह्र वर्षको उमेरमा म स्वतन्त्र हुँदै छु। आफ्नो बाकस पनि मलाई प्वाँख जस्तो हल्का लागिरहेको छ। म कम्तीमा चार वटा खुड्किला उफ्रँदै चढ्न सक्छु, तैपनि आफूलाई नियन्त्रणमा राख्ने कोसिस गर्दै छु । मैले शान्त, असल र सुशील किशोरीको परिचय दिनु छ। यो भ्रम नै हो भने पनि कम्तीमा आज एक दिनका निम्ति म यसैमा कायम रहन चाहन्छु ।

हामीले सैनिक शिविर पाराका फुसका केही लामालामा झुपडीहरू पार गर्‍यौँ। उकालोतर्फको हाम्रो यात्रा जारी थियो। अन्त्यमा, गुम्बा देखा पर्न थाल्यो। मैले आनन्दको ठूलो सास फेरेँ र अन्तिम खुड्किलाहरू चढ्न थालेँ। भावी दिनहरूको सुरुआत त्यहीँबाट हुँदै थियो ।

सानो टुक्रा घाँसे मैदानमा तीन वटा घर ठडिएका रहेछन् । एउटा घरबाट अर्कामा जान सफा ढुङ्गा ओछ्याएर बाटो बनाइएको रहेछ । बीचको घर अलिक भव्य थियो, जहाँ महत्त्वपूर्ण कार्यक्रमहरू हुने गर्दा रहेछन् । घरको छानो सपाट थियो भने यसमा कुँदिएका दुलाहरू आकर्षक देखिन्थे । अलिकति माथि उक्लनेबित्तिकै कुँदिएको मुख्य ढोका आइपुग्यो जसलाई दुइटा रङ्गीन खम्बाले घेरेका थिए । गाढा रातो रङ्गको बाक्लो कोट लगाएकी भर्खरकी आनी मीठो मुस्कान छर्दै हामीनजिक आइपुगिन् । उनी मभन्दा उति उमेरदार देखिन्नथिन् ।

'म आनी ज्ञानतारा हुँ । आनी छोइङ डोल्मालाई यहाँ स्वागत छ । मसँग आऊ; म तिमीलाई यो ठाउँ घुमाइदिन्छु । बाकस यतै छाडे हुन्छ; कसैले चोर्दैन !'

आनी ज्ञानताराले उकालोमा रहेको मुख्य भवनको माथ्लो भागतर्फ देखाइन् । टुल्कु उर्गेन रिम्पोछे बस्ने त्यो सानो कोठा थियो । छानाकै माथमा उकासिएको । त्यसपछि उनले दाहिनेतर्फको अर्को भवन देखाइन् जहाँ पाहुनाहरू बस्थे । भिक्षुणीहरू भेटघाट गर्ने वा एकै छिन एकाग्रताबाट मुक्त हुने थलो पनि थियो त्यो ।

हामी मास्तिर बढ्दै गर्दाको बाटोभरि ब्यारेक जस्ता ससाना खरानी रङ्गका कोठामा धेरै आनी बसेका देखिन्थे । हिँड्दै पाहुना बस्ने भवनमा पुग्यौँ, जसको भुइँतलामा छ वर्गमिटर फराकिलो एउटै कोठा थियो । त्यसको दाहिनेतर्फ उक्लेको काठको सिँढी भान्छातर्फ जान्थ्यो । विशेष पूजाको समयमा सबैका निम्ति त्यहीँ खाना पाक्ने रहेछ । अरू बेला सबैले आ-आफ्नै कोठामा पकाउनुपर्थ्यो ।

'तर तिमी बस्ने ठाउँ यहाँ होइन । हाम्रा गुरुकी सेविका भएर तिमी उः त्यहाँ बस्नेछचौ ।'

मेरा निम्ति यही खबर थियो। सेविका भनेको के हो, मलाई थाहा थिएन। मैले कसरी सेवा गर्नुपर्छ, त्यो पनि थाहा थिएन। तैपनि म कृतज्ञ अनुभव गरिरहेकी थिएँ। कम्तीमा उनको कमिज मैले धुनु नपर्ला...

आनी ज्ञानतारा अर्कातर्फ फर्किन् र क्षितिजतर्फ औंल्याउँदै गइन्। हामी हेर्न थाल्यौं। एक सय असी डिग्री फराकिलो अनि आँखाले देख्न सक्नेसम्म काठमाडौं उपत्यका हाम्रा पैतालामुनि शान्त फैलिएको छ। यहाँ हामी भए ठाउँ कुनै आवाज आइपुग्दैन; धूलो-धूवाँ आइपुग्दैन; चर्को आवाज, दुर्घटना, दिक्कलाग्दो गरिबी केही-केही आइपुग्दैन। सहरभन्दा पर यहाँ केवल पहाड र मैदानका सुन्दरता छन्; साँझको पहिलो बत्ती बल्ने गाउँहरू छन् अनि छ घना र अन्धकारमय जङ्गल। मानौं सिनेमा हेरे जस्तो : मीठा कल्पनाहरू आपसमा जोडिए जस्तै सुन्दर संसार। म यसको मादकतामा डुबेर रमाइरहेकी छु। हावाको हल्का झोंका मेरा कानैबाट गइरहेको छ। अलि परको जङ्गलबाट आएका भिन्न आवाजहरू पनि म सुन्दै छु। पहाडको यति माथि अवस्थित यो क्षेत्र यति आत्मीय छ, मानौं यसले वर्षौंको विरह सँगालेर मेरो प्रतीक्षा गरिरहेको थियो। मलाई थाहा छ, यहाँ सुरक्षित रहनेछु। भर्खरै यहाँ आइपुगेको भए पनि के लाग्दै छ भने म उहिल्यै नागी गुम्बाकी भइसकेकी हुँ।

मलाई गर्दन चिलाएझैं भयो। बाका आँखा मतिर एकटक थिए। केही मिनेटअघिदेखि उहाँ मौन हुनुहुन्थ्यो। जवान आनीतर्फ आदरका साथ हेरिरहेका उहाँका अप्ठ्यारा आँखाहरू पटकपटक घुम्दै मैतर्फ सोझिइरहेका थिए। उहाँ सायद केही बोल्न खोज्दै हुनुहुन्थ्यो, तर मुखबाट आवाज निस्कन सकिरहेको थिएन। म उहाँका पक्षमा कहिल्यै हुँदिनँ भन्ने उहाँले राम्ररी बुझ्नुभएको थियो। चाहे जत्तिसुकै

मलाई पिट्नुहोस् वा केही गर्नुहोस्, म यसबाट डग्नेवाला पनि थिइनँ। अहिले उहाँ मप्रति कृतज्ञ देखिइरहनुभएको थियो। गुम्बामा प्रवेश मेरा निम्ति जति भाग्यशाली क्षण हो उति नै, धार्मिक भनाइ अनुसार, यो उहाँको कर्म सुधार्ने मार्ग पनि हो।

जवान आनीहरूले हामीलाई फटाफट केही कोठाहरू हुँदै फराकिलो भान्छामा पुऱ्याए। त्यहाँ आगो दनदनी बलिरहेको थियो। मुस्कान छाड्दै गरेकी अर्की आनी त्यहाँ यताउता गर्दै थिइन्। उनी सायद तरकारी पकाइरहेकी थिइन्। मगमग बास्ना मेरो नाकसम्म आइरहेको थियो। मलाई अचानक भोक लाग्यो। बिहान हिँड्नुअघिदेखि नै मैले केही खाएकी थिइनँ।

'एक छिन आनी ताराका साथमा बस्दै गर्नू; म तिम्रो आगमनको जानकारी दिन गुरुकहाँ पुगेर आइहाल्छु।'

हामीलाई बास्नादार तात्तातो चिया दिइयो। कोठाको बीचमा चुप लागेर हामी बाबु-छोरी उभिएका थियौँ। बाले अलिक असहज अनुभव गरिरहनुभएको थियो। दस मिनेट लगाएर आनी ज्ञानतारा फर्किन्। उनले भान्छाको ढोकैमा उभिएर हामीलाई इसारा गरिन्। हामीले उनलाई पछ्याउन सुरु गऱ्यौँ। काठको पिँढीबाट हामी केही तला उक्लियौँ। हामीलाई लैजानेको पछ्यौरामा मेरो ध्यान केन्द्रित थियो, जुन प्रत्येक मोडमा मेरो ठीक अगाडि हल्लिने गर्थ्यो। यो एउटा यस्तो क्षण थियो, जति बेला मभित्र जिज्ञासा र भय दुवै थिए। हामी एउटा विशाल कोठामा प्रवेश गऱ्यौँ। खम्बाहरू राता र गेरु रङ्गले सजिएका थिए; भुइँमा रङ्गीबिरङ्गी बाक्लो गलैँचा ओछ्याइएको थियो। परसम्म देखिने झ्यालबाट रमाइलो उपत्यकाको विस्तार हेर्न सकिन्थ्यो। केही दिन बिराएर भरिने फूलदानी, भित्तामा घडी र देब्रे

कुनामा साधारण खाले एउटा खाट ! यी सब थोक अत्यन्त साधारण थिए र पनि कोठा मनमोहक थियो । कोठाको अर्को कुनामा गुरुले ध्यानमग्न मुद्रामा पलेँटी कस्नुभएको रहेछ । दुवै हात दुवै घुँडामा टेकाइएका थिए। हामी उहाँनजिक पुग्यौँ। झुकेर तीन पटक अभिवादन गर्‍यौँ । मलाई आफू बल्ल सही ठाउँमा आइपुगेँ भन्ने लाग्दै थियो । मेरो आफ्नो ठाउँ ! अहिलेसम्म चाहिँ कुनै गडबडीले गर्दा केही क्षणका निम्ति अन्तै पुगेकी रहिछु । बाले गुरुलाई उहाँका निम्ति आफैँले बनाएको पित्तलको मूर्ति चढाउनुभयो । टुल्कु उर्गेन रिम्पोछे बालाई हेरेर मुस्काउँदै मतर्फ फर्किनुभयो । मुखबाट आवाज निस्केको थिएन, तर उहाँका आँखामा भरिएको स्वागत म मजाले देखिरहेकी थिएँ । मैले साँच्चै सपना देखिरहेकी थिइनँ । बरु लामो समयदेखि प्रतीक्षा गरिरहेको क्षण यतिखेर मेरो सामुन्ने थियो ।

हामी समारोहको तयारीमा लाग्यौँ । मैले दोस्रो पटक औपचारिक प्रक्रिया पूरा गर्नुपर्‍यो । एक पटक फेरि गुरुले मतर्फ ध्यान केन्द्रित गर्दै कपालको टुप्पो काटिदिनुभयो । मैले झुकेर शिर उहाँलाई समर्पण गरेकी थिएँ; मेरो कपालको सानो झुप्पो सुस्तरी हल्लँदै गलैँचामा अडिन पुग्यो । कपालको झुप्पाले पनि अर्कै स्वरूप ग्रहण गर्‍यो !

'आजदेखि तिमी आनी छोइङ डोल्मा पुकारिनेछचौ ।'

लाग्छ, एउटा ठूलो भारी मेरो शरीरबाट पन्छिएको छ । यतिका वर्षहरूमा ढुङ्गाको टुक्राटुक्रा भरिँदै गएको झोला, जुन मैले बोक्दै आएकी थिएँ, त्यो भारी यतिखेर पन्छिएको छ । अब म स्वतन्त्र छु । खुला सास फेर्न सक्ने कुनै प्राणी ! म फेरि जन्मिएकी छु र नयाँ किसिमले हुर्किनेछु ।

अर्की भिक्षुणीले रातो सुतीको कपडा ल्याएर दिइन्, जुन मेरो पहिलो आनी वस्त्र बन्न पुग्यो । ती भिक्षुणीको नाम आनी आङ्

हो भनेर मैले पछि मात्र थाहा पाएकी थिएँ। टुल्कु उर्गेन रिम्पोछेले त्यस वस्त्रलाई आशीर्वादस्वरूप छोइदिएपछि बा र काकालाई त्यहीँ छाडेर मलाई तल लगियो। अब मेरो कपाल खौरिने बेला भएको थियो।

आनीले नै सजाएको सानो बगैँचामा म पुऱ्याइएँ। सम्पूर्ण उपत्यका मेरो पैतालाको ठीक मुन्तिर फैलिएको थियो। खरानी रङ्गको बाक्लो बादलले घेरा हालेको उपत्यका यस्तो देखिएको थियो, मानौँ त्यो विशाल ताल हो। म चार जना आनीबाट घेरिएर एउटा कुर्सीमा बसेकी थिएँ। आनी आङ्ग यहाँकी अगुवा रहिछन्, जसका हातमा ठूलो कैँची थियो। पहिले त बाँकी सबै चुप लागेर मतिर हेरिरहेका थिए। त्यसपछि उनीहरू दिइएको जिम्मेवारीमा एकाग्र हुँदै गफिन थाले। एउटीले मेरो टाउकामा साबुन दलेर फिँजैफिँज निकालिन्। अर्कीले कपाल काट्न सुरु गरिन्। कपाल निकै छोटो भयो। तेस्रीसँग पत्ती थियो। त्यो पत्ती मेरो निधारमा टिकाएर गर्दनतिर तान्न थालियो। म क्रमशः मुडुली बन्दै गएँ। मैले पहिलो चोटि बर्खे पानीको गहनता अनुभव गरेको त्यति बेलै हो। तप... तप... तप...। पानीका थोपा अत्यन्त साना थिए। तर, भर्खरै खौरिएको मेरा तालुमा तिनको प्रहार यस्तरी परिरहेको थियो, मानौँ असिना वर्षँदै छन्। मलाई यसले अत्यन्तै सुखद अनुभूति दिइरहेको थियो। म आँखा चिम्म गरेको त्यो क्षण सम्झँदा अहिले पनि मक्ख पर्छु। त्यति बेला आफूभित्र रहेको उमङ्ग अरूले चाल नपाऊन् भनेर आँखा चिम्लन पुगेकी थिएँ। रुमाल बोकेकी चौथी आनीले मेरो टाउको सुक्खा पारिदिनुका साथै फिँज पुछिदिइन्। यो सब काम पाँच मिनेटभित्रै सम्पन्न भएको थियो। एउटी आनी, वास्तविक आनीमा रूपान्तर हुन लागेको त्यो पाँच मिनेट! मुडुलो टाउकामा स्पर्श गर्ने चिसो हावाले मलाई पूरै नयाँ अनुभूति गराइरहेको थियो, मानौँ अब मेरो दिमाग प्रकृतिसँगको सोझो सम्पर्कमा छ। कुनै अवरोधविहीन म खुला र हल्का महसुस गरिरहेकी थिएँ। स्वतन्त्र!

म उभिएँ। उनीहरू मलाई पुतलीलाई जस्तै गरेर लुगा लगाइदिन थाले। मैले आफूलाई पूर्णत: समर्पण गरेकी थिएँ। यो सबै कुरा मैले कल्पना गरेभन्दा पनि अझ कता हो कता रमाइलो थियो। म जस्तीका निम्ति कसैको हातमा सुम्पिइनु र सजिनु दुर्लभ विषय हो। गुम्बामा वर्षौंदेखिको अनुभव समेटेकी आनी आङ्डाको परिपक्वता मलाई लुगा लगाइदिनुमा पनि झल्किँदै थियो। निकै फराकिलो पारी भएको त्यो कपडा मिलाएर बाँध्नुपर्थ्यो, ताकि पछाडितर्फ झुन्डिएका लहर सर्लक्क मिलेका देखिऊन्। उनले फटाफट मुजा पारेर यसरी चटक्कसँग बाँधिदिइन्, यो सब कसरी सम्पन्न भयो, मैले भेउसमेत पाइनँ।

'लौ साथी हो, हाम्री नयाँ आनीलाई अब गुरुका सामुन्ने प्रस्तुत गरौँ।'

माथ्लो तलाबाट म ओर्लिएको तीस मिनेट पनि भएको थिएन। तर, मेरा निम्ति समयको यो छोटो फड्कोमै एउटा जीवनको अन्त्य भएर अर्कोको सुरुआत भइसकेको थियो। कुनै झुसिल्किरो पुतलीमा परिणत भएझैँ यो पुनर्जन्म थियो। अथवा भनूँ, नयाँ काँचुली फेरे जस्तो। गुरु, आफ्नै पिता र काकाका सामुन्ने तीस मिनेटपछि उभ्याइएकी यी बालिकालाई अब कसैले 'भुमो' भनेर बोलाइरहेको थिएन। कोठामा प्रवेशसँगै मेरा बाले यो बुझिसक्नुभएको थियो। उहाँका आँखा आश्चर्यले विस्फारित भएका थिए र तिनमा यो नयाँ रूपप्रति श्रद्धा झल्किन थालेको थियो। म गुरुतिर बढ्दै गर्दा त्यहाँ उपस्थित सबैका आँखा ममा एकटक थिए। सावधान भएर हेरिरहेका ती सबै नजरले मलाई विशेष व्यक्ति हुनुको अनुभव गराइरहेका थिए। म नयाँ संसारमा प्रवेश गर्दै थिएँ।

मायाले झोलिएका आँखाले मलाई हेरिसकेपछि गुरु बातिर फर्किनुभयो।

'आनी छोइङलाई हामीकहाँ स्वागत छ। हामी पूर्ण जिम्मेवारीका साथ उनको हेरचाह गर्नेछौँ। अब ढुक्कसँग फर्किए हुन्छ।'

बाले कुरो बुझ्नुभयो। रात पनि पर्दै गएको थियो। बा उभिनुभयो र धूलो नलागेको भए पनि पाइन्ट टकटकाउन थाल्नुभयो। अब भन्नुपर्ने केही बाँकी थिएन।

'भुमो... हत्तेरी... छोइङ, म जाँदै छु।'

'हवस्, हुन्छ।'

र, उहाँ आनी आङ्गाको पछिपछि हिँड्नुभयो। त्यहाँभन्दा बढी आखिरमा भन्ने पनि त के? उहाँ टाढिन लागेकामा म भित्रभित्रै रमाएकी थिएँ। शिर निहुर्‍याउँदै कुप्रो परेर हिँडेकाले पनि बा सानो देखिनुभएको थियो। तैपनि सहयात्रीभन्दा अग्लो उहाँको विशाल आकार बिस्तारै हराउँदै गयो।

आनी ताराले मेरो बाकस उठाइन् र मलाई अन्तै लैजान आँटिन्।

'आऊ, म तिम्रो कोठा देखाइदिन्छु। मेरो कोठानजिकै छ।'

मेरा निम्ति तय गरिएको कोठा सानो रहेछ। हामी आउँदाआउँदै पुगेको भान्छाभन्दा यो ठीक माथि थियो। दुई बेग्लाबेग्लै तलाबीच। सुरुमै मलाई यो ठाउँ निकै मन पर्‍यो। ढोकाहरू झ्यालभन्दा अलिकति मात्र ठूला थिए। सबैभन्दा महत्त्वपूर्ण त यो कोठा गुम्बाकै केन्द्रमा पर्थ्यो। एकातिर दाउरा राख्ने स्टोर र अर्कातिर आनीहरूले खाना पकाउने ठाउँ, जहाँ उनीहरूका कुराकानी प्रायः गुन्जिरहन्थे। म पनि त एक्लिएर कतिन्जेल बस्न सक्थेँ?

सबै कुरा धमाधम हुन थाल्यो। हामीले रातको खाना खायौँ; एकै छिन बात मार्‍यौँ। र, लगत्तै भान्छा खाली भयो। सबै जना आआफ्ना कोठामा गए। जानुअघि आनी ताराले मेरो बाकस उचालेर

कोठासम्म पुऱ्याउन मदत गरिदिइन्। उनले मलाई फेरि भेट्न आउने वचन दिएकी थिइन्, तर आइनन्। मैले निकै बेरसम्म उनलाई पर्खिएर बस्दा आफ्ना सरसामान मिलाउन पनि भ्याइनँ। स्कुलका किताब, धर्मगुरुका तस्बिर र घर छाड्नु केही साताअघि बाआमाका साथ बौद्धको बजारमा गएर किनेका गेरु वस्त्रहरू।

अनौठो स्थानमा अचानक एक्लिएपछि नौलो हावा मलाई गह्रौं लाग्न थाल्यो। बितेका तेह्र वर्षभरि म कहिल्यै यसरी एक्लै बसेकी थिइनँ। म सधैँभर बाआमा र भाइहरूका साथ एउटै कोठामा सुत्दै आएकी थिएँ। परिवार बस्ने कोठा भनेको एउटै ठाउँमा जोडिएका खाटहरू हुन् र तिनैमा सबै जना अटाएर बस्नुपर्छ भन्ने मात्र मैले बुझ्दै आएकी थिएँ। खासै भन्नुपर्दा चुप लागेर बस्ने मेरो बानी नै थिएन। परिचित आवाजहरूको होडबाजीमा बित्ने मेरो रात सहरका ध्वनिहरू सुस्ताउँदै गएपछि भाइहरूको सास फेराइदेखि बाको घुराइसम्मकै सेरोफेरोमा घुम्ने गर्थ्यो। यहाँ चाहिँ सानो कोठामा मैले ती सबै अपनत्व गुमाइरहेकी थिएँ र एक किसिमले हराएको अनुभूति भइरहेको थियो। सिकारीको जालमा परेको जनावर जस्तै मेरा धडकनहरू तेज भइरहेका थिए। हल्लिएँ मात्र भने पनि कुनै चीजले मेरो गर्दन च्याप्प पार्छ जस्तो अनुभव भइरहेको थियो। म बिस्तारै भित्तामा ढेसिएँ र सोहोरिँदै झरेर भुइँमा थचक्क बसेँ। घुँडालाई अँगालो हालेर म त्यत्तिकै चुपचाप बसिरहेँ। माथिल्लो तलाबाट छिनछिनमै हाँसो आइरहेको थियो। कोही दौडिरहेको पनि थियो। एउटा ढोका जोडले ठोकिएको आवाज आयो। मैले कोठाको चारैतिर हेरेँ। म संवेदनशील हुनु थियो।

यहाँ केवल आनीहरू छन्। म त्यो स्थान छाडेर आएकी हुँ, जुन धेरैका निम्ति आतङ्कको पर्याय थियो भने म आइपुगेको स्थान शान्तिका निम्ति स्वर्ग नै हो। म पक्का निश्चिन्त छु, सबै कुरा

मिल्दै जानेछ । यो अन्धकारमा म ओछ्यान मिलाउने र खापाहरू मिलाउनेसम्मको काम मात्र गर्न सक्छु । 'यो तिम्रो कोठा हो,' आनी आङ्गाले भनेकी थिइन् । अब यो कोठा मेरो हुनेछ । जीवनमा पहिलो पटक, जब म तेह्र वर्ष पुगेँ, मलाई आफ्ना निम्ति स्थान उपलब्ध गराइएको छ ।

मैले आफूभित्र दबाइराखेको गहिरो सास बाहिर निकालेँ । म सास फेर्न सकिरहेकी थिएँ । ओछ्यानमा ढल्केँ र सिरक तानेँ । नरम लाग्यो ।

जीवन अब सुरु हुँदै छ ।

अध्याय ५

पुनर्जन्म

हिजोको रात मैले सायदै आँखा झिमिक्क पारेँ। शान्त कोठाभित्र मनमा अनेक कुरा खेलिरहेका थिए। बिहान यसो आँखा लागेका मात्र के थिए, भान्छाबाट आएको भाँडाबर्तनको छ्याङ्ग्याङ-छ्याङ्ग्याङले झसङ्ग ब्यूँझायो। सायद छ बजेको हुँदो हो। एक छिन त 'कहाँ आइपुगिएछ' भन्ने भयो र दलिनतर्फ हेर्दै केही बेर टोलाइरहेँ। अगाडिको ढोकामा ढ्याङ्ग आवाजसँगै आनी ताराको सानो मुडुलो टाउको देखियो।

'के गर्दै छ्यौ ? झट्ट गर। अझै तयार भएकी छैनौ ?'

उनको कुरो बुझ्नै नपाई म जुरुक्क उठेँ र फटाफट लुगा लगाउन थालेँ। हतारोमा नयाँ लुगा सम्हालिनसक्नु थियो। फराकिलो पारीलाई व्यवस्थित गर्नु कम्ती कठिन थिएन, तैपनि बेरबार पार्न थालेँ। यो पहिरन लगाउने दिनबारे मैले लामो समयदेखि सपना साँच्दै आएकी थिएँ, जति बेला एउटा गजबको उत्सवका बीच आनी बन्ने प्रक्रियाको अन्तिम चरण सम्पन्न हुनेछ। तर मेरो भव्य सपना यसरी हतारोमा लतपतिन थालेको छ। मैले धमाधम लुगा कसकास पार्दै गएँ, मानौँ यो सपना साँचिएको पोसाक नभई कुनै पुरानो धोती हो।

'हरे... कसरी लगाएकी ! खै, यता आऊ ।'

आनी ताराका अभ्यस्त हातहरू धमाधम चल्न थाले । अगाडि, पछाडि, मलाई बेर्ने र पट्याउने गर्दै अनि अन्तिममा मुजाहरू सामुन्ने तानेर उनले मलाई टमक्क पारिदिइन् । यसरी आनी पहिरन लगाउने ढङ्ग जान्न मलाई केही हप्तै लागेको थियो ।

'लु अब फुट्टै, छिटो आऊ । आज तिम्रो विशेष दिन हो । ठूलै पूजाको आयोजना भइरहेको छ ।'

त्यसैले पो आज बिहानैदेखि सबै जना दौडादौड गरिरहेका रहेछन् । यस्ता पूजाहरू पात्रो हेरेर तिथि मिलाई तय हुने गर्छन् । महिनामा पाँच वटा त्यस्ता दिन हुने गर्छन् । खास गरेर शुक्ल पक्षको अष्टमी, दुइटा दशमी, पूर्णिमा र औँसीका दिन । म आफ्नो नयाँ भूमिकाका निम्ति आतुर थिएँ । बाहिरपट्टिको फराकिलो चौरमा जसै मैले खुट्टा राखेँ, त्यहाँ धेरै आनीहरू मिलेर पहेँलो र रातो रङ्गले भव्य सजावट गर्दै थिए । उनीहरू हाँसोका बीच एकअर्कालाई नानाथरी सुनाउँदै फटाफट हिँडिरहेका थिए । ती सामुन्नेबाट ओझेल परेपछि बल्ल म उनीहरूले गरिरहेको कुराको भेउ पाउँथेँ । आनी तारा खै कता हो कता हराइन् ! पक्कै पनि अलि बेरका निम्ति मेरो सुर्ता छाडेर अन्तै कतै व्यस्त भएकी होलिन् । त्यसैले वरपरको परिवेशबारे बुझ्न म स्वयं लागेँ । पूजा सुरु हुनुअघिको त्यो छोटो अवधि मैले यताउता टहलिनमै बिताएँ । आनीहरू तरकारी र भात पकाउँदै थिए । त्यो भान्छामा के हुँदै छ भनेर नियाल्दै, अरूहरूले पूजाकोठाको पानी फेरिदिएको र भुइँमा चकटी बिछ्याउँदै गरेका दृश्यमा एक झलक दिँदै, माथ्लो तलामा पुगेर जासुसी गर्दै, कुनै ढोका आधा खुलै छ भने लुसुक्क चियाउँदै र साथीहरूले चाहिँ आफ्ना कोठा कसरी मिलाएका रहेछन् भनेर हेर्दै म अघि बढ्दै गएँ । जतातत्तै कामको धमाधम, म भने काम नपाए जस्ती ! यताउति नियाल्ने क्रममा कतिकति बेला

म गुटमुटिएर आनीहरूका खुट्टामा अल्झिन पुगिरहेकी थिएँ। त्यस्ता बेला म बडो प्रेमपूर्वक अन्यत्र पन्छ्याइन्थेँ, मानौँ म सबैका निम्ति झन्झटिलो छाउरी हुँ जसलाई नोक्सान पुऱ्याउन कोही चाहँदैन। म सम्भवत: गुम्बाभरिकै सबैभन्दा कान्छी ! सारा गतिविधिमा व्यापक सुरुबुरुले तयार पारिएको माहौल तरङ्गित थियो। सबै आआफ्नो काममा मग्न थिए; केवल म एउटीलाई छाडेर जसलाई के गर्दै छु भन्ने पनि थाहा थिएन।

अन्त्यमा म एउटा चकटीमा बसेँ जहाँ यत्रो बेर चकचक गर्दा थाकेको दिमागलाई अलिकता चैन मिल्दै थियो। अबोधपनामा रुमलिएको एउटा बेग्लै प्राणी ! अचानक पूजाकोठाबाट घण्टीको ठूलो आवाज आयो र त्यो निरन्तर बज्न थाल्यो। पाको उमेरकी आनी ढोकाको कापबाट मलाई नियाल्दै थिइन्। उनी जानै लागेकी थिइन् तर अचानक जीउ सोऱ्याएर मतिर फर्किँदै सहानुभूति जनाएको सङ्केत दिन थालिन्।

'आऊ, त्यहाँ नबस। अब सुरु हुनै लाग्यो।'

म केही नभनी सरासर उनको पछि लागेँ; सिँढी र आँगन हुँदै हामी पूजाकोठामा प्रवेश गऱ्यौँ। कोठा पूरै भरिएको थियो। गुम्बाका सबै आनी त्यहाँ थिए। कोही लहरै लामबद्ध बसेका थिए भने कोही भित्तामा अडेस लागेका। कोठा मन्त्रोच्चारणले गुञ्जायमान भयो। टुल्कु उर्गेन रिम्पोछेलाई नदेख्दा म आश्चर्यमा परेँ। कुनै कारणवश उहाँ अन्तै हुनुहोला। त्यहाँ भएका सबैले जस्तै म पनि तीन पटक साष्टाङ्ग दण्डवत् गर्दै अगाडिको ठूलो कोठातर्फ लागेँ। म यो अवसरको आनन्द लिन यस्तो ठाउँको खोजीमा थिएँ, जहाँ बसेर चारैतर्फ नियाल्न सकियोस्। मैले अगाडितिरकै लहरमा एउटा खाली आसन भेटिहालेँ। एउटी आनी मुस्काउँदै ममा स्नेही दृष्टि दिइरहेकी थिइन्। त्यहाँ हुने मन्त्रपाठको उनले नै अगुवाइ गर्दी रहिछन् भन्ने मलाई अहिलेसम्म थाहा थिएन। म केही सोच्दै नसोची

उनी भएतिरै लम्किएँ र छेवैमा थचक्क बसिदिएँ। त्यो परिवेशबारे कौतूहलका कारण मैले उनको अनुहारमा झल्किएको आश्चर्य ख्याल गर्नै सकिनँ। त्यसमा उदारता मात्र देखिरहेकी थिएँ। धेरै टाउका एकै पटक म भएतिर फर्किए। मन्त्रोच्चारण बन्द भयो। मेरो बालसुलभ गतिविधि थामिएको थिएन। मैले छेवैमा बसेकी आनीसँग कुरा गर्ने निधो गरें।

'तपाईंको नाम के हो ?'

'आनी धर्मशोभा...'

'म यहाँ बसे हुन्छ, हैन ?'

अत्यन्त असल देखिँदादेखिँदै पनि आनी धर्मशोभाले मेरो पछिल्लो प्रश्नको उत्तरै दिइनन्। उनले अप्ठ्यारो मान्दै टाउको अन्तै घुमाइन्; मुस्कान छाड्दै गर्दाका उनका ओठ चाहिँ फैलिएकै थिए। गुम्बामा गरिने व्यवहारबारे मलाई कुनै ज्ञान थिएन। अहिलेसम्म पढेका कुरामा यस्तो जानकारी समेटिएको पनि त थिएन। निषेध गर्दाको भाव मौनताभित्र पनि समेटिन सक्छ भन्ने म के जान्दथें र! उनले केही नबोल्नुको अर्थ 'हुन्छ' भन्ने नै लगाएँ। तर, म कति गलत रहेछु! कसैले मेरो कुममा च्याप्प समात्यो।

'ए, उठ, अन्तै जाऊ। तिमी यहाँ बस्ने होइन।'

मैले फनक्क घुमेर ती आनीलाई हेरें, तर के भन्ने भनेर चालै पाउन सकिनँ। उनी मैलाई आँखा तरिरहेकी थिइन्। उति नराम्री त थिइनन्, तर जसरी मलाई हेरिरहेकी थिइन् त्यसबाट मभित्र घृणा उत्पन्न हुन थाल्यो। चर्को स्वरमा उनी कराइरहेकै थिइन्।

'उठ, त्यहाँ नबस। त्यो ठाउँ ठूलाहरूको लागि हो। उठिहाल।'

उनी पक्कै पनि मेरी आमाको उमेर बराबरकी हुँदी हुन्। उनी जुरुक्क उठिन् र मेरो हात च्याप्प समातेर मलाई त्यो लहरबाट तान्न थालिन्। मैले नबुझ्ने शब्दहरूमा उनी फतफताइरहेकी थिइन्। म चाहिँ केही नसोचीकनै अड्डी लिएर बसेँ। उनी अझ जोडले तान्न थालिन् । हामीबीच चुपचाप भइरहेको तानातानका कारण सबैका आँखा हामीतिरै फर्किन थाले । केही आनीहरू बाहुलाले मुख छोप्दै हाँस्न थाले भने धेरैजसोले मतिर असन्तुष्टिको दृष्टि लगाए ।

'जाऊ, जाऊ पछाडि बस नानु; पछाडिबाट पनि उत्तिकै राम्रोसँग देखिन्छ ।' आनी धर्मशोभा बल्ल बोलिन् । मैले उनको कुरा तत्कालै मानेँ, किनभने उनको हेराइमा मविरुद्ध कुनै दुर्भावना देखिँदैनथ्यो । मैले पक्कै कुनै गर्न नहुने काम गरेकी रहिछु। मेरो ठाउँ त बिचरा ती भर्खरका आनीहरू लहरै बसेको भित्तातिरै रहेछ, जुन सबैभन्दा पछाडि थियो । अघि मलाई तान्ने आनीलाई त्यही बेलादेखि मैले 'छुच्ची आनी' भन्न थालेँ, जो कति न विजेता बने जस्तो गरी नाक फुलाएर बसिन् । मैले सार्वजनिक स्थानमा आदेश नमानेर उनको बेइज्जत गरिदिएकी थिएँ। आउने समयमा उनले पक्कै यसको भुक्तान गराउनेछिन् । मैले उनलाई मनमनै गाली गरिरहेका बेला छेउबाट कसैको कलिलो हातले मेरो बाहुला तानिरहेको अनुभव भयो । उनीतिर हेरेपछि मनमा 'कोही त मेरा साथी पनि भएछन्' भन्ने लाग्यो । यी आनी मभन्दा एक वर्ष जेठी होलिन् । तर हामी उत्रै देखिन्थ्यौँ; उनी खरो स्वभावकी पनि रहिछन् । आनी डिकी केही वर्षदेखि नै यहाँ बस्दै आएकी रहिछन् । उनकी आमा पनि आनी नै रहिछन् । उनी डिकीलाई जन्माएपछि लोग्नेसँग सम्बन्ध विच्छेद गर्दै गुम्बाको शरणमा आएकी थिइन् । उनले मलाई मायालु किसिमले आँखा झिम्क्याएपछि औँलो ओठमा लैजाँदै चुप लागेर बस्न सङ्केत गरिन्– अब समारोह सुरु हुनै आँटेको छ ।

आनीहरू मन्त्रोच्चारण र पाठ गर्न थाले। झ्याली, ढोल, घण्टी र अन्य धेरै धार्मिक बाजाहरू बज्न थाले। यिनलाई ठम्याउनु अझै मेरो वशको कुरा थिएन। म भित्रभित्रै बगिरहेकी थिएँ। ध्यानमा लीन कक्ष, धूपको सुगन्ध र त्यो सबैभन्दा माथि आनीहरूको मन्त्रोच्चारणको गुञ्जन ! तर मेरो चुलबुले मन अन्त पनि उत्तिकै सक्रिय थियो, यताउता हरेकलाई पल्याकपुलुक हेर्न र को कस्तो मान्छे होला भनेर निक्र्योल गर्न। को मेरो साथी बन्ला अनि कोसँग म सावधानै रहनु बेस होला, कसले मसँग हाँसोठट्टा गर्ला अनि खेलेर रमाइलो गर्ला... यस्तैयस्तै सोच्दै थिएँ।

दुई घण्टामा समारोह सकियो र लगत्तै आनीहरू आआफ्ना कोठातिर लागे। तीमध्ये डिकी पनि थिइन्, जो मलाई हेर्दै अन्य आनीसँग मेरो कुरा काट्दै गरेको भाकामा अघि बढ्दै गइन्। यो मेरो पहिलो दिन। आजैको दिन म सबैको नजरमा परेँ र सबैभन्दा प्रभावशालीमध्येकी एक आनीसँग आजैदेखि मेरो नमीठो सम्बन्ध पनि सुरु भएको छ। तर म यस्ता सानातिना भय र त्रासबाट कदापि विचलित छैन। किनभने त्यति बेला मैले अनुभव गरिरहेको स्वर्गीय आनन्दलाई यसले कुनै प्रभाव पारेको छैन।

न केही पकाउनुपर्ने झन्झट, न घरधन्दा गर्नुपर्ने र लुगा धुनुपर्ने सास्ती, न कुटपिट सहनुपर्ने पिरलो, न त दुख्दै गरेको कम्मरमा भाइहरूको बोझ। आएको दुई महिनामै म सुरुदेखि यहींकी जस्ती भइसकेकी मात्र होइन, आफ्ना नितान्त व्यक्तिगत खुसीहरूलाई पनि अनुभव गर्न थालिसकेकी छु। एउटी आनीका लागि अपेक्षित आचरणका विषयमा मात्र होइन, हामी केकस्ता कुराबाट सावधान रहनुपर्छ भन्ने जानकारी पनि डिकीले मलाई गराइसकेकी छन्। म टुल्कु उर्गेन रिम्पोछेका पाँच-छ जना निजी सेविकाहरूमध्ये एक बनिसकेकी छु। जहाँसम्म कामको कुरो छ, म केही पनि गर्दिनँ। म निद्रा पुऱ्याएर उठ्छु; त्यसपछि पूरै गुम्बाको चक्कर लगाउँछु; आफूसँग कुरा

गर्न चाहनेसँग बात मार्छु; खान्छु; शरद्कालीन बादलहरू आकाशमा बिस्तारै बहँदै गएको हेर्छु । सास फेर्छु । यस्तो लाग्छ मानौँ कुनै कैदी आजभोलि छुट्टी मनाउँदै छ । गुम्बामा पसेदेखि म असाधारण किसिमले आफू आफैँबाट अलग हुँदै गएको अनुभूति गर्दै छु । म तेह्र वर्षीया किशोरी हुँ जसको बिहे भइसक्थ्यो होला, तैपनि म बेपर्बाह केटाकेटी जस्तो गतिविधि गर्दै छु ।

कहिलेकाहीँ यस्तो खुसीमा आफूलाई पाएर म अचम्म पनि पर्थें । किनभने कुनै पनि बेला कसैले यो खुसी खोसेर मलाई अत्यासलाग्दो जीवनमा फिर्ता पठाइदिन सक्थ्यो । म कहिलेकाहीँ आमाबारे पनि सोच्थेँ र मनमनै कुरा खेलाउँथेँ– मेरो अनुपस्थितिमा उहाँले दिन कसरी बिताइरहनुभएको होला ?

मलाई उहाँसँग कुरा गर्न असाध्यै मन छ । तर, बौद्ध घरमा टेलिफोन छैन र उताबाट कुनै खबर पनि आउँदैन । मलाई घरीघरी चिन्ता लाग्छ, खास गरी राति सुत्ने बेलामा, अनि निदाउन सक्दिनँ ।

तर, मैले आनी तारालाई उनका साथमा कहिलेकाहीँ सुत्न दिन मनाइसकेकी छु । मलाई राति एक्लै सुत्ने बानी परिसकेको छैन । यसले नै यहाँ मलाई सबैभन्दा बढी अप्ठ्यारो पारिरहेको छ । उनी पच्चीस वर्षकी छन् र उनले सङ्कोच मानेकोबाट के बुझ्न सक्छु भने एउटै ओछ्यानमा अर्की केटीसँग सुत्न उनलाई उत्ति मन पर्दैन । वयस्क महिलाका हिसाबले उनलाई एक्लै सुत्ने बानी परिसकेको छ र डर पनि लाग्दैन । तर, म चाहिँ आफूलाई एक्लै सुत्न कति डर लाग्छ भनेर कसैलाई सुनाउन पनि सक्दिनँ । मान्छेहरू हाँसिदेलान् भन्ने डर !

यस्तैमा एक दिन सबेरै पूजाकोठामा मैले आँखा मिच्दै गरेका बेला गुरुले यी भोगाइहरू थाहा पाइरहेको सङ्केत दिनुभयो । उहाँले आनी

तारालाई पक्कै केही भन्नुभएको हुनुपर्छ। फलस्वरूप एक बेलुकी सबै जना सुत्न जानुअघि उनले मलाई बोलाइन्।

'छोइङ, झट्ट आऊ। आज हामी सँगै सुत्ने। तिम्रो सिरक लिएरै आउनू। तर सुन, आज एक रातलाई मात्र हो नि ! तिमीले राति एक्लै सुत्ने बानी बसाल्नैपर्छ; तिमी अब बच्ची छैनौ।'

मैले सकेसम्म आफूलाई सानी बनाउने कोसिस गरेँ र उनलाई अप्ठ्यारो नहोस् भनी राति जतिसक्दो कम कोल्टे फेरेँ। हामीबीच एउटा सम्झौता पनि भयो, जस अनुसार मैले सकभर आफ्नै कोठामा सुत्ने प्रयास गर्नुपर्नेछ र त्यसो गर्दा रातभर मैनबत्ती बाल्ने छुट पनि पाउनेछु। यसरी उज्यालो टिलपिलाउँदै गरेको आफ्नो कोठामा म कहिलेकाहीँ निद्रा पर्नै लागेका बेला छिमेकी भिक्षुणीको आकृति देख्थेँ र सुटुक्क मैनबत्ती निभाएर भित्तातिर फर्किन्थेँ। मैनबत्तीको बन्दोबस्तले केही सहज बनाएको थियो। तैपनि कहिलेकाहीँ राति सिकारीले जस्तै घिस्रिँदै उनको बिछ्यौनाको कुनामा खुसुक्क सुत्न जान छाडेको थिइनँ। सबेरै मलाई देख्नेबित्तिकै उनी ओछ्यान छाड्न लगाउँथिन्। उनी मेरो बालसुलभ व्यवहार बुझ्थिन् भन्ने मलाई थाहा थियो। तर पछिपछि एक्लै सुत्ने बानी पार्दै गएँ।

मेरो डर राति एक्लै सुत्नुमा भन्दा पनि कुनै दिन मलाई घर फर्काइयो भने के होला भन्नेमा बढी थियो। मेरो जीवनमा भर्खरै प्रवेश गरेको यो नयाँ शान्ति फेरि बिथोलिएला भन्ने डर सधैँ मभित्र उब्जने गरेको थियो। साँच्चै, कसैले मेरो छुट्टीको अवधि पूरा भयो भन्दै तल काठमाडौँ झर्न लगाए के होला ? त्यसैले म गुम्बामा बित्दै गरेका क्षणहरूको भरपूर आनन्द लिइरहेकी थिएँ। मौका पाएका बेला छाड्नु हुँदैन। तैपनि म आफूमाथि तरबार झुन्डिएको अवस्थाबाट सधैँ त्रस्त थिएँ।

भान्छाबाट फर्कँदै गर्दा एक बिहान मैले तिनै 'छुच्ची आनी' लाई देखेँ। म निहुरिएर उभिएँ। उनी मसँग प्रायः बोल्दिनथिन्।

'जाऊ, गुरुलाई भेट। उहाँले तिमीलाई पर्खिरहनुभएको छ। तिमीसँग कुरा गर्ने रे।'

एकै छिन किङ्कर्तव्यविमूढ जस्तो भएपछि म गुरु बस्ने माथ्लो तलातर्फ दौडिएँ। गुरु प्रायः छानामा अवस्थित चार वर्गमिटर मात्रको साँघुरो कोठामा बस्नुहुन्थ्यो। उहाँ त्यही कोठामा ध्यानमग्न भएर घण्टौं पनि बिताउनुहुन्थ्यो; एक्लै, शिष्यहरूसँग वा कहिलेकाहीँ जिज्ञासु विदेशीहरूसँग पनि। पैँसट्ठी वर्षको उमेरमा टुल्कु उर्गेन रिम्पोछेमा क्रमशः वृद्धसुलभ भद्रता थपिँदै थियो। कहिलेकाहीँ म उहाँको अनुहारमा एक किसिमको चमक देख्थेँ। म पक्का छु, मैले एक पटक उहाँलाई कांसको प्रभामण्डलले घेरिएका रूपमा देखेकी थिएँ। तर मान्छेले मलाई बौलाही ठान्लान् भन्ने डरले यो कुरो कसैलाई भन्ने गरेकी छैन। उहाँ महान् गुरु हुनुहुन्थ्यो; एकदम दुर्लभ प्रज्ञाले सम्पन्न, सही ज्ञानले दीक्षित मस्तिष्क, त्यसमाथि सदा निश्चिन्त मुस्कान। त्यसैले उहाँलाई सुन्न र हेर्न कहाँकहाँका मान्छेहरू हवाईजहाजबाट संसार छिचोल्दै आइपुग्थे। तर उहाँमा सदासर्वदा एक किसिमको सामान्यपना जीवित थियो, मानौँ उहाँ कुनै विशिष्ट मान्छे नभई गुम्बा हेरचाह गर्ने व्यक्ति मात्र हो। अथवा मानौँ यी सब चिल्ला, अग्ला र गोरा पश्चिमाहरू पागलपनको घोडा चढ्न छाडेपछि सामान्य जीवन बिताइरहेका व्यक्ति खोज्दै उहाँको दर्शन गर्न आएका हुन्। मैले भेटेकामध्ये उहाँ शालीन व्यक्ति हुनुहुन्थ्यो। मतर्फ हेरिरहेका बखत मैले पटक-पटक गुरुको दृष्टि ठम्याएकी थिएँ। म पक्का छु, उहाँ मलाई हेरेर आनन्दित बन्नुहुन्थ्यो। चस्माको बाक्लो सिसाको पछाडि चम्किरहेका नानी म देख्न सक्थेँ।

जुत्ता खोलेर ढोका नढकढक्याईकनै म भित्र पसेँ। उहाँ बिछ्यौनामा बसेर गहिरो मुद्रामा ध्यान गरिरहनुभएको थियो। एकान्त र चिम्म आँखा! बुझ्न गाह्रो हुने गरी उहाँका ओठहरू मात्र चलमलाइरहेका थिए। मैले ढोगेँ। टाउको निहुऱ्याएर उभिएँ। म डराएकी थिएँ, उहाँले मेरा बा मलाई घर फिर्ता लैजान आग्रह गर्दै हुनुहुन्छ भनी सुनाउनुहोला कि भनेर। म भाग्छु बरु। अथवा हुन सक्छ, कसैले गुरुलाई मेरो नयाँ साथीबारे पो चुक्ली लगाइदियो कि? हामीलाई सघाउने एक व्यक्ति दुई दिनअघि दाउरा लिन जङ्गल गएका थिए। फर्केर आएपछि उनले भान्छामा चियाको सुर्को तान्दै झाडीमा फेला परेको सानो जङ्गली बँदेलबारे सुनाएका थिए। यो सुन्नेबित्तिकै म उत्तेजित भएकी थिएँ, त्यो सानो जनावर पाए त मेरो साथी बन्ने थियो भनेर। भोलि पल्टै डिकीसँग जङ्गलतिर गएँ। आधा घण्टाको खोजाइपछि एउटा रूखमुनि त्यो डरले काम्दै गरेको अवस्थामा भेटियो। मैले साथैमा लगेको पछ्यौराले छोप्न खोज्दा पनि उति छटपटाएन। त्यो सानो प्राणीलाई पछ्यौरामा बेरेर मैले खुसुक्क कोठामा ल्याएकी थिएँ। तर यो रहस्य धेरै समय गोप्य रहन सकेन। केही घण्टामै यो खबर गुम्बाभर फैलियो। ती दाउरे दाइ मसँग कम्ती रिसाएका थिएनन्!

'बहुलायौ कि क्या हो? यस्तो काम गर्दा जेल परिन्छ भन्ने थाहा छैन? यस्तो गर्नु अपराध हो। बाहिर थाहा भयो भने तिमीले पन्ध्र वर्षसम्मको जेल सजाय पाउन सक्छौ।'

ती दाइले गम्भीरै कुरा गरेका हुन् कि तर्साउन मात्र ठट्टा गरेका हुन् भन्ने मलाई थाहा थिएन। जे होस्, म भयातुर भइसकेकी थिएँ। त्यसैले त्यो सानो बँदेल जङ्गलमै लगेर छाड्न उनलाई फिर्ता गरिदिएँ।

गुरुको पूजाकोठामा काम्दै उभिएका बेला म यही कुरा सोच्दै थिएँ । गुरुले सजाय दिनुहुन्छ भन्ने मलाई थाहा थियो । छुच्ची आनीले पक्कै मरमसला थपेर गुरुलाई सुनाइसकेकी थिइन् । म नतमस्तक भएर सजायका निम्ति उभिरहेँ ।

'तिमी ध्यान गर्दै छचौ हैन छोइङ ?'

'हो गुरु ।'

मैले पर्याप्त ध्यान गरेकी थिएँ । म बाहिर जान चाहन्थेँ; खेल्न चाहन्थेँ; आकाशमा यत्रतत्र उडेका चरा हेर्न चाहन्थेँ । म गुम्बामा भएकाले यी सौख पूरा गर्न पाइरहेकी थिइनँ । निस्तब्ध वातावरणले हामीलाई फेरि घेराबन्दी गऱ्यो । गुरुले मलाई के भन्नुहोला ?

'केही आनीहरू तिम्रो बारेमा गुनासो गरिरहेका छन् । तिमीलाई थाहा छ छोइङ ?'

'मलाई माफ गरिदिनुहोस् गुरु, मैले आफ्नो बदमासीका कारण तपाईंको ध्यान भङ्ग गरिदिएँ... '

'उनीहरू के भन्छन् भने तिमीमा विनम्रताको अभाव छ, अनि तिमी घमन्डी र धृष्ट स्वभावकी छचौ । तिमीले उनीहरूलाई आदर गर्नैपर्छ । उनीहरू तिमीभन्दा ठूला हुन् । यसमा तिमी के जवाफ दिन्छचौ ?'

'उनीहरूलाई दुःख नपुगोस् भनेर म सक्दो कोसिस गर्छु ।'

'तिमीले कुनै जनावर समातेकी छ्यौ ?'

'हजुर... हो ।'

'मेरी नानी, तिमी अब आनी भइसक्यौ । तिमीमा केही बेग्लै आचरण विकसित हुनु जरुरी छ । तिमी सामान्य मान्छेको लागि उदाहरणीय बन्न सक्नुपर्छ । यस्तो काम अब तिमीले कसरी गर्न

मिल्छ ? तिम्रो कारणले यो मर्न सक्थ्यो, सके भोकै परिरहेको होला। प्रत्येक बच्चालाई उसकी आमाको जरुरत पर्छ। तिमीले आफूलाई दयालु व्यक्तिका रूपमा प्रस्तुत गर्नुपर्छ... '

भन्नुको मतलब जङ्गली जनावरलाई उसकी आमाबाट छुटाउन नमिल्ने रहेछ। अनि म नि ? आफ्नी आमाबाट यति टाढा हुँदा मेरो छाती कति चर्केको छ भन्ने कसैले महसुस गरेको छ ? तर, म केही भन्दिनँ, किनभने गुरुको भनाइ ठीकै हो।

'उनीहरू के पनि सोच्छन् भने तिमी धेरै लाडप्यार पाएर पुलपुलिएकी छ्यौ। त्यो मबाट भएको गल्ती हो। उनीहरूले यो सही नै सोचेका हुन्।'

'उनीहरू छुच्चो स्वभाव देखाउँछन् वा मेरो डाह गर्छन् भने त्यसमा मेरो के गल्ती ? त्यसमा त म केही गर्न सक्दिनँ।'

'हेर नानु, त्यसो भन्न हुँदैन। आखिरमा यो सत्य हो, अरूले काम गरिरहनुपरेको उमेर तिमीले बाआमाको साथमा बितायौ। छोइङ, आफ्नो भागको बाल्यकाल भोग्नु तिम्रो अधिकार हो। म मान्छु, तिमीले अहिलेसम्म त्यो अधिकार कमै मात्र उपभोग गर्न पायौ। तर, जे भए पनि अरूको अवस्थाबारे विचार गर्नु पनि तिम्रो कर्तव्य हो।'

मेरो भागको बाल्यकाल ? उहाँ के भन्दै हुनुहुन्छ ? उहाँलाई यो सब कसरी थाहा भयो ? कसले भन्यो ? मैले त भेटेदेखि उहाँलाई मेरो जीवनबारे कहिल्यै केही भनेकी छैन। भन्नुको मतलब उहाँले जान्दाजान्दै मलाई शान्तसँग बस्न दिनुभएको रहेछ... म त उहाँको निगरानीबाट उम्केर सबै कुरा गरिरहेकी छु पो भन्ठान्दै थिएँ !

'तिमीले नयाँ जीवनको सदुपयोग गरेकीमा मलाई गर्व लागिरहेको छ; साह्रै खुसी छु म। र तिमीले अब लामो समय यस्तै गरिरहनुपर्छ।

तर सँगसँगै तिम्रा साथीहरूका अघिल्तिर मैले पक्षपात गरेको नदेखियोस् भन्न तिमीलाई जिम्मेवारी सुम्पिन लागेको छु । अबदेखि पूजाकोठा सफाइको काम तिम्रो जिम्मामा ।'

म त बडो सजिलैसँग पो उम्किन पाउने भएँ । पूजा गर्ने त्यो उच्च स्थान सफा गर्न मलाई घण्टौँ त पक्कै लाग्दैन, न यसले मलाई आफूखुसी मन लागेको कुरा गर्नबाटै रोक्नेछ । मैले ताजा पानी फेरिदिनुपर्नेछ, कहिलेकाहीँ फूलहरू र त्यसबाहेक बढारकुँडार र पुछपाछ। यो त केही होइन। उहिले घरमा गरेका कामधन्दाले आफ्नो सम्पूर्ण ऊर्जा क्षय भइसकेकैँ म धेरै अल्छी पनि भइसकेकी छु। अब यत्ति जाबो काम पनि गर्न सक्दिनँ भनेर पन्छिनुको कुनै तुक छैन।

उहाँले आफ्ना हात स्नेहपूर्वक मेरो शिरमा राख्नुभयो । केही सेकेन्डसम्मै आफ्ना न्याना हत्केलाले मेरो मुडुलो टाउको सुमसुम्याएपछि उहाँ बोल्न थाल्नुभयो :

'शान्त बन छोइङ, शान्त बन। तिमीभित्र अपार ऊर्जा छ; त्यो साह्रै राम्रो कुरा हो । तर यसलाई आफूभित्र धैर्यपूर्वक राख्न पनि सक्नुपर्छ । तिमी पढ्दा पनि हतारिएकी हुन्छचौ; तिमी बोल्दा वाक्य पनि राम्ररी पूरा नगरी शब्दहरू गुम बनाइदिन्छचौ। हरेक कुरा त्यसको स्वाभाविक गतिमा हुनु अनिवार्य छ । जब म तिमीसँग बोलिरहेको हुन्छु, पूर्णतया तिमीसँग हुन्छु। र, आज हामीले एकअर्कालाई जे कुरा सुनाउनु छ, त्यो पूरा नहुन्जेल मैले त्यही मुद्रा कायम राख्नुपर्छ । मैले भन्न खोजेको कुरो बुझ्यौ ?'

मैले गुरुलाई कसरी सुनाउनु मभित्र आगो बलिरहेको छ भनेर ? म किन चाँडै खान्छु ? किन म जहिल्यै हतारिन्छु ? जे होस्, अहिलेलाई म अनुहारमा अबोधपना दौडाउँदै उहाँतर्फै हेर्दै छु ।

'मलाई थाहा छ, तिमी के सोचिरहेकी छचौ । तिमीलाई घर पठाइनेछ भनेर सोचिरहेकी छचौ । म वाचा गर्छु त्यस्तो हुनेछैन । मलाई हेर, तिमी नागी गुम्बाकी भइसक्यौ । तिमी यहाँ घरमै छचौ; यो गुम्बा तिम्रो घर हो । तिमी हामीमध्येकै एक हौ । हामी सबै तिमीलाई माया गर्छौं । धैर्यवान् हुन कति समय लाग्छ, लगाऊ । मेरो ढोका सधैँ तिम्रो लागि खुला छ; चाहे म पाहुनासँग बसेको क्षण होस् वा मैले जेसुकै गरिरहेको बेला होस् । सधैँ ।'

मेरो गला गलबन्दीमा बेस्करी कसिएझैँ अवरुद्ध भयो । गुरुका सामुन्ने केही बोल्न सकिनँ । आजसम्म मसँग यसरी कसैले बोलेको थिएन । वास्तवमा आजसम्म कसैले पनि मलाई माया गर्छु भनेको थिएन । मेरी आमा मलाई माया गर्नुहुन्छ, मलाई थाहा छ, तर उहाँ त्यसो भन्नुहुन्न; जस्तो– सूर्यले ताप दिन्छ अनि पानीले ताजगी, तर तिनले कहिल्यै त्यो भन्दैनन् । तीन महिनाअघिसम्म पनि उहाँलाई म चिन्दिनथेँ, तर आज आफ्नो हृदय र आफ्नो घर मेरा निम्ति खुला गर्दै हुनुहुन्छ । उहाँले मलाई विश्वास गर्नुभएको छ । संसारले आदर गर्ने विद्वान् मप्रति चासो राख्नुहुन्छ; मलाई मन पराउनुहुन्छ; मलाई आफ्नो समय दिन चाहनुहुन्छ । म विश्वकै सबैभन्दा सुखी मान्छे हुँ । साह्रै ठूलो बोझ भर्खरै मेरो काँधबाट झिकिएझैँ लागिरहेको छ ।

अध्याय ६

शिरमा फुल्ने इन्द्रकमल

होइन कि भन्ठान्छु, तर हो। विश्वासै गर्न गाह्रो यो कुरो अब सधैँका निम्ति यथावत् रहने देखिन्छ।

हत्तेरिका, भन्न पनि कस्तो गाह्रो... ! पहिले त मलाई सुरुवालभित्र जुका पो पसेछ कि भन्ने लाग्दै थियो। दिनदिनै झरी दर्किरहेको साउने मासमा जतातते खैरा र सुलुत्त परेका जुकाहरू देखिन्थे। मलाई डर त लाग्दैनथ्यो, तर ती घिनलाग्दा र मनलाई अलिक विरक्तै पार्ने खालका हुन्थे। तिनलाई नुन मन पर्दैन। त्यसैले हामी जङ्गलतिर जानुअघि पैताला र पिँडुलाहरूमा मजाले नुनिलो पानी दल्थ्यौँ, नटाँसिऊन् भनेर।

म अन्डा लिन बाहिर निस्केकी थिएँ। त्यति बेलै मैले आफ्ना खुट्टामाझबाट केही बगे जस्तो महसुस गरेँ। अलिक बिस्तारै बगिरहेको यो तरल चीज पिसाबभन्दा बेग्लै थियो। त्यस ठाउँमा त्यस्तो चिसो पार्ने के थियो भन्ने मैले ठम्याउनै सकिनँ। म तल पुगेर सरसफाइ गरिरहेका पाले दाइलाई भेटेपछि सरासर माथि उक्लेँ। मलाई अलिक चिन्तै परिरहेको थियो। गुम्बामा हामी शरीरको मामिलाबारे कहिल्यै कुरा गर्दैनथ्यौँ; साथीसङ्गीबीच समेत यस्तो हुँदैनथ्यो। यस्ता कुरा कति अप्ठ्यारा !

मलाई भेट्न बोलाउने गुरुकी पत्नीकहाँ पुग्न अझै बीस मिनेट नै बाँकी थियो। मेरा गुरु भिक्षु हुनुहुन्थेन। श्रीमती र छ छोराहरू उहाँसँगै बस्थे। ती सबै छोरा गुरु जस्तै पुनर्जन्म पाएका अवतारी लामाका रूपमा अत्यन्त आदरणीय थिए। म कुद्दै आफ्नो कोठामा पुगेँ; ढोकालाई कुर्सीले अड्याएँ; चप्पलहरू एकातिर हुत्त्याएँ; कपडा माथि सारेँ र सुरुवाल खोलेँ। ओहो, म त रगतपच्छे भइसकेकी रहिछु ! खोलेका सबै कपडा काखीमा च्याप्दै खुट्टा फट्टाएर उभिएकी मलाई तत्काल के गर्ने भनेर अत्यास लाग्न थाल्यो। म वाल्ल परेर त्यही अवस्थामा एक छिन उभिरहेँ। यस्तो कसरी भयो होला भनेर छ्यानविचार गर्दा मैले एउटा कारण फेला पारेँ।

नागी गुम्बामा एउटै चर्पी छैन। शौच गर्न अलि पर, नदेखिने ठाउँमा जानुपर्छ। तर, धेरैजसो हामीलाई त्यति पर जान झन्झट लाग्छ र सँगै मिलेर गुम्बापछाडिको चौरमा जान्छौँ। आज बिहान चिसो घाँसमा हिँडिरहेका बेला पक्कै पनि थाहै नपाई एउटा जुका मेरो ज्यानमा टाँसिएको हुनुपर्छ। डरले मेरो शरीर थरर्र भयो। त्यति बेलै मेरी नाताकी दिदी यशी ल्हामु आइपुगिन्। उनी विनम्रताकी प्रतिमूर्ति छिन्। उनी यहीँ बस्ने त होइनन्, तर एउटा विशेष समारोहका निम्ति अहिले आइपुगेकी हुन्। पुनर्जन्म पाएका धेरै गुरुहरूबाट दिइने भव्य दीक्षा समारोहको तयारीका क्रममा आएकी उनी तीन महिनाका लागि मेरै कोठामा सँगै बसिरहेकी छन्। बीस वर्षीया उनी र मबीच निकै हिमचिम छ। उनी सही कुरा भन्न कहिल्यै हिचकिचाउँदिनन् र सबैका निम्ति सद्भावपूर्वक सदैव तम्तयार हुन्छिन्।

‘मलाई तपाईंको सहयोग चाहियो। यहाँभित्र कतै जुका पसेर मेरो रगत चुस्दै छ ! लौ न, निकालिदिनुस्।’

'के ? यहाँभित्र भनेको कहाँ ?'

'यहाँभित्र भनेको; हत्तेरी, तपाईंलाई कसरी भनूँ...'

उनी टोक्दै गरेको ओठ मास्तिर औंला राखेर कौतूहल बनिन् । मैले कपडा मास्तिर उठाउँदै रगतका टाटा लागेको सुरुवाल देखाएँ। उनी अट्टहास गर्न थालिन् । कस्तरी भने उनी त्यसरी हाँसेको पहिले मैले कहिल्यै सुनेकी थिइनँ। भित्रैदेखि आएको बडो शक्तिशाली हाँसो, गुम्बै थर्काउने हाँसो ।

उनी कोठाबाट निस्किन् र एक मिनेटपछि नै फर्किन् । उनको हातमा टालो थियो। त्यो मतर्फ बढाउँदै भनिन्, 'मेरी प्यारी छोइङ, तिमीलाई अहिले जे भइरहेको छ त्यो अति स्वाभाविक कुरा हो । यो अब हरेक महिना हुन्छ । यसमा धन्दा मान्नुपर्ने कुनै कारण छैन । यो टालोले बेर र फेरफार लुगाहरू फिक; यसलाई तिमीले हरेक दिन फेर्नुपर्छ। बस, कुरो यति मात्र हो। तिमी अब स्त्री भयौ।'

उनी मुसुक्क हाँसिन्। कुरो अझै प्रस्ट नभए पनि त्यो हाँसोलाई मैले पनि उसै गरी फर्काएँ।

मैले महिनावारीबारे धेरै सुनेकी थिएँ, तर वास्तवमा यो यस्तै हुन्छ भन्ने यकिन थिएन। आमाले पनि त मलाई केही भन्नुभएको थिएन नि ! एउटी नातेदार दिदीले यस विषयमा मलाई केही कुरा चुहाएकीसम्म हुन् । हामी यस्ता कुराबारे धेरै बोल्दैनौं र शरीरका अन्तरङ्ग कुराहरूलाई गोप्य नै राख्ने गर्छौं। आमाले मेरै सामुन्ने बच्चा जन्माउनुअघिसम्म म केटाकेटीहरू नाइटोबाट जन्मन्छन् भन्ठान्थें। एक पटक चौरमा खेलिरहेका बेला आफू जस्तै कुनै फुच्चेले केटाकेटी योनिबाट जन्मिन्छन् र मेरी आमा फटाही हुन् भनेर सुनाउँदा मैले त्यसलाई बेस्मारी चुटेकी थिएँ। म उस्तो अन्तर्मुखी स्वभावकी पनि

होइन, तैपनि यस्ता कुराहरूको प्रसङ्ग उठ्यो कि लजाउन थालिहाल्थैँ। जे होस्, अब यसमा के भन्ने ? जे भने पनि शरीर भनेको शरीरै हो, कुरो सकियो।

म थकित महसुस गरिरहेकी थिएँ। शरीरमा हुने यो कुरा मलाई मन परिरहेको थिएन। उता गुरुआमा कुन्साङ देचेनले मलाई पर्खिरहनुभएको थियो। उहाँ मसँग कुरा गर्न चाहनुहुन्थ्यो; कारण मलाई थाहा थिएन। त्यस बिहान म भान्छाबाट दौडादौड गरिरहेकै बेला उहाँले मलाई बोलाउनुभएको थियो।

'कसैले तिमीलाई लखेट्यो कि क्या हो ? किन दौडेकी छोइङ ?'

'हजुर, छैन छैन... '

हातमा रोटी बोकेकी म मूर्ति जस्तै ठन्डा भएँ।

'तिमीलाई एकै ठाउँमा स्थिर भएर दस मिनेट बसेको मैले कहिल्यै देखेकी छैन। यहाँ आएदेखि जहिले पनि बाख्राको पुच्छर खाएझैँ कुद्याकुदै !'

त्यही छेउमा छुच्ची आनी पनि थिइन्। अब के चाहियो ?

'यसले पेट पोल्ला भन्ने विचारै नगरी तात्तातो दाल पनि भोकाएको कुकुर जस्तै घ्वाप्लाक्कै निल्दिन्छे। जे पनि हतारमा गर्छे। कुनैकुनै बेला त अति नै गर्छे।'

छुच्ची आनीका यी शब्दहरूमा कसैले प्रतिक्रिया जनाएनन्। अन्य आनीहरू कुरा गर्न छाडेर मलाई हेर्दै हाँस्न थाले। मविरुद्ध केही विषवमन गर्नुपऱ्यो भने उनी त्यस्तो नौका कदापि खेर जान दिन्नथिन्। त्यसैले मैले उनलाई बोलिरहन दिएँ। जे होस्, ती छुच्ची आनीले भनेको कुरो साँचो नै हो : म भोकी छु। म जीवन र प्रेमका निम्ति क्षुधाग्रस्त थिएँ र केही भोक अझै मभित्र बाँकी नै छ।

'खाना खाइसकेपछि आज दिउँसो भेट है। दुई बजेतिर।'

मलाई त्यति साह्रो इच्छा त थिएन तैपनि उहाँलाई अनादर गर्न मिल्दैनथ्यो। आजको दिउँसो मैले अमेरिकी जोडीसँग बिताउने कार्यक्रम तय भएको छ। उनीहरू हिजो मात्र यहाँ आइपुगेका हुन्। सातैपिच्छे संसारभरबाट विदेशीहरू यहाँ आउँछन्। जर्मनी र हङकङबाट आएका केही पाहुनाहरूसँग मेरो यसअघि पनि भेट भएको हो। ती जहिले पनि हामीसँग व्यवहार गर्दा दङ्ग पर्छन्, मानौँ उनीहरू जीवनमै सर्वाधिक आनन्द अनुभव गरिरहेका छन्। यो नागी गुम्बामा उनीहरूलाई जे पनि असाधारण लाग्छ। र, हामी उनीहरू सबैमा यस्तो समानता भेट्छौँ। हिँड्ने बेला यसो हातमा केही राखिदिने गरेकाले मलाई उनीहरूको हेरचाह गर्न, उनीहरूलाई वरपर घुमाउन रमाइलो लाग्छ।

जर्मन पाहुना ओट्टोले मलाई दुइटा असाधारण उपहार दिएका थिए– विमानमा यात्रा गर्दा सित्तैँ पाइने गरेको दाँत माझ्ने बुरुससहितको रहरलाग्दो पोको र अत्तरको सानो सिसी। तिनलाई मैले ठूलै सम्पत्ति जस्तो साँचेर राखेकी थिएँ। तर मलाई यसरी विदेशीसँग सङ्गत गर्दा वास्तवमै मन पर्ने कुरा चाहिँ उनीहरूसँग सिकिने बात मार्ने शैली हो। गुम्बाभरिमै थोरबहुत अङ्ग्रेजी भट्याउन जान्ने एक मात्र आनी हुनुको गर्व पनि मलाई थियो। स्कुल पढ्दा मैले अलिअलि अङ्ग्रेजी जानेकी थिएँ; त्यो खासै उल्लेखनीय चाहिँ थिएन। बेलाबेलामा म 'थ्याङ्क्यु', 'हेलो', 'ब्रेड' जस्ता शब्दहरू भकभकाउनेसम्म गर्थें। सुरुमा त जानेका थोरै शब्दहरूबाटै सम्पर्क स्थापित गर्न थालें। तर पछिपछि कुरा गर्दै जाँदा अभ्यास पनि बढ्दै गयो र म दोहोरो कुरा गर्न जान्ने भएँ। म आफ्नो मुस्कानसहितको हर्कत देखाएर घरीघरी मक्ख पार्थें। उनीहरूले मसँग अलिक बढी समय बिताऊन् र कुरा गरून् भन्ने मेरो चेष्टा हुन्थ्यो। यसरी मेरो सामुन्ने अङ्ग्रेजीको पुस्तक आफैँ खुल्दै गएको थियो।

जे होस्, मैले आज्ञापालन गर्दै दुई बजे गुरुआमा कुन्साङ देचेनको ढोका ढकढक्याएँ। सधैँझैँ परम्परागत पोसाकमा सजिएकी उहाँ भुइँमै बस्नुभएको थियो । गुरुआमा असाध्यै राम्रो हुनुहुन्थ्यो, त्यसमाथि स्वच्छ हृदयकी पनि। यो र अरू कारणले गर्दा म उहाँलाई अत्यन्तै आदर गर्थें। यो गुम्बाकै सबैभन्दा कान्छी आनी मलाई उहाँ असाध्यै माया गर्नुहुन्छ भन्ने म बुझ्थेँ। उहाँको अघिल्तिरको प्लेटमा मम थियो। म कहिलेकाहीँ मात्र मम खान्थेँ। हाम्रा उत्सव र समारोहहरूमा व्यापक प्रचलनमा आउने परिकार हो यो।

'खाऊखाऊ, तिम्रै लागि राखेको हो यो। अङ्ग्रेज पाहुनाको लागि बनाएको बेला तिमीलाई मन पर्छ भनेर दुई प्लेट छुट्टयाएकी थिएँ, फुच्ची !'

गुरुआमाले मेरा निम्ति त्यही शब्द प्रयोग गर्नुभयो, जुन गुम्बाका अरू आनीहरूले पनि मलाई रमाइलो गर्दा भन्छन् । वास्तवमा आनीहरू मलाई जिस्क्याउने हिसाबले त्यसो भनिरहेका हुन्छन्, तर मलाई ननिको लाग्दैन। किनभने उनीहरूले साँचो कुरा नै भनिरहेका छन् भन्ने मलाई थाहा थियो।

म गुरु र गुरुआमाका निम्ति पुतली जस्तै बनिसकेकी थिएँ। यसलाई म अन्यथा पनि लिन्नँ। किनभने यत्रो वर्ष मैले बिताएको सास्तीपूर्ण जीवनपछि यस्तो परिवेश पाउनु आफ्नो हक हो जस्तो पनि ठान्थेँ। उनीहरूसँगको दिनदिनैको सम्पर्कले मेरो मनलाई फराकिलो पार्दै लगिरहेको थियो। उनीहरूको प्रेमले म कोमल बन्दै गइरहेकी थिएँ। यस्तो लाग्छ, उदारता एकबाट अर्कामा सर्ने कुरा हो। गुरुले ठीकै भन्नुभएको थियो, उहाँका ढोका वास्तवमै मेरा निम्ति खुला थिए। र, मैले जति बढी नजिकिने मौका पाएँ उत्तिकै बढी मायाका ढोकाहरू पनि खुला हुँदै गए। हरेकले के बुझेका थिए भने यहाँ

आउने प्रत्येक मान्छे आफूमा गुरुको ध्यान बढी परोस् भन्ने चाहना राख्थे। टुल्कु उर्गेन रिम्पोछेको सामीप्यमा मैले बढीभन्दा बढी समय बिताउन पाइरहेकी थिएँ। एक साँझ मैले उहाँलाई कथा सुनाइदिन आग्रह गरेकी थिएँ। त्यति बेला 'आइन्दा फेरि यस्तो जिद्दी नगरेस्' भनेझैँ गरेर कथा भन्नुभएको थियो।

'विदेशी पाहुनाहरू मलाई भन्दै थिए, तिमीले अङ्ग्रेजी राम्रै बोल्न थालिसकेकी छ्यौ। यो राम्रो कुरा हो।' गुरुआमाले भन्नुभयो।

'हो, उनीहरूले मलाई केही पुस्तक र पत्रिकासमेत दिएका छन्। म पढ्ने कोसिस गर्दै छु। सायद आजै रातिदेखि थाल्छु !'

'तिमी अब ठूली हुँदै छचौ। तिमीलाई थाहा छ आफू कहाँ छचौ भन्ने; अब तिम्रो अगाडि बढ्नेसमेत समय हो यो। मलाई थाहा छ, तिमी आकाङ्क्षी प्रवृत्तिकी छचौ र एकदमै छिटो सिक्नसमेत थालेकी छचौ। मलाई विश्वास गर, यदि तिमीले अलिक बढी मिहिनेत गऱ्यौ भने अझ बढी प्रगति गर्छ्यौ। अङ्ग्रेजी त ठीकै छ; मलाई लाग्छ, तिम्रो मन्त्रपाठमा पनि सुधार भइरहेको छ। यसको लागि म तिमीलाई बधाई दिन चाहन्छु। मन्त्रपाठको शैली र उच्चारणमा अझ सुधार गर्नेतर्फ केही विचार गर्ने हो कि ?'

मैले यहाँ उल्लेख गर्नैपर्छ, मेरा गुरु र उहाँकी श्रीमतीलाई मेरो आवाज राम्रो छ भन्ने यतिन्जेल जानकारी थिएन। मैलाई पनि थाहा थिएन। एउटी बालिकाका रूपमा तमाम आनीहरूभन्दा मेरो आवाजमा कुनै विशेषता देखिने पनि गर्थेन। म मन्त्रोच्चारणको लय मिलाउन तीक्ष्ण थिएँ। पूजाका बेला गरिने सुरिलो मन्त्रोच्चारण घण्टौँ चल्ने गर्छ। त्यस्तो बेलामा लिपिहरू धमाधम समात्दै लयमा गाउनु जरुरी हुन्छ। र, म यसमा पोख्त थिएँ। जब म कुनै अठोट गर्छु,

पूरै बल लगाएर त्यसलाई फत्ते गरेरै छाड्छु । त्यसबाहेक आफूले ग्रहण गरेकोभन्दा पनि प्रकटीकरण अझै प्रभावकारी हुनुपर्छ भन्नेमा मेरो सधैं जोड हुने गर्छ। त्यसैले पनि होला गुरु जहिले पनि मलाई नयाँ कुरो सिकाउन अग्रसर रहनुहुन्थ्यो । म गुम्बाकै उदाहरणीय शिष्या थिएँ, जसले गर्दा मैले गुरुको अपार ज्ञानसम्मको पहुँच अन्य आनीभन्दा निकै बढी बनाएकी थिएँ। यो आफ्ना निम्ति राम्रो मौका हो भन्ने बुझेरै म अवसरहरूलाई च्याप्प समात्ने गर्थें। एक पटक गुरुले धुनका विषयमा केही सिक्ने इच्छाबारे सोध्दा जवाफमा भनेकी थिएँ, 'तपाईंले मलाई उपहारका रूपमा त्यो ज्ञान दिनुहुन्छ भने त्यसको लागि सधैं तयार छु ।'

मैले साँचो बोलेकी थिएँ। किनभने मभित्र सधैं नयाँ कुरा सिक्ने चाह थियो। केटाकेटीमै पनि आमाले लुगा धुन सिकाउँदा तत्काल त म अलिक रिसाएँ होला वा थचक्क बसेर टेढा आँखाले उहाँलाई हेरें होला, तर पनि ममा सिक्ने लालसाले एक किसिमको उत्तेजना ल्याउँथ्यो र जुरुक्क उठ्थें। मसँग आफूबाहेक अरू केही छैन, तर जति सिक्दै जान्छु उति नै म पूर्ण बन्दै जान्छु भन्ने मलाई थाहा थियो। जस्तो– म दिन-प्रतिदिन नयाँ कुरा हालेर सानो झोला कस्दै थिएँ र क्रमशः त्यसबाट अंश-अंश गर्दै आफू स्वयं निस्कँदै गइरहेकी थिएँ । अन्ततोगत्वा यस्तो परिवर्तनले मलाई आफू केही हुनुको अनुभूति गराइरहेको थियो।

'तिमीलाई भनिहालूँ, मैले पूरै भरोसा गर्न थालेकी छु तिमीमाथि। तिमीभित्र केही विशेष कुरा छन् भन्ने मलाई लाग्दै छ । तिमीले वरदान पाएकी छयौ। तैपनि तिमीले काम गर्न सिक्नैपर्छ। तिमी अब केटाकेटी पनि त रहिनौ ।'

त्यही वर्षा ऋतुले मलाई बालिकाबाट स्त्री बनायो र अब मन्त्रपाठको अगुवा पनि बनाउने बाटामा क्रमशः अगाडि बढाउन

थालेको थियो। सोमबार र बिहीबार म मन्त्र गायनको कक्षा लिन्थेँ जसमा लयबारे पनि जानकारी दिइन्थ्यो। मैले गायनसँगै ग्यालिङ नामको सहनाई जस्तै बाजा बजाउने कला सिकेँ, कहिलेकाहीँ गुरुबाट त कहिलेकाहीँ गुरुआमाबाट। उहाँहरू दुवै राम्रो गाउनुहुन्थ्यो। तर गायकी अलग-अलग थियो। दुवै मलाई आफ्नै पारामा सिकाउन चाहनुहुन्थ्यो। माथ्लो सुरमा निस्कने गुरुआमाको नाके स्वर गजबको हुन्थ्यो। गुरुले स्वर झिक्दा त्यो नाभिदेखि आएझैँ गहिरो सुनिए पनि उहाँले उच्चारण गर्ने शब्दहरूको संयोजन र वर्णन शैली बेजोडै प्रभावशाली हुन्थ्यो। पक्कै पनि उहाँहरूबीच स्वरमा सहमति थिएन। मलाई लाग्छ, उहाँहरूले एकअर्काप्रति गर्ने टिप्पणी आनन्ददायी, असल र स्वाभाविक थियो। यस्तो क्षणबाट समेत उहाँहरू दाम्पत्य जीवनको सुखानुभूति गर्नुहुन्थ्यो। मैले दुवैको गायकीलाई अनुसरण गर्न थालेँ। मेरो स्वरयन्त्रले आफ्नै बाटो समात्यो र त्यो प्रभावशाली पनि बन्दै गयो। तर यसमा सुर-तालको बन्धनभन्दा पनि उन्मुक्त गाउन पाउँदाको आनन्द बढी थियो। समय बित्दै जाँदा बिस्तारै भावहरू पनि मेरो गायकीमा समाहित हुन आइपुगे।

आँखा आधा चिम्लिएर जब गाउन सुरु गर्थें, मेरो गलामा मन्त्रका शब्दहरू आफैँ आउन थाल्थे। गुरुबाट पाएको ज्ञान लिएर सङ्गीतको विशाल सागरमा हाम फाल्दा लाग्थ्यो, म ध्यानको अझ फराकिलो संसारमा पस्दै छु। पूजाकोठामा तनमनका साथ गाउँदा चरम आनन्द आउँथ्यो। पाठ सकेर सबै दिदीबहिनी धमाधम बाहिर निस्कन र गफिन थालेका बेला म भने शरीरमा एक किसिमको कम्पनलाई स्थिर पारिरहेकी हुन्थेँ। गुरुतिर फर्कन्थेँ र प्रत्येक पटक उहाँका आँखामा मप्रतिको गर्वलाई पढ्थेँ। जीवनमा अरू कुनै कुराले मलाई यत्तिको आनन्द दिएन। आफ्नो स्वरका माध्यमबाट मैले गुरुलाई खुसी तुल्याउन सकेँ। मेरा निम्ति यही लाख थियो।

कोठामा बस्दा, भान्छामा, सबेरै उठ्दा अथवा राति सुत्न जाँदा नै किन नहोस्, म हरेक पल गुनगुनाइरहेकी हुन्थेँ। म मन्त्रमा मग्न हुन्थेँ; अरू सङ्गीत पनि यदाकदा गुनगुनाउँथेँ। मलाई कसैले सानो क्यासेट प्लेयर दिएका थिए, जसमा धुनका धेरै चक्काहरू लगाउँथेँ। तिनमा मुम्बईमा बनेका सिनेमाका गीतहरू पनि उत्तिकै पर्थे। मैले बोनी रेट नामकी अमेरिकी गायिकाको गीत पनि उत्तिकै चाखका साथ सुन्न थालेकी थिएँ। उनको एउटा चर्चित गीत *लभ ह्याज नो प्राइड...* लाई एकै बसाइमा दोहोऱ्याई-तेहऱ्याई सुन्ने गरेकी थिएँ। त्यसैताका गुम्बाका एक पाहुना गितार बोकेर मनजिक आए र केही धुन सिकाउन थाले। मैले गितार बजाउने अभ्यास पनि सुरु गरेँ। त्यसले मेरा औँलाहरू दुखाउँथ्यो, तैपनि आफैँले सङ्गीत तयार पार्न सक्छु भन्ने हौसला मभित्र थियो।

गितार सिकाइको त्यो क्षणको मलाई अझै सम्झना छ। म चरम आनन्दमा पुगेकी थिएँ। सङ्गीतको चर्को मादकतामा डुबेर म कोठामा उफ्रिरहेकी हुन्थेँ; गाइरहेकी हुन्थेँ। त्यतिन्जेल... जतिन्जेल टाउकाले चक्कर खान नथालोस्। कुनै यस्तो क्षण, ठीक यही ठाउँमा आफ्नो सास रोकिए पनि म सोच्ने थिएँ– मेरो जीवन सार्थक भइसकेको छ।

अध्याय ७

ओरालोमा

म जब-जब काठमाडौं जान्छु, रोमाञ्चित हुन्छु । सहर पुग्न लाग्ने दुई घण्टा पनि कहिले बित्ला जस्तो हुन्छ । यस पटक भने ट्याक्सीचालक असल परेको छ । मतलब के भने अघिल्ला पटकहरू जस्तो योसँग चाहिँ भनाभन नहोला । गुम्बा आएपछि दुइटा बर्खा पार भइसके र जति समय बित्दै जाँदो छ त्यति नै बाआमासँगको मेरो भेटघाट कठिन बन्दै गएको छ । गुरुबाट अनुमति पाएका बेला महिनामा एक पटकसम्म उहाँहरूलाई भेटूँ भन्ने चाहना हुन्छ । म खास गरी आमालाई भेट्न पुग्ने गर्छु । सधैँ उहाँकै चिन्ताले सताउने गरेकाले पनि होला । त्यसै गरी भाइलाई भेट्ने इच्छा पनि हुन्छ । तर, बालाई भेट्न चाहिँ पटक्कै मन लाग्दैन । उहाँबारे मलाई खास चासै रहँदैन । गएपिच्छे म घरमा तीन दिन बिताउने गर्छु र बसुन्जेल त्यस पटकको भेटघाटलाई सक्दो स्मरणीय बनाउने कोसिस गर्छु । घरभन्दा पनि छेउछाउतिर मेरो समय बढी व्यतीत हुन्छ । गुम्बामा आफूले पाएको खल्तीभरिको पैसा बोकेर यताउता चहार्न खुब आनन्द आउँछ । म सिनेमा हेर्न पुग्छु; जे पायो त्यही किनिदिन्छु, चकलेट अथवा मिठाई पनि । घरबाट निस्किँदा यसरी पैसा भरिएको पाकेट फर्कंदा जहिल्यै रित्तिएको हुन्छ ।

असल भए पनि यो चालक अलिक एकोहोरो छ; 'बौद्ध जाँदै जान्नँ' भन्छ। यस्तोमा मैले घर पुग्न पछिल्लो तीन सय मिटर पैदलै हिँड्नुपर्ने हुन्छ। बौद्धवरपर जाँडरक्सीको व्यापार खुबै हुने गरेकाले हाम्रो टोलको छवि अन्य समुदायहरूमाझ अलिक नराम्रो बनेको छ। यी रक्सी पसलहरू पनि अव्यवस्थितै छन्। माटाका झुप्राझप्रीमा रहेका यिनलाई भट्टी भन्दा हुन्छ, जहाँ घरमै बनाइएको रक्सी सिलाबरे कचौरामा हालेर दिइन्छ। यहाँको रक्सी उत्पातै कडा हुन्छ। एकदुई घुट्कीमै नशाले टाउकामा हिर्काउन थालिहाल्छ। घाइते आत्मा लिएर बाँचेका शरणार्थीहरू साँझका बेला यो कच्ची सडकमा भौंतारिन आइपुग्छन्। कसैले सुन्न नचाहेका आफ्ना कथा भटभटचाउँदै। लामो समयअघिका तिनका सम्झनाहरू, ती यादहरू जसमा समेटिएको उनीहरूको मुलुक नै अब यो संसारमा छैन, जहाँबाट उनीहरू निकालिए। मेरा बा पनि तिनैमध्येका हुनुहुन्छ।

ओहो, म त निकै ढिलो भएछु। खबरै नगरेकाले घरमा आमा पनि सायदै बाटो हेर्दै हुनुहोला। उहाँ मेरी सदाबहार समर्थक हुनुहुन्छ। आमापछि मलाई माया गर्ने भाइ कर्मा फुन्सोक हो, जो हातमा सेतो रङ्गको फोहोरी छाउरो समातेरै बसिरहेको हुन्छ। उसका आँखा र लत्रेको मुख हेरेरै म बुझ्छु, उसलाई त्यो छाउरो छाड्न उर्दी जारी भइसकेको छ। आमाले उसको हात च्याप्प समातेका बेला पनि ऊ उम्कने प्रयत्न गरिरहेको हुन्छ।

म यस्तै सोच्दै घरतर्फ लम्किरहेकी थिएँ, वरैबाट भाइ चिच्याएको सुनेँ– 'ऐया, मलाई दुखिरहेको छ। छाड्नुस्। आमा, मलाई दुख्यो।'

आमाले भाइको पाखुरा निमोठिरहनुभएको रहेछ। ऊ चिच्याउँदै उम्कन खोज्दै थियो। आमाले अँठचाइ अलि खुकुलो पारे पनि उसको पाखुरो छाड्नुभएको थिएन। उहाँ के गर्दै हुनुहुन्छ भन्ने म परैबाट

अनुभव गरिरहेकी थिएँ। किनभने यसै गरी पहिलेपहिले उहाँ मलाई समात्ने गर्नुहुन्थ्यो। आखिर भुक्तभोगी न हुँ!

'चिच्याउन छोड् र राम्ररी सुन्। अब आइन्दा कहिल्यै ससाना जीवजन्तुलाई च्याप्याच्याप्यै गर्ने होइन, बुझिस्? यो पनि प्राणी हो, तँ जस्तै। हेर् त, अलिकति समात्दा पनि तँलाई कति पीडा हुन्छ! कल्पना गर्, तैँले जब खुट्टाले किल्चिन्छस् त्यति बेला यो प्राणीको ठाउँमा तँ स्वयं भैदिए कति पीडा हुन्थ्यो? लु वचन दे, अब आइन्दा यसो गर्दिनँ भनेर।'

ऊ साना औँलाहरूले आँखा मिच्छ; आफ्ना पाखुराका राता डामहरू घोरिएर हेर्छ; आमालाई खाउँला जस्तो गरेर आँखा तर्छ र एक शब्द नबोली टाप ठोक्छ। उसले आफ्नो पाठ सिकिसकेको छ।

'छोराछोरी तह लगाउने पुरानो उपाय अझै छाड्नुभएको रहेनछ नि आमा?'

'आनी, मेरी प्यारी... अब तिमी कहिल्यै फर्किन्नौ भन्ने सोचेकी थिएँ!'

आमा फनक्क घुम्दाको क्षण म एकोहोरिएर उहाँलाई नै हेरिरहेकी थिएँ। उहाँको निधारैमा ताजा खत देखियो। आँखावरपरको कालो घेरा झनै बाक्लो भएको रहेछ; अनुहारको आधाजसो भाग ढाकेका चोटहरूमा पाप्रा लाग्दै गएको रहेछ। मैले लिने गरेका चिन्ताहरू सत्य साबित भए : बाले फेरि उहाँलाई चुट्नुभएछ। आनी भएको दिनदेखि मैले कहिल्यै कुटिनुपरेको छैन, साँच्चै छैन; अझ योभन्दा ठूलो कुरा त बाबाट कुटिनुपरेको छैन। चाहे त्यो छोरी नै किन नहोस्, एउटी आनीमाथि हात उठाउने चलन छैन। उनीहरूको शरीरले जतिसुकै पुराना आक्रोशहरूलाई पनि ताजा बनाएर ग्रहण गरिरहेको हुन्छ। त्यसैले बा यो आँट पक्कै गर्नुहुन्न। अर्कातर्फ आमालाई यस

किसिमको कुनै छुट मिल्न सकेको रहेनछ। अब बासँग रिस पोख्न उहाँबाहेक कोही थिएन। त्यसमाथि आमालाई यसो हेरविचार गर्ने म पनि थिइनँ।

मेरा आँखा आँसुले टिलपिल भए। म लोग्नेमान्छेको बेवकुफीपूर्ण दुर्व्यवहारबाट अलग्ग रहँदै आएकी मान्छे! त्यो प्यारो डाँडाबाट तल ओर्लिएपछि फेरि मान्छेहरूको घुऱ्यानमा पुगेकी हुन्छु जहाँ मेरा बाका आफ्नै कानुन लादिएका छन्। म आमालाई पनि यहाँबाट उम्काउन जेसुकै गर्न तयार छु। तर आमाले नै नमान्नुहोला भन्ने छ।

नागी गुम्बामा दुई वर्षसम्म बसेर मैले हासिल गरेको थोरै प्रज्ञा आक्रोशपूर्ण परेलाको एक झम्काइमै बढारिएर कता पुग्यो पुग्यो! मलाई थाहा छ, रिस सबैभन्दा घातक हतियार हो। तैपनि क्रोध यस्तरी हुँडलिएर आउँछ कि सबलाई सिध्याइदिन मन लाग्छ, नदीकिनारका ससाना ढुङ्गालाई पानीको प्रचण्ड प्रवाहले स्वाट्टै बगाएर लगिदिए जस्तो।

जाइ लाग्ने प्रवृत्तिभन्दा बेग्लै श्रद्धा र कृतज्ञतापूर्वक त्यागको लत बसालेकी म ज्ञानी छोइङ यसरी अहिले भुमोको क्रोधोन्मादका अघिल्तिर नतमस्तक बन्न पुगेकी छु। हिजो भर्खर मात्रै म अत्यन्त खुसी र शान्त थिएँ... तर घृणा त मेरो पुरानै साथी हो जुन अझै मबाट अलग भइसकेको रहेनछ।

मैले आमालाई केही सोधिनँ; के भयो भनेर जान्ने चाहना पनि ममा थिएन। भो, मलाई चाहिएन। एक शब्द पनि नबोली म सरासर बौद्ध स्तूपतिर लागेँ। मेरो हातमा सानो झोला अझै झुन्डिएकै रहेछ; मैले बिर्सिएछु। म घरअगाडिको बाटोबाट अन्तै मोडिएँ; परिचित व्यक्तिहरूलाई अभिवादन गर्न पनि भुलेँ। बाटामा म भीड पन्छाउँदै अघि बढेँ; फटाफट फटाफट, कुनै धुनमा सवार, एकाग्र। आनीहरू प्रायः यसरी हतारिएर हिँड्ने गर्दैनन्।

करिब पचास मिटर वरबाटै मैले बालाई देखेँ । शनिबारको घुमफिरमा निस्केका भोटियाहरूको जमातमाऋ त्यो अग्लो ज्यान प्रस्टै थियो । बौद्ध स्तूपछेवैको यो स्थान उहाँहरू सधैँ भेला हुने ठाउँ थियो । उहाँको कपाल पूरै खरानी रङ्गको भइसकेछ । कालो रिबनले बाँधिएको पातलो जुल्फी पछाडिपट्टि कुममा झुन्डिरहेको थियो । उहाँले आफूलाई सबभन्दा मन पर्ने खैरो र सेतो रङ्गका लुगा लगाउनुभएको थियो। चिटिक्क पर्ने मामिलामा मेरा बा निकै सजग हुनुहुन्थ्यो । उहाँ अर्कापट्टि फर्किएर सायद साथीहरूलाई कुनै रमाइलो कथा सुनाउँदै हुनुहुन्थ्यो । त्यो सुनेर त्यहाँ उपस्थितहरू हाँसिरहेका थिए। काँधमा काँध मिलाएर आपसमा अँगालो मारिरहेका लोग्नेमान्छेहरू उहाँतिरै फर्किएका थिए। सबैका हातहातमा सिलाबरकाससाना कचौरा थिए । म अऋ नजिक पुगेँ । मामाले मलाई चिनिहाल्नुभयो । म पक्कै पनि हान्ने राँगो जस्तै भएर उभिएकी देखिन्थेँ। फट्टाइएका खुट्टा, पछाडितर्फ झुकेको टाउको र दाह्रा किट्दै गरेको मुख ।

फनक्क घुमेका बाले मलाई देखिहाल्नुभयो। जाडो महिनाको आकाश जस्तै उहाँको अनुहारको रङ्ग तुरुन्तै फेरियो । नशाले लट्ठिएका आँखा चम्किए। अनि हत्त न पत्त केटाकेटीझैँ मुस्काउन थाल्नुभयो, छोरी देखेर साह्रै खुसी भए जस्तो ।

'छोइङ, मेरी सानी छोइङ ! ए, हेरहेर मेरी छोरीलाई। उनी ठूली भइन् हैन !'

म त्यस दिन उहाँलाई सार्वजनिक रूपले बेइज्जत गरिदिन पनि सक्थेँ । त्यसका निम्ति उहाँ लडखडाएर हिँड्दै गरेका बेला यसो ठेलिदिए पुग्थ्यो । अथवा, उहाँका पाखुरा समाउँदै जँड्याहा र रक्स्याहा भन्दै बेइज्जत गरिदिन पनि सक्थेँ। मैले यस्तै सोचेकी पनि

थिएँ । तर आखिर म अघि बढ्न सकिनँ । आफूभित्रको करुणाले मलाई ध्वाप्लाक्क थिच्यो ।

यो के भएको होला ! साथीहरूप्रति इमानदार, अतिथि सत्कारको भावनाले ओतप्रोत र कला प्रतिभाले सम्पन्न कुनै मान्छे कसरी रद्दी पति र पिता बन्न सक्छ ? योग्यता र क्षमतामा कसैले शङ्का नगर्ने र सारा छरछिमेकले आदर गर्ने व्यक्ति आफ्नै घरको एकान्तमा परिवारका सदस्यहरूसँग आक्रोश पोख्न किन चाहन्छ ? मैले बुझ्नै सकेकी छैन । नबुझेको कुरा कसैले वर्णन गर्ने कोसिस पनि गर्नु हुँदैन ।

मैले उहाँतिर हेरेँ र केही गर्दिनँ भन्ने सोचेँ पनि । मनमा थुप्रिएको हिंसाले मलाई थकाउँदै लैजान थाल्यो । तत्कालै मलाई निद्रामा हिँड्न थाले जस्तो भयो ।

'बा, ए बा । घर जाऔँ । सबै तपाईंलाई पर्खिरहेका छन् ।'

'हो छोइङ, लौ जाऔँ । हेर साथी हो, म कस्तो असल बाउ हुँ जो छोरीले भनेको खुरुखुरु मान्छु ।'

उहाँले एकै सासमा कचौराको रक्सी रित्याउनुभयो र टेबल जस्तो बनाइएको काठको मुढामा आवाज आउने गरी त्यो कचौरा थेचारिदिनुभयो; केहीसँग हात मिलाउनुभयो र आज्ञापालक जस्तो मनजिकै लुरुलुरु आउनुभयो । अरूहरू मुस्काउन थाले ।

बा मातेर लडखडाउँदै हिँड्न खुब मन पराउनुहुन्थ्यो । त्यो दिन पनि त्यसै गरी हिँड्दै गर्दा मलाई अँगालो मार्नुभयो । म चाहिँ ठूलो झोलातर्फ ध्यान दिँदै अलिक सङ्कोच मान्दै थिएँ । मलाई अझै उहाँलाई स्पर्श गरेँ भन्ने महसुस भएकै थिएन, मानौँ मेरो काँधमा बाको नभएर अरू नै कुनै चीजको भारी छ ।

सप्ताहान्तका बाँकी क्षणहरू राम्रैसँग बिते। पहिले घर आएका बेलाझैँ मैले भाइहरूलाई बजार लगेर केही ससाना उपहार किनिदिएँ। मसँग धेरै पैसा त थिएन, तर गुरु र गुम्बामा आउने पाहुनाहरूबाट पाएको पैसाले भाइहरूलाई कम्तीमा नयाँ जुत्तासम्म किनिदिन सक्थेँ। समाजमा साह्रै विपन्न हुनुको पीडा कस्तो कष्टदायक हुन्छ! मैले भेलेे जस्तो अभाव भाइहरूले झेल्नु नपरोस् भन्नेमा म सचेत थिएँ। म हिन्दी सिनेमा हेर्न पनि गएँ र बाटाभरि फच्याकफुरुक गर्दै फर्किएँ। त्यो रात हामी सबैले दाल, भात र मासुको आनन्द उठायौँ। आफन्त, इष्टमित्र अनि तिनका केटाकेटीबारे चर्चा पनि गऱ्यौँ।

राति ओछ्यानमा पल्टेका बेला मेरो नजर छानाभरि लागेको माकुराको जालोमा अडियो; सुत्न सकिनँ। सारा परिवार मस्तसँग घुर्दै थियो। बाको घुराइ त झनै थोत्रो इन्जिन जस्तो सुनिँदै थियो। मलाई अनौठो हाँसो छुट्यो। जे होस्, हामी अरू मान्छेभन्दा फरक पनि त थिएनौँ नि! गुलियोको वरपर झिँगा भन्के जस्तै हामी सबै जीवनमा सङ्घर्ष गरिरहेका छौँ। सोचेँ– मैले आफ्नो जीवनलाई अब अर्कै बाटो दिनुपर्छ। त्यसको अर्थ आफूले पछाडि छाडेका कुराहरूलाई बेवास्ता गर्नु भन्ने चाहिँ होइन।

म छातीभित्र उकुसमुकुस बोकेर उठेँ। दिन पनि सपनामै बित्यो। विगतमा केही गल्ती भएगरेका भए तिनलाई बिर्सने कोसिसमा लाग्यौँ, सबै जना। दिन नढल्दै म बाटो लागेँ। त्यति बेला मेरो मनभरि आफ्नी आमालाई छाडेर जाँदै छु भन्ने छटपटीसमेत थियो। मलाई लैजाँदै गरेको मोटर डाँडा उक्लँदै गर्दा मेरा आत्तिएका हातहरूले प्लास्टिकको झोला च्याप्प समातेका थिए, जसमा मेरा साथीहरूका निम्ति टन्नै खानेकुरा थियो। मोटरको हरेक उफ्राइमा म आत्तिन्थेँ। मेरा मांसपेशीहरू पूरै तनावमा थिए। श्रीमती सुत्केरी हुनै लागेको आत्मालापमा मग्न चालकको ध्यान मेरो बेहालतर्फ पटक्कै परेको

थिएन । त्यो एक घण्टाको यात्रा यस्तो भयो, मानौँ म पूरै एउटा मौसमकै यात्रा गरिरहेकी छु ।

शिवपुरी राष्ट्रिय निकुञ्जको प्रवेशद्वार पुगेपछि मोटरका यातनापूर्ण उफ्राइ बन्द भयो । म गुलाफको झ्याङमा झुसिल्किरा हिँडेसरि बिस्तारै पैदलै उक्लन थालेँ । भाडा तिरेपछि मोटरबाट उफ्रिएर बाहिरिँदा माथि उक्लिने हुटहुटी सुरु भइसकेको थियो । यात्री ओरालिसकेपछि मोटर चाहिँ सहरै फर्कने तयारी गर्न लाग्यो । साँघुरो, कच्ची र हिलाम्मे बाटामा उसको कर्कश आवाज सुनिरहँदा घुमाउनै पनि जुगै लगाउला जस्तो गरिरहेको थियो। अन्त्यमा पहिलो मोडबाटै त्यसका पिलपिले बत्तीहरू हराए ।

सबै पोकापन्तरा तल झारेर म बाटो किनारैको रूखमुन्तिर दौडिएँ र भित्रभित्रै हुँडलिएका सबै थोक निस्कने गरी बान्ता गरेँ । भिजेको भूमिमा हातखुट्टै टेकेर सारा कुरा ओकलेपछि टाउको मास्तिर फर्काएँ र चिच्याएँ : मलाई अब घृणाको कुनै जरुरत छैन । म यसलाई दबाएरै छाड्नेछु । तर जित्छु कि जित्दिनँ थाहा छैन । यो मभन्दा पनि बलियो छ ।

अध्याय ८

बादलभन्दा माथिमाथि

पहिलो पटक देख्दा मलाई उनी मोहम्मद अली हुन् कि जस्तो लागेको थियो ।

पूजाकोठाको झ्यालपारि एक विदेशी कतै गइरहेका थिए। हिँड्दै गरेको त्यो आकृतिले मतिर हेरिरहेको पनि थियो । अफ्रिकी मूलको कुनै मान्छे त्यति मस्तले हिँडिरहेको मैले पहिलो पटक प्रत्यक्ष देखिरहेकी थिएँ । टेलिभिजनमा मात्र लच्किएर हिँडेका यस्ता दृश्य देख्ने मलाई आफ्ना आँखाको विश्वास गर्न कस्तो गाह्रो !

पूजा सकिनेबित्तिकै म दौडेर आन्द्रियास भए ठाउँ पुगें। यी जर्मन नागरिक धेरै वर्षदेखि हामीसँगै बस्दै आएका थिए । उनी हामीले जस्तै तिब्बती भाषा बोल्थे र उसै गरी गुरुनिकटका मान्छेमध्ये पर्थे । हामी बाबुछोरी जस्तै आत्मीयतामा बाँधिएका थियौँ । उनलाई म 'आबागागा' भन्थेँ, अर्थात् हाम्रो भाषामा 'प्यारा बा' ।

'त्यो भर्खरै आएको कालो मान्छे को हो ?'

'अमेरिकी। उनी हामीसँगै केही दिन बसेर टुल्कु उर्गेन रिम्पोछेबाट शिक्षा लिन आएका हुन्। साल्टलेक सिटीमा बस्ने उनको पेसा मार्सल आर्ट सिकाउनु हो ।'

गुम्बामा भएर के भो, म अझै पनि ब्रुस लीकी महाभक्त थिएँ। काठमाडौँमा हुँदा म लडाइँ-झगडाका निम्ति जति उत्साहित हुन्थेँ, दुःखका साथ भन्नुपर्छ, त्यो जोस आनी बनिसक्दा पनि पूरै निमिट्यान्न भइसकेको थिएन।

'उनले मलाई कुङ फु सिकाउनुपर्छ; हो आन्द्रियास, सिकाउनैपर्छ।'

'त्यसो हो भने मेरो सल्लाह मान र उनको राम्रो हेरविचार गर। बिहान सबेरैको नास्ता लिएर जाने गर; दिउँसो पनि उनैसँग बस र वरपर राम्ररी घुमाइदेऊ। उनलाई आफ्नो सेवाले कृतज्ञ तुल्याऊ। म पनि उनीसँग कुरा गर्छु र तिमीलाई केही अभ्यास गराइदिन भन्छु।'

अर्को दिन बिहान सात बजे म उनको ढोका ढकढक्याउन पुगेँ। मैले गुरु बनिदिऊन् भन्ने कामना गरेका यी जेरी गार्डनरले धेरै वर्षदेखि बुद्ध धर्म अँगालेका रहेछन्। गुम्बाको जीवनबारे उनी जानकार थिए। तर उनले म जस्ती आनी चाहिँ आजसम्मै भेटेका रहेनछन्।

'हेलो, तपाईंको चिया यहाँ छ। यो खानुस् र मलाई कुङ फु सिकाइदिनुस्।'

उनले चकित पर्दै मास्तिर हेरे। ओछ्यानमा सुतेकै बेला पनि उनी करिबकरिब मजत्रै अग्ला थिए। उनी असामान्य किसिमकै अग्ला र गठिला देखिन्थे।

'अनि तिमी चाहिँ को हौ नि, सानी नानी?'

'आनी छोइङ डोल्मा। र म त्यति सानी पनि होइन... कम से कम सोह्र वर्षकी भइसकेँ।'

मैले उनलाई आफू यो कला सिक्न कति इच्छुक छु, आफू

कति असल छु, म सानी देखिए पनि वास्ता गर्नुपर्दैन किनभने म केटाहरूजत्तिकै बलियी छु भन्ने जस्ता कुरा बताएँ।

'तिमी गलत उद्देश्यको लागि लडाकु बन्न खोजिरहेकी छचौ।'

'होइन, साँच्चै होइन। त्यसमाथि एउटी आनीले गलत काम गर्दिन भन्ने तपाईंलाई पनि त थाहै छ।'

'लौ ठीक छ, उसो भए म तिमीलाई कुङ फु होइन, चाइनिज बक्सिङ सिकाउँछु। त्यसले तिमीलाई आफ्नो प्रतिरक्षा गर्न र कुनै पनि प्रहारबाट उम्किन मदत गर्छ, तर कसैमाथि आक्रमण गर्न चाहिँ सघाउँदैन।'

र लगत्तै, आन्द्रियासको सानो घाँसे बगैंचामा जेरीले मलाई मार्सल आर्टको पहिलो अभ्यास गराए।

यो ठाउँ गुम्बाको मुन्तिर एउटा कुनामा पर्थ्यो। जेरी र म एकाबिहानै भेला हुन्थ्यौं। कहिलेकाहीँ आन्द्रियास पनि साथ लाग्न आइपुग्थे।

यतिन्जेल बाल्यकालकी सडकछाप लडाकु भुमोका प्रभावहरू अनुहारमा बाँकी नै रहे पनि मेरो शरीरले स्त्रीरूप धारण गरिसकेको थियो। मेरो छाती फुकिसकेको थियो। यसले मलाई साह्रै दिक्क लगाउँथ्यो। मेरो स्त्रीत्व गतिवान् हुँदै आएको थियो भने म बडो मझधारमा फस्दै गएकी थिएँ, आधा केटा आधा केटी जस्तो..., मानौं सिमलका भुवाभित्र छोपिएको पत्रे चट्टान।

एक दिन भान्छामा दिउँसो खाना खाइसक्नेबित्तिकै छुच्ची आनी देखा परिन्। खत बसेको मेरो तालुभित्र धेरै कुरा सलबलाइरहेका थिए। चस्माको फ्रेमभन्दा माथिबाट उनी मलाई घुरिरहेकी थिइन्।

यसरी प्रभावित पारुँला भन्ठानेर कोसँग दुस्मनी मोलिरहेकी छु भन्ने बिचरीलाई हेक्कै थिएन। म ती कातर र दीनहीन आनीहरू जस्ती पक्कै थिइनँ, जो टाउको झुकाएर साउती मार्छन् अनि पछाडि गएर कुरा काट्छन्। म आफूले राम्रै सोचेकी भए पनि सानी र अबोध थिएँ। अर्कातर्फ, दोहोरो ज्यानकी छुच्ची अनि बूढी आनीले भएभरको जुक्तिबुद्धि लगाएर आफ्नो दुनो सोझ्याइसकेकी थिइन्। नियतिले यी आनीलाई उनकै पथमा हिँड्ने बाटो देखाइसकेको थियो, जसलाई म चस्माछेउ देखिएका आँखाहरूमा स्पष्टै पढिरहेकी थिएँ।

'तिमीले के पो गर्नुपरेको छ र? सबै ठीकै त होला नि, हैन छोइङ?'

'हैन, खाइसकेपछि एकै छिन यसो आराम गर्ने समय सबैले पाउँछन्। म त्यही गर्दै छु।'

उनको दाहिने गाला आत्तिएर चाउरी परे जस्तो देखियो। कसैलाई हैरान पार्दा म कहिलेकाहीँको यस्तो आनन्द लिन्थेँ।

म मैनबत्ती बनाउने काम गर्थें। नागी गुम्बामा अझै बिजुली पुगेको थिएन। गएको महिना एक जना मान्छे हाम्रो गुम्बामा भोट माग्न आएका थिए। आउँदो चुनावमा उनले भनेका उम्मेदवार विजयी भए भने तिनले गुम्बामा बिजुली ल्याइदिन्छन् भन्ने उनको आश्वासन थियो। एक बिहान हामीलाई गाउँको स्कुल लैजान बस आइपुग्यो। भोट दिन मेरो उमेर पुगिसकेको थिएन, तैपनि रमिता हेरूँ न त भन्दै गएँ। भोट माग्न गुम्बा आउने मान्छे त्यहीं बसेर हेरिरहेका थिए भने आज्ञापालक आनीहरू उनले भने जस्तै गरिरहेका थिए। धेरैजसो आनी लेखपढ गर्न जान्दैनथे। त्यसैले उनीहरूलाई कसरी सही तवरले भोट दिने भन्ने थाहा थिएन। गुम्बामा बिजुली आउनैपर्छ भन्नेमा भने उनीहरू एकमत थिए।

हामी सबै बिजुलीको पर्खाइमा रहेकै बेला मैले आफ्नै सीप प्रयोग गरेर केही मैनबत्ती तयार पारिरहेकी थिएँ। घरछेउको स्तूपमा जलेर बाँकी रहेका मैनबत्तीका थुप्रै टुक्रा मैले जम्मा पारेकी थिएँ। तिनलाई टिनको भाँडामा राखेर तताउँथेँ। मसँग आफूले जम्मा पारेका औषधिका धेरै सिसीसमेत थिए। धागाको एउटा टुक्रालाई ठ्याक्क बीचमा अड्याएर म तिनै सिसीहरूमा तातो मैन खन्याउँथेँ। त्यसपछि त्यसलाई चिसिन छाडिदिन्थेँ। दुई दिनपछि जब मैन कडा आकारमा आउँथ्यो, म सावधानीपूर्वक ती सिसी फुटाउँथेँ। यसरी मेरो मैनबत्ती तयार हुन्थ्यो। ती छुच्ची आनीले एकएकको हिसाबकिताबमा आफूलाई व्यस्त राखिरहेका बेला म चाहिँ यसै गरी दिन बिताइरहेकी थिएँ। गुरुको सेवामा लागेकाहरूको खानपानका निम्ति दाल, चामल र तरकारी किन्ने काम उनकै थियो।

'मैले टुल्कु उर्गेन रिम्पोछेसँग कुरा गरिसकेकी छु। धन्दा नमान। तिम्रो आनीबानी, दुस्साहस र आन्द्रियासको बगैँचामा हुने गरेको कुस्ताकुस्तीले हाम्रो समुदायमै नराम्रो छाप पारिसकेको छ। गुरु तिमीलाई भेट्न चाहनुहुन्छ र पाँच मिनेटदेखि उहाँ तिमीलाई पर्खँदै हुनुहुन्छ।'

दुष्ट बूढी ! गुरुले यति समयदेखि मलाई पर्खँदै हुनुहुन्छ भनेर उनले मलाई बताइनन्। मैले अन्तिम सिसीमा मैन हालेँ। आफू अधैर्य भएर दौडँदा उनले त्यसको मजा लिऊन् भन्ने म चाहन्नथेँ। मैले उनको छेवैमा टेबलमाथि ताप्के राखेँ।

ढोकासमेत नढकढक्याई म सोझै गुरुको ध्यानकक्षमा पसेँ। केही सातायता, विशेष गरी पछिल्लो पटक काठमाडौँ गएदेखि, म अलिक अप्ठ्यारो महसुस गरिरहेकी थिएँ। एकदमै आत्तिए जस्ती पनि भएँ। अल्छी बन्दै गएकी छु भन्ने मलाई थाहा थियो। पाठ गर्ने बेलामा पनि म आफ्ना भागका अक्षरहरू हतारमा पढ्थेँ, ध्यानै नदिई। सुत्न

जानुअघि साँझको पाठ गर्ने बेलामा पनि म निकै कम एकाग्र भएर काम सक्ने गर्थें ।

गुरुले अलि बेरसम्मै केही भन्नुभएन । त्यतिन्जेल ढोगभेट सकेर सानो धूप बालेपछि म उहाँका चरणछेउ बसिसकेकी थिएँ । घोप्टो परेर बसेकै बेला मैले केही दिनयता आफूभित्र स्वयंले अनुभव गर्दै आएको आँधीतुफान शान्त पार्ने कोसिस गरेँ । भित्रभित्रै थिग्रिएको जस्तो । मेरो बानी नै त्यस्तै ! भित्रभित्रै स्वयं अन्तर्विरोधमा बाँचिरहेकी !

'अन्धकारलाई सराप्नुभन्दा आफूले एउटा दियो बालेको बेस ।'

उहाँ मेरो मैनबत्ती उत्पादनबारे पक्कै बोलिरहनुभएको थिएन । उमेरले कान्छी भएकाले धर्मसम्बन्धी मेरो अभ्यास भ्रूण अवस्थामै थियो । तैपनि गुरुको दीक्षाले मेरो मस्तिष्कभित्र रोपिएको ज्ञानको बीउ फैलिन थालिसकेको थियो । म चुपचाप बसेँ, उहाँको दीक्षा जारी रहोस् भनेर ।

'अरूसँग रिसाएर, कुरा काटेर आफ्नो ऊर्जा र क्षमता खेर फाल्नुभन्दा बरु उनीहरूप्रतिको दृष्टिकोण फेर । अरू खराब छन् भने उनीहरूलाई सहयोग गर । तिमी उनीहरूभन्दा भाग्यमानी छयौ । उनीहरूबाट तिमीलाई केही लिनु छैन भने केही देऊ । तिमी अरूलाई फेर्न सक्दिनौ; त्यसैले आफैँलाई फेर्न सुरु गर । अरूहरूका जुनजुन कुरा तिमीलाई मन पर्दैन, त्यसको ठीक विपरीत हुने गरी स्वयंलाई नै विकास गर्नेतिर लाग ।'

गुरु नचाहिने कुरा कहिल्यै बोल्नुहुन्नथ्यो । उहाँका वचनहरू जड सिद्धान्तमा आधारित हुँदैनथे । कसैलाई सूत्र बताउनुभन्दा पनि व्यावहारिक अभ्यासको बाटो देखाइदिनुहुन्थ्यो । प्रेममा परिपूर्णता, भद्रता, समझदारीपन र तदारुकता यी सबै कुरा उहाँलाई हेरेरै सिक्न सकिन्थ्यो, र मैले त्यही सिक्ने मौका पाएँ । त्यस दिन उहाँले पहिले कहिल्यै सुनाएभन्दा निकै बढी कुरा भन्नुभएको थियो ।

'हो, मलाई थाहा छ। मेरा बाले मभित्र भरिदिएका आक्रोशहरूलाई शान्त बनाउन सक्दिनँ। म उहाँलाई बुझ्नै सक्दिनँ। उहाँ म र मेरी आमालाई पटक्कै माया गर्नुहुन्न। यो अन्यायले मभित्र घृणासहितको पागलपन जन्माइदिने गर्छ। हिंसाले मेरो हृदयमा ठूलो ठाउँ बनाइसक्यो। मलाई माफ गरिदिनुस्। म केही गर्न नसक्ने भएकी छु...'

'बुद्धको शिक्षा तिमीलाई थाहा छ, होइन छोइङ ? सुन...'

गुरुले आँखा चिम्लनुभयो र धम्मपदको श्लोक उच्चारण गर्न थाल्नुभयो। आजसम्म सुरक्षित बुद्ध धर्मको यो सबैभन्दा पुरानो पाठ हो। गुरुको गुनगुन सानो कोठाभरि फैलियो। मैले यसको सदाबहार न्यानोपन आफूभित्रभित्रै फैलिएको महसुस गर्न थालेँ।

हेर त कस्तरी उनले मलाई गाली गरे र पिटे

उनले मलाई भुइँमा पछारेर घिसारे पनि

यी सम्झनाहरू रहिरहनेछन् र तिमी घृणा बोकेर रहिरहनेछौ

यी सबै भावना त्याग र प्रेमपूर्वक बाँच

यो संसारमा,

घृणाले कहिल्यै घृणाको अन्त्य गर्दैन

केवल प्रेमले घृणालाई परास्त गर्न सक्छ

यो परापूर्वदेखि चलिआएको

यो नै कहिल्यै असान्दर्भिक नबन्ने महान् कानुन हो...

बोल्दाबोल्दै गुरु यति पर पुगिसक्नुभएको थियो, उहाँका अन्तिम शब्दहरू साह्रै मधुरा भइसकेका थिए। आँसुका थोपाहरू मेरा गालाबाट सुस्तरी झर्न थाले। म रुन चाहन्थैँ, तर उदास चाहिँ थिइनँ। यो केवल मभित्र उठेको अत्यन्त दह्रो भावनाको ज्वार थियो, जसको प्रभाव आँखाबाट ठेलिएर बग्न थालेको महसुस हुन्थ्यो।

'म तिम्रा बालाई माफ गरिदेऊ भन्दिनँ किनभने उनले त्यस्तो अक्षम्य कुरा केही गरेका छैनन् । मलाई तिम्रो आक्रोश थाहा छ । तर त्यो तिमी वा अरू कसैको लागि पनि राम्रो होइन । यसले तिमीमा नै पीडा थप्दै लैजान्छ र कस्तो हुनेछ भने तिमी अनाहकमा बारम्बार घाइते बन्दै जानेछचौ । तिम्रा बाले तिमीलाई पिटेर मजा पाइरहेका थिए भन्ने तिमीलाई लाग्छ ? बरु मलाई लाग्छ, उनी एक किसिमका रोगी हुन्; आफ्नो आवेगको दास हुन् अथवा त्यससँग लड्न नसक्ने व्यक्ति हुन् उनी । मलाई पक्का थाहा छ, तिमी वा तिम्री आमालाई कुटेपछि उनी उदास हुन्थे । त्यसले उनलाई पीडा पुऱ्याउँथ्यो । तिमी भाग्यमानी छचौ, किनभने तिमीले आफ्ना आवेगहरूको सिकार हुनबाट कसरी जोगिने भन्ने विद्या सिक्ने मौका पायौ । बाको तुलनामा आफू कति भाग्यमानी रहिछु भनेर बरु गर्व गर छोाइड ।'

यी शब्दहरू मेरा कानमा मात्र पर्ने गरी आइरहेका थिए । यीमध्ये आधाउधी मात्र मैले बुझिरहेकी थिएँ । तैपनि यी सारा वाक्यमा मेरो उत्तिकै ध्यान लागिरहेको थियो । किनभने यी शब्दहरू मैले अपार श्रद्धा गर्ने टुल्कु उर्गेन रिम्पोछेका मुखारविन्दबाट निस्किरहेका थिए । मलाई साँच्चै माया गर्ने व्यक्तिका वाणी थिए यी । मलाई थाहा थियो, उहाँले मेरा निम्ति गलत सल्लाह कहिल्यै दिनुहुन्नथ्यो । उहाँ मेरा निम्ति केवल असल कुराहरूको चाहना गर्नुहुन्थ्यो । तर एउटी म थिएँ, जो सधैँ मुड्की कसेर बसिरहेकी हुन्थेँ ।

'सडकमा कुनै बिरामी भेट्यौ भने तिमी के गर्छचौं, भन त ? के तिमी उसलाई सहयोग गर्दिनौ ? फेरि अर्कोतिरबाट हेर्ने हो भने, आफ्नै बाप्रति कुनै दया छैन भने त्यो सडकमा भेटिनेमा चाहिँ किन दया राख्छचौ ? त्यसैले बाले तिम्रो लागि गरेका राम्रा कुराहरूको सम्झना गर्ने कोसिस गर । एउटा कुरो कहिल्यै नबिर्स, उनका सम्पूर्ण कामहरू तिमीलाई नोक्सानै गरूँ भनेर भएका थिएनन् । तिमी भर्खर जन्मेको बेला तिम्रो रक्षा उनैले गरेका हुन् । त्यति बेला एउटा

मुसाले पनि तिमीलाई घिसारेर खाइदिन सक्थ्यो। त्यसपछि उनैले तिम्रो पेट भरिदिएर स्कुल जाने बेलासम्म हुर्काइदिएका हुन्। आज तिमी आफ्नो स्वास्थ्य राम्रो भएकामा मक्ख छचौ भने त्यसमा पनि उनलाई धन्यवाद दिनैपर्छ। उनीमाथि अन्याय नगर। तिमी उनका नराम्रा कुरालाई विचार गछर्चौ भने राम्रा पक्षको पनि हेक्का राख्नैपर्छ।'

मैले आफ्नो ध्यान केन्द्रित गरेँ र स्वयंलाई गुरुको बाटामा हिँडाउने प्रयत्न गर्न थालेँ। त्यो पलको सम्झना हुन थाल्यो, जति बेला मलाई काँधमा बोकेर बा सडक-सडक चहार्नुहुन्थ्यो। यसरी म चाडपर्वहरूमा भेला भएका मान्छेहरूका टाउकामास्तिरबाट उत्सवको रमाइलो लिन पाउँथेँ। दिनरात एक गरेर हानिकारक रसायन, रङ्ग र मूर्तिहरूसँग खेलिरहेका बेला उहाँसँग नाक छोप्ने टालो पनि हुँदैनथ्यो। टोलमै सबैभन्दा मीठो मम पाइने पसलमा आमालाई लिएर उति बेला र अहिले पनि साँझसाँझ जाने गर्नुभएका बालाई पनि मैले सम्झन थालेँ...। यस्ता कुराहरूको सम्झनाले मभित्रको डरलाग्दो बोझ हल्का हुन्छ, आक्रोश शान्त हुन्छ भने म यो कोसिस गर्न तयार थिएँ। म एकदमै थाकिसकेँ।

मैले यी कुरा मनन गर्नु जरुरी थियो। ढोकामा अड्याएको हातले भुइँ टेक्दै म टुल्कु उर्गेन रिम्पोछेका तर्फबाट फनक्क घुमेँ। उहाँ मलाई हेरेर मुस्काइरहनुभएको थियो।

'र यो कुरो पनि बुझिराख, कमल हिलोमा फुले पनि यसको फूल जहिल्यै सफा र सेतो हुन्छ। हाम्रो लागि सबैभन्दा ठूलो चुनौती भनेकै समस्याहरूको केन्द्रमा बाँच्दाबाँच्दै पनि यसैले पिल्सिनबाट मुक्त हुन सक्नु हो। र यही नै स्वतन्त्रताको आनन्द पनि हो।'

ध्यानकक्ष छाडेपछि म ताजा हावामा सास फेर्न बाहिर निस्केँ। रङ्गीबिरङ्गी लुङ्दाहरू आकाशमा यसरी हल्लिरहेका थिए, मानौँ उत्ताल तरङ्गमा बाजाका स्वरहरू फैलँदै छन्। म एक्लै थिएँ। कागहरू मेरो

टाउकामाथिबाट उडिरहेका थिए। अलि पर म घुँडा धसेकी एउटी आनी देख्दै थिएँ, जो भान्छाछेउ बारीमा माटो खन्दै थिइन्। मैले उनको अनुहार खुटयाउन सकिरहेकी थिइनँ। जाडो लाग्दै थियो। म समथर चौरको कुनामा पुगेँ, जहाँबाट पहाडहरू एकान्तमा हराइरहेका देखिन्थे। भिजेको घाँसमै पलेँटी कसेपछि मेरा हत्केलाहरू आफैँ घुमे र घुँडाहरूमा अडिए। यो ठ्याक्कै त्यस्तै थियो जुन मुद्रामा मैले धेरै पटक गुरुलाई देखेकी थिएँ। छुच्ची आनीले भनेको साँचो नै हो, म अल्छी नै थिएँ। र, त्यसको परिणाम भोग्ने म नै पहिलो बनेँ। मैले विरलै कुनै प्रगति गरेकी थिएँ। मैले लड्न सिकेँ। तर सायद मेरा निसानाहरू गलत ठाउँतिर सोझिएका थिए। मैले शरीरलाई कडा बनाएर मात्रै हुने थिएन; मस्तिष्कलाई तेजिलो पनि पार्नुपर्ने थियो।

करिब पचास मिटर पर एउटा चील आकाशको घुर्मैलोमा कावा खाँदै थियो, ठीक मेरो सामुन्ने, बादलहरूभन्दा ठ्याक्कै मास्तिर। गुरुले मलाई भन्नुभएको थियो, मैले चाहेँ भने उड्न पनि सक्छु। तर त्यसका निम्ति मैले पटकपटक ध्यानमा आफूलाई एकाग्र पार्दै लैजानुपर्छ। अब मलाई लाग्दै थियो, ध्यान केन्द्रित गर्न सकेँ भने पक्कै उड्न सक्नेछु। बेचैन दिमागलाई ठन्डा पार्ने कोसिस गरेँ। रेडियोको कान निमोठेर त्यसको आवाज बन्द गरे जस्तै यसलाई शान्त तुल्याउनु राम्रो हुनेछ। मेरा सोचाइहरूले चारैतिर कोलाहल मच्चाउन थाले : बा, *इमरल्डस् फर योर हार्ट* शीर्षक मेरो अङ्ग्रेजी किताब, सहर गएका बेला मैले हेरेको अन्तिम हिन्दी सिनेमा, बितेको साता मात्र हामीसँग बिदावारी भएर हिँडेका जर्मन पाहुना... मैले गुरुले सुत्नुभन्दा अघि गुनगुनाउने गर्नुभएको उहाँको प्रिय मन्त्र पाठ गरेँ। मेरो फोक्सोबाट पातलो वायु भित्र-बहिर गर्न थालेको अनुभव भयो; नसामा उम्लिरहेको रगत बग्न थाल्यो; सुस्तरी मेरो पेट फुल्न थाल्यो; मेरा कुम उचालिन थाले। यसरी बिस्तारै शान्तिको अनुभूति हुन थाल्यो।

हरेकले बुद्ध धर्मको अभ्यास अलग किसिमबाट गर्छन्। यो रहस्यमय अनि व्यक्तिगत गतिविधि हो जुन वर्णन गर्न मलाई गाह्रो हुन्छ। प्रत्येकले हर क्षण कर्मशील हुनैपर्छ; प्रत्येक सेकेन्ड हरेकले ध्यान गर्नैपर्छ र फेरि ध्यानमा लीन हुनैपर्छ। यो मार्ग लामो र कठिन छ, अथाह गहिराइतर्फ बढेको घुमाउरो ढुङ्गे बाटो जस्तो।

हरेक दिन ठूलो ढुङ्गामा बसेर म उपत्यकातिर हेर्ने गर्थें। आफूले सक्दो राम्रोसँग ध्यान गर्थें। जेरी गार्डनर पनि अमेरिका फर्के। घरीघरी उनलाई सम्झन्थें। उनको अनुपस्थितिले जन्माएको फुर्सदले पनि यताउति गर्ने समय दिइरहेको थियो। उड्नुपर्छ भन्ने जस्तो लक्ष्य मैले लिएकी थिएँ, त्यसले मलाई अत्यन्त उत्प्रेरित गरिरहेको थियो। हरेक पटक ध्यान सकिएपछि म गर्दन हल्का मोड्थें र हेर्थें– कतै मेरा दुवैतिर पखेटा उम्रन त थालेनन्? तर अझै पनि मेरो कम्मर त नरमै थियो। मलाई खुसी पार्न हल्का पलाइदिएको भए हुन्थ्यो नि! अघिको चीलले छेउमै खसालेर गएका केही भुवा मात्र भेटें। मेरो आत्माका पत्रहरू दिन-प्रतिदिन उप्कँदै थिए। मलाई अब लडाइँ-झगडामा कुनै चाख थिएन। बरु आफूले पाएका सबै कुराहरू फिर्ता गर्न चाहन्थें। आफू स्वयंले यो अनुभव गरिरहेकी थिइनँ। तर, मैले उचाइ लिइरहेकी थिएँ, आफ्नो हिस्साको बादलभन्दा माथिमाथि उड्न।

अध्याय ९

ठूली छोरी

कागजको नरम पोको खोल्नेबित्तिकै आमाको अनुहारमा आभारको गुलाबी रङ्ग दौडन थाल्यो। त्यो सुनको सिक्री उम्केलाझैं उहाँले हतारमा उठाउनुभयो।

'आहा कति राम्रो ! मेरी प्यारी, किन यो ल्याएकी ?'

'राम्रो त हो तर कसको लागि, आमा ? यो तपाईंलाई गजब सुहाउँछ। तपाईंकै गलामा यो खुल्छ।'

'यो असाध्यै महँगो होला हगि ?'

'तपाईंलाई भनिहालेँ नि, त्यहाँ मलाई मान्छेहरू थुप्रै पैसा दिन्छन्। र, तपाईंलाई खुसी पार्दा म दङ्ग पर्छु। तपाईंलाई रमाएको देख्दा म तपाईंभन्दा पनि बढी खुसी भइरहेकी हुन्छु।'

मैले उहाँको लामो कपाल सरक्क उचालेर गलामा त्यो गहना लगाइदिएँ। पहिलो पटक आमालाई यस्तो विशेष उपहार दिइरहेका बेला म जीवनमै आफूलाई सम्पन्न ठानिरहेकी थिएँ। हाम्रो समुदायका तमाम महिलालाई जस्तै आमालाई पनि सुनप्रति असाध्यै मोह थियो। त्यसभन्दा बढी मलाई उहाँ खुसी भएको देख्ने इच्छा भइरहन्थ्यो।

पाँच साता लामो सिङ्गापुर भ्रमणबाट म भर्खरै फर्किएकी थिएँ। लिम सिउ मेई नाम गरेकी एक शुभचिन्तकको निम्ताले मलाई त्यहाँ पु-याएको थियो। उनलाई मैले धर्मआमा मान्दै आएकी छु। अघिल्लो वर्ष गुरु टुल्कु उर्गेन रिम्पोछेको दर्शन गर्न आएका बेला उनीसँग मेरो भेट भएको थियो। फर्कने बेलामा उनले मलाई सँगै लैजाने रहर गरिन्। तर त्यसका निम्ति मैले गुरुको अनुमति लिनैपर्थ्यो। मलाई संसार घुम्ने साह्रै रहर थियो; खास गरी सिनेमाका पर्दाहरूमा देख्दै आएको दुनियाँलाई आफूले पनि छिचोल्न पाए हुन्थ्यो भन्ने रहर मनमनै साँचेकी थिएँ। तर टुल्कु उर्गेन रिम्पोछे मलाई जान दिने पक्षमा हुनुहुन्थेन। उहाँलाई मेरो चिन्ता थियो। केही महिनासम्मै मैले गुरुका सामुन्ने यो कुराको चर्चा गर्न मात्र होइन, उहाँलाई फकाउन आफ्नो क्षमताले भ्याएसम्मका सबै स्रोतहरू परिचालन गरेकी थिएँ। लगनशील भएर लागिरह्यो भने आखिरमा नपाउने कुरा के छ र? यो गजबको अवसर मेरा निम्ति खडा भयो। मैले निम्तो पाएको एक वर्षजति पछि गुरु केही साताका निम्ति ताइवान जानुहुने भयो। गुरु नै यहाँ नरहेपछि म पनि खाली हुने भइहालेँ। मेरो लगातारको कचकच र ढिपीबाट आजित भइसकेका गुरुले अन्त्यमा मलाई भ्रमणको स्वीकृति दिनुभयो।

यो अद्भुत अवसरले मलाई भित्रभित्रै एक मन तर्साए पनि त्यसभन्दा बढी उत्साहित बनाइरहेको थियो। गुम्बामा केही पाका आनीहरू यसलाई मेरो नयाँ मनमौजी कदम ठहर गर्न थालेका थिए। उनीहरूले यो भ्रमणलाई सजिलै पचाइरहेका थिएनन्। तर यसले के फरक पर्थ्यो र? मैले पहिल्यै बुझिसकेकी थिएँ, मलाई कुनै पनि कुरामा सबैको स्वीकृति कहिल्यै जुट्नेवाला थिएन। केवल गुरुको भनाइले मात्र मेरा निम्ति महत्त्व राख्थ्यो र उहाँ जहिले पनि मलाई नयाँ कुरा सिक्न प्रोत्साहित गर्नुहुन्थ्यो। कसैले पनि यस्तो अवसर छाड्न चाहँदैन।

परिवारको साथ लागेर भारतको यात्रामा एक्लाध पटक गएबाहेक यो मेरो पहिलो यात्रा थियो, जसमा म आफ्नो परिवेशभन्दा टाढा पुग्दै थिएँ। अठार वर्षको उमेरमा बिरानो देशको एक्लो यात्रा !

त्यो विमानयात्राको एकएक पल लामो समय मेरो स्मृतिमा बस्यो, जुन भयावह पनि थियो र आनन्ददायी पनि। आनन्ददायी कुन अर्थमा भने विमान परिचारिकाहरू मलाई असाध्यै माया गरिरहेका थिए। उनीहरूका आकर्षक पहिरन र लोभलाग्दा साना किस्तीमा सजाएर ओसारिने स्वादिला परिकारहरू ! विमानमा रहेका सबै वस्तुको मीठो बास्ना आइरहेको थियो। र यो भयावह पनि भइदियो, किनभने रातको खाना खाएको एकै छिनमा मलाई वाकवाकी लाग्न थाल्यो। शरीरभरि चिटचिट पसिना आउन थाल्यो; टाउको रिँगाउन सुरु गऱ्यो। सारा शरीर मडारिएको केही क्षणमै मैले बान्ता पनि गरेँ। हवाई ज्वरो आएको रहेछ। म एकदमै आत्तिएकी थिएँ। छेउमा बसेका यात्री मलाई वास्ता गरिरहेका थिएनन्, तर उनलाई छोइएला कि भनेर आफैँमा खुम्चिँदै, सुत्दा पनि नसुती र एकदमै चुप्प लागेर मैले यात्रा पूरा गरेकी थिएँ।

विमानस्थलमा मलाई लिन धर्मआमा आफैँ आएकी थिइन्। उनलाई भेट्नेबित्तिकै मेरो असहजता हराएको थियो। सङ्गमरमर ओछ्याइएको भुइँभरि थुपारिएका यात्रीका भारीदेखि पसलमा भरिभराउ विलासिताका सामानसम्म ! सफा लहरमा उभिएका ट्याक्सीहरूदेखि बलिउडका नायिका जस्ता देखिने विमान परिचारिकासम्म ! जताततै झलमल्ल बत्तीहरू, कुरै बेग्लै ! कुन पहिले हेर्ने भन्ने ठम्याउन मलाई गाह्रो परिरहेको थियो। मनभरिको भय र जताततै आशीर्वादपूर्ण मुस्कान छाड्नुपर्दा दुखिरहेको गाला लिएर म विमानस्थलबाट बाहिरिइरहेकी थिएँ।

कारको झ्यालबाट हेर्दै गर्दा मेरो अनुहारमा बाहिरको बतासले छोइरहेको थियो । मेरा आँखा यसरी एकटक दृश्यको आनन्द लिइरहेका थिए, मानौं एकै निमेषको झिम्काइमा पनि यी सबै अलप हुन्छन्। एकातर्फ अत्याधुनिक गगनचुम्बी महलहरू त अर्कातर्फ घरका झ्यालझ्यालमा सुकाइएका लत्ताकपडा देखेर म चकित परिरहेकी थिएँ । सुरुमा त मैले तिनलाई झन्डा भन्ठानेकी थिएँ । झन् त्यो स्वचालित कार धुने स्थान त म बिर्सनै सक्दिनँ। साबुनको फिँजैफिँज भरिएको घुमाउरो डल्लोले बिस्तारै अगाडि बढेर कारैलाई घ्वाप्लाक्क छोप्थ्यो र डरलाग्दो आवाजसाथ अन्धकार फैलन्थ्यो। भुमरीमा परे जस्तो डरलाग्दो अनुभूति ! मलाई यो नयाँ चमत्कारी कुराले पनि हल्लाएको थियो। चर्को गर्मीले पनि मलाई उत्तिकै आश्चर्यमा पाऱ्यो। संसार यतिको उखरमाउलो पनि होला भन्ने मलाई लागेको थिएन। मेरो लामो र बाक्लो आनी पहिरन पसिनाले निथ्रुक्कै भिजेको देखेपछि तेस्रो दिन धर्मआमाले मलाई अलिक पातला लुगा लगाउने सुझाव दिइन् ।

‘आनी, के साह्रो पसिनाले लतपतिएर हिँडेकी ? अलिक सामान्य किसिमको लुगा लगाऊ न। उः यस्तो, हेर त।’

मौलिक पहिरनकै कारण बाटाभरि सबैको अनौठो नजर झेल्दै आएकी मलाई यो प्रस्ताव तत्कालै स्वीकार्य भयो । नेपालमा रातो र पहेँलो रङ्गको आनी पोसाक लगाउनेहरू जतातत्तै भेटिने गर्छन्; कसैले पनि ट्वाल्ल परेर हेर्ने गर्दैनन् । सिङ्गापुरमा त परपरसम्म पनि मान्छेहरू सडकमा मतर्फ घुम्दै र अचम्म मानेर हेर्दै हिँडिरहेका थिए । मलाई अप्ठ्यारो लागिरहेको थियो । धर्मआमाले मलाई भिक्षु रङ्गकै सुरुवाल र आधाबाहुले कमिज किनिदिइन् । यसले मलाई धेरै सजिलो बनायो र सिङ्गापुरका सडकमा म सामान्य पात्र बन्न पुगेँ ।

दिन बित्दै गएपछि मैले पोकापन्तरा कस्ने समय पनि नजिक आउन थाल्यो । त्यहाँ प्रत्येक बिहान म एक अस्ट्रेलियाली गुरुसँग अङ्ग्रेजीको कक्षा लिने गर्थें । ती गुरु *म्याडम डाउटफायर* सिनेमाका नायक रोबिन विलियम्स जस्तै थिए । मलाई अझै बस्ने मन त थियो, तर पाँचहप्ते भिसा सकिएपछि फर्कनुको विकल्प थिएन । मेरा सुटकेसहरू उपहारले भरिएका थिए ।

'अनि सुनाऊ न त, विदेश भनेको कस्तो हुँदो रैछ ।'

मैले आफ्नो यात्राबारे दसौँ पटक वर्णन गरिसकेकी थिएँ । तर बाआमा, भाइहरूका सामु सबै कुरा फेरि भन्न लालायित थिएँ । किनभने सबै यो सुनेर कति रमाउँछन् भन्ने मलाई थाहा थियो । यसरी भन्न पाउँदा म पनि रमाउँथें । धागोले बाँधेर मिलाइएका जस्ता सीधा सडकहरू, पग्लेको चिजमा लटपटिएका ह्यामबर्गर, छोटा फ्रक लगाएका युवतीहरू, भूमिगत मार्गमा ओहोरदोहोर गर्ने मान्छेको सागर, जताततै चम्केका ट्राफिक सङ्केतहरू, समुद्री किनारमा पानीजहाजको हर्नबाट निस्केको आवाज, जताततै एकअर्कालाई चुम्बन गरिरहेका युवायुवती, तारले झुन्ड्याइएका पुलहरू, सडकका हजारौँहजार चिह्नहरू...

'विदेशीहरू सबै दरबारमा बस्छन्, केवल मायापिरतीका, खानेकुराका र रङ्गीबिरङ्गी लुगाका मात्र कुरा गर्छन् भन्ने साँचो हो त ?'

छिमेककै सानी फुच्ची आफ्ना सपना जस्ता कल्पनाहरूबारे वस्तुतथ्य बुझ्ने क्रममा अनायासै प्वाक्क बोलिहालिन् । कहिल्यै विदेश नदेखेका अधिकांश नेपालीझैँ उनको पनि कल्पनामा बाँकी विश्व सिनेमामा देखेको जस्तै रमाइलो संसार थियो । म आफैँ पनि दिमागभरि बुनेको भन्दा बेग्लै दुनियाँ देखेर आश्चर्य मान्दै थिएँ । तर मैले वास्तविकतालाई तत्काले स्वीकार गरेकी थिएँ । त्यहाँका मेरा साथीहरू दिनको दस

घण्टाभन्दा बढी कठोर परिश्रम गर्थे र थाकेर लोथ भई फर्केपछि पनि घरमा राम्ररी आराम गर्न पाउँदैनथे। उनीहरू जहिले पनि कुनै असम्भव लक्ष्यका पछिल्तिर कुदिरहेका देखिन्थे। सिङ्गै उपत्यकालाई आफ्ना पैतालामुनि राखेकी मलाई कस्तो लाग्थ्यो भने मेरा अघिल्तिर उनीहरूको जीवनको घेरा निकै साँघुरो छ। केही दिनको पाहुना भएकी म चाहिँ त्यो विशाल सहरमा एक्लै भौँतारिँदा रमाएकी थिएँ। यसरी म कहिल्यै कल्पना नगरेका भोगाइहरूलाई छिचोल्दै, अनौठा खानेकुराहरूको स्वाद लिँदै र पसलमा सजाइएका सामानहरू नियाल्दै अघि बढेकी थिएँ। सिङ्गापुरको स्पन्दित पार्ने परिवेश मेरो मनमा सधैँभरिका निम्ति बसिरहेको भए पनि घर फर्कने उत्कण्ठा उत्तिकै थियो।

'अनि तिमीले आफ्नो लागि चाहिँ के किन्यौ त ?'

मैले साथीहरूबाट पाएका दुई जोर जुत्ता आमालाई देखाएँ। मलाई जुत्ता असाध्यै मन पर्छन्। वास्तवमा आनी नभएकी भए म फेसनकै मोहमा डुबेकी हुन्थेँ। मलाई सुन्दर कुराहरूको चाह छ। राम्राराम्रा रङ्ग र चिटिक्क देखिने लुगाहरू। मलाई लाग्छ, मभित्र यो गुण बाबाट सरेको हो। मेरो आनी पहिरनले लुगाका मामिलामा धेरै रङ्गहरू समेट्ने अनुमति दिँदैन। त्यसैले आफ्ना चाहनामा रमाउने अलिकति ठाउँ जुत्तामा पाउने गरेकी छु। मलाई सधैँ हल्का, आरामदायी र सरल किसिमका जुत्ता मन पर्छन्। तर ती आकर्षक पनि देखिनुपर्छ भन्नेमा म ध्यान दिने गर्छु। स्त्रीयोचित सौन्दर्य कामनामा मैले पाउने छुटको हद यत्ति मात्र हो। केवल यत्ति !

यो थाहा पाएरै सिङ्गापुरमा बस्ने चिनियाँ मित्रहरूले माया गरेर मलाई नरम छालाले बनेका कलेजी रङ्गका जुत्ताहरू किनिदिएका थिए।

केही बेरदेखि बा एकदमै सोचमग्न देखिनुभएको थियो। आफूले लगाएको नयाँ कमिजको बाहुला नाकको टुप्पामा राखेर उहाँ त्यसको

गन्धबाट बडो आनन्द लिँदै सास फेर्दै हुनुहुन्थ्यो। उहाँलाई मैले फ्रान्सेली अत्तर पनि ल्याइदिएकी थिएँ। अहिले उहाँमा रमाइलो पाराको उन्माद छाएको थियो। वास्तवमै उहाँको दिमाग रन्काउने काम चाहिँ टेबलमा छरिएका हरिया नोटहरूले गरिरहेका थिए। हजार डलर... सबै उहाँका निम्ति। उहाँका आँखा यताउति हल्लिएकै थिएनन्। म पर्खिरहेकी थिएँ, बाले धन्यवाद भन्नुहोला भनेर। केवल एउटा शब्द 'धन्यवाद'। तर त्यो आस गर्नु पनि व्यर्थ थियो, भन्नुभएन।

म बातिर फर्किएँ। उहाँ मैलाई हेरिरहनुभएको रहेछ। हाम्रो मौन दृष्टिमाझबाट हजारौं शब्दहरू ओहोरदोहोर गर्न थाले। उहाँको नजरको भाषा म बुझिरहेकी थिएँ। त्यहाँ गर्व, खुसी, कृतज्ञता छचल्किरहेको थियो। उहाँकी छोरी विश्वकै अर्को कुनाको निम्तो स्वीकार गरेर आएकी थिई, जसले फर्कंदा उपहारको रास बोकेर ल्याइदिई। उहाँलाई एकातिर विश्वास गर्न कठिन भइरहेको थियो भने अर्कातिर उहाँ जानकार पनि हुनुहुन्थ्यो, यस्तो हुनु नै थियो भन्नेमा।

एक महिना दस दिनको सिङ्गापुर बसाइका बेला मैले एकएक पैसा जोगाएकी थिएँ। त्यो सबै त्यहाँ मलाई दानका रूपमा दिइएको थियो। बौद्ध परम्परा अनुसार लामा-आनीलाई भेट्दा दानभेटी चढाउने चलन छ, जसबाट उनीहरूको खर्च चलोस् र बदलामा उनीहरूले पनि ती दानीहरूको कल्याणका निम्ति कामना गरून्। सिङ्गापुरको चिनियाँ समुदाय मप्रति निकै खुसी थियो। यसै कारण एक हजार डलरभन्दा बढ्तै जम्मा भएको थियो। एउटा सिङ्गापुरे साथीबाटै उपहार पाएको रातो खाममा म एकएक गरेर नोट थुपार्थें। नोटको प्रत्येक पत्र थप्दै गर्दा म बाको अनुहार सम्झन्थें– घर फर्केपछि जब उहाँलाई यी नोट दिनेछु, उहाँको चेहरामा कस्ता भावहरू देखिएलान्?

काठमाडौँको धावन मार्गमा जसै विमानका पाङ्ग्राहरू गुड्न थाले, मेरो मनमा एउटै कुरा खेल्न थाल्यो– यो सब पैसा बालाई दिन्छु। खाम दोब्र्याउनै अप्ठचारो हुने गरी भरिएको थियो।

'ई, यो तपाईंको लागि !'

मैले ढोका नटेक्दै खाम बालाई थमाइदिएकी थिएँ। उहाँ अलिक चकित पर्नुभएको थियो।

'मैले भनेँ नि, यो सब तपाईंकै लागि हो।'

विजयको उन्मादलाई मैले सकभर कण्ठमै दबाउन खोजेँ, तर सकिनँ। जिन्दगीमा कहिल्यै आफूलाई यत्तिको गौरवान्वित महसुस गरेकी थिइनँ।

'अब तपाईंहरूले मेरो चिन्ता लिनुपर्दैन। म वाचा गर्छु, अबदेखि म नै बरु तपाईंहरूलाई हेर्छु।'

र, म सत्य बोलिरहेकी थिएँ। गुरुले हामी आफ्ना अभिभावकप्रति सबैभन्दा बढी ऋणी हुनुपर्छ भन्नुभएको थियो। हामीले बाआमालाई माया र सम्मान गर्नैपर्छ। फोहोर पीँध लिएर जन्मेका बेला हामी रोइरहेको सानो डल्लाभन्दा बढी केही हुँदैनौँ। त्यस्ताले अभिभावकको ऋणको भार तिर्नैपर्छ। जति बेला म सुकोमल बालिका थिएँ, त्यति बेला बाआमाले मेरो हेरचाह गर्नुभयो। अब उहाँहरूको हेरचाह गर्ने पालो मेरो ! कुनै पनि बौद्ध धर्मावलम्बीका निम्ति योभन्दा ठूलो पुण्य कर्म अर्को हुँदैन। उहाँहरूले मलाई जीवन दिनुभयो; सबैभन्दा उत्तम उपहार हो यो। यत्तिको महत्त्वपूर्ण वस्तु उहाँहरूलाई मैले दिन सक्ने आखिर कुनै छुँदा पनि त थिएन। त्यसैले उहाँहरूको जीवनको अन्त्यसम्मै मैले सक्दो सबै थोक उहाँहरूलाई दिएँ र त्यस दिनपछि कहिल्यै उहाँहरूसँग एक पैसा मागिनँ।

२०४७ सालताका बाआमा घर सर्ने निश्चयमा पुग्नुभएको थियो। त्यति बेला मैले सक्दो सहयोग गरेकी थिएँ। बाको व्यवसाय राम्रै चलिरहेको थियो। त्यसमाथि हरेक चोटि विदेश जाँदा म उहाँले तयार पारेका मूर्तिहरू बेच्न लैजान्थेँ। चाहे हङकङमा होस् वा ताइवानमा, ती मूर्तिको दाम काठमाडौँमा भन्दा निकै राम्रो आउँथ्यो।

मैले यसरी व्यापार पनि गर्न थालेको गुम्बाका केही आनीलाई मन परेको थिएन। यो समय मलाई किन पनि जटिल बन्न थाल्यो भने उनीहरूले एउटा थेगो जस्तो बनाएर मलाई जिस्क्याउन थालेका थिए, 'व्यापारी आनी।' तर मलाई यस्ता कुनै कुराको पर्बाह थिएन। मेरो मनभित्र आफ्नो परिवारलाई खुसी बनाउने चाहना मात्र बसेको थियो। त्यो वर्ष मैले बौद्धमा अलिक बढी समय बिताएँ। बाले गर्दै आएका काम पनि मैले नै हेर्नुपर्थ्यो। बा यो मामिलामा अलिक गोज्याङ्ग्रो खालको हुनुहुन्थ्यो। उहाँ भएभरको जिम्मेवारी अति विश्वास गरेर फटाहा खालका ठेकेदारहरूको काँधमा हालिदिनुहुन्थ्यो। कार्यस्थलमा उहाँ आफैँ बस्नुको साटो कामदारकै भरोसामा सब थोक छाडिदिनुहुन्थ्यो। तर, म अलिक बेग्लै थिएँ। काम भइरहेकै ठाउँमा आफूलाई तैनाथ गरेर जिम्मेवारी सुम्पने, राम्रा कालिगडहरू भर्ना गर्ने र कसैले गलत फाइदा नलेओस् भनेर चनाखो भई बस्ने गर्थें। बिहान आठ बजेदेखि राति आठ बजेसम्म म कार्यक्षेत्रमै खट्थेँ। मेरो एकाग्रता र लगनशीलता देखेर छिमेकीहरू पनि जिल्ल पर्थे र प्रशंसा गर्न आइपुग्थे। एक दिन एक पुरुष मनजिक आए। बाआमाको छिमेकमै बस्ने हुनाले उनलाई म अलिअलि चिन्थेँ। उनले आफ्नी पत्नीसँगै बसेर मलाई नियालिरहेको कति पटक देखेकी थिएँ।

'तिमी जस्ती छोरी पाउने बाआमा असाध्यै भाग्यमानी हुन् ।'

'धन्यवाद । मैले पनि उहाँहरूको सेवा गर्ने मौका पाइरहेकी छु। यसैमा मलाई आनन्द मिल्छ ।'

'ए... त्यसो पो ।'

उनले अलिक अप्ठचारो मान्दै हात ज्याकेटको गोजीतर्फ लगे। त्यहाँबाट एउटा तस्बिर निकालेर मतिर बढाउँदै मुस्काउन थाले।

'तिमीलाई मेरो छोराको बारेमा भनेको छु कि छैन ? ऊ सिङ्गापुरमा व्यापार गरेर बसेको छ। केटो असल छ। मेरी बुहारी बन्न तिमी तयार छचौ ? म र मेरी श्रीमती तिमी जस्तै मिहिनेती, असल र साहसी बुहारी भित्र्याउन चाहन्छौँ। त्यसमाथि तिमी यस्ती राम्री पनि छ्यौ...'

उनी मुस्काउन थाले। उनको हालत देखेर मलाई पनि हाँसो उठ्न थाल्यो। मैले यसलाई रमाइलो ठट्टाका रूपमा लिने निधो गरेँ, ताकि उनको अनुहारको रङ्ग नउडोस् र हामीबीचका यी दिक्कलाग्दा संवाद पनि चाँडै टुङ्गिऊन्। बीस वर्षको उमेरमा म असाध्यै राम्री थिएँ। यद्यपि म आनी थिएँ, तैपनि मलाई थाहा थियो, केटाहरू मलाई देखेपछि लोभिन्थे। उनीहरूका आँखामा यस्तो भाव म सजिलै पढ्न सक्थेँ। मलाई छरछिमेकका केटाहरूले 'राम्री आनी' भन्ने गर्छन् भन्ने पनि मैले चाल पाएकी थिएँ।

कति पटक कस्तोसम्म भएको छ भने सानै उमेरमा गुम्बा पुगेका आनीहरू तरुनी भएपछि मन फेरिएर गृहस्थीको बाटो समात्न पुग्छन्। लोग्नेमान्छेका आकाङ्क्षाहरूबाट उत्पन्न हुने आकर्षणले त्यस्ता आनीहरू विचार बदल्न बेर लगाउँदैनन्। मलाई थाहा छ, यस्तो प्राय: हुने गर्छ।

तर मेरो मामिलामा यस्तो हुनेछैन । मैले परदेशको यात्रा गर्नुका साथै परम्परागत आनीभन्दा बेग्लै गतिविधि गर्न थालेपछि

बाआमालाई छोरीले धर्मको बाटो त्याग्दै छे कि भन्ने लागेको थियो। मेरा बारे पँधेरे-गफ धेरै हुन थालेका थिए। महिलाहरू अब म धेरै दिन आनी रहन नसक्ने ठोकुवा गर्थे। तर समाजमा आफ्ना अभिभावकलाई खिसीटिउरीको पात्र बनाउने काम मबाट कदापि हुनेवाला थिएन। हाम्रो समाजमा गुम्बामा बुझाइएकी छोरी फर्केर आई भने अभिभावकहरूप्रति हेय दृष्टि राखिन्छ र नाक खुम्च्याउने गरिन्छ। सबैभन्दा महत्त्वपूर्ण कुरो त म कदापि पुरुषको जालमा पर्नेवाला थिइनँ। त्यसमा पनि झन् मेरा छिमेकीका छोरासँग बिहे गर्ने कुरै उठ्दैनथ्यो। बरु नागी गुम्बामै मैले घुम्न आएका एउटा जवान लामा भेटेकी थिएँ, जो असाध्यै सुन्दर थिए। उनलाई मैले तीन या चार पटक देखेकी थिएँ। आफ्ना गुरुसाथ आएका उनी केही दिन गुम्बामै बसे। मैले उनीसँग कहिल्यै कुरा गरिनँ। तर, जबजब हामी एक-अर्कालाई हेर्थ्यौं त्यहाँ थुप्रै भाव आदान-प्रदान हुन्थे। मेरा निम्ति... जे होस्... उनी आकर्षक थिए। चम्किलो छाला र हिउँ जस्ता सेता दाँत !

हामीबीचको सम्पर्क गुम्बामा ओहोरदोहोर गर्दाताका बेलाबखत एउटाको लुगाले अर्कालाई स्पर्श गर्नेमै सीमित थियो। आँखाजुधाइ, आफूलाई कसैले हेरेको अनुभूति गर्दा मनमा लाग्ने हल्का काउकुती, मादक हावा जुन मेरो छेवैबाट बग्दै जान्थ्यो र म त्यसलाई सासले ग्रहण गर्न चाहन्थेँ... उनी देखा परेपिच्छे मेरो मुटुको ढुकढुकी बढ्ने गर्थ्यो। र, मैले आफैँलाई सोधेँ, 'के तैँले चाहेको कुरा यही हो ? यो पुरुषसँग लागेर विवाहित जीवन बिताउने ?' यसको उत्तरका निम्ति मैले धेरै पर्खनैपर्ने थिएन। तत्कालै मेरो दिमागमा जवाफ सलबलाउन थालिसकेको थियो, 'होइन, होइन, होइन !'

मैले आफ्ना कामनाहरूसँग कहिल्यै लड्नुपरेको छैन। किनभने कुनै पुरुषबिना राम्रो जीवन बाँच्न सक्छु भन्ने भावना मेरो अन्तरकुन्तरसम्मै बसिसकेको छ। यो मभित्रको दृढ अन्तर्प्रेरणा पनि

हो। कसैलाई आफूसँग बाँध्नुभन्दा म आफ्नो स्वतन्त्रतालाई धेरै मन पराउँछु।

एक वर्षमै बाआमाको घर ठडियो। यो भने वास्तवमै घर भन्न लायकको थियो। माथिल्लो तलामा कौसी र आमालाई बस्न सानो बार्दली पनि भएको ! भित्री मनदेखि नै म बाआमा यहाँ आनन्दले बस्नुहोस् भन्ने चाहन्थेँ। एउटी आमाले बचेरालाई गुँडमा सारे जस्तै मैले उहाँहरूलाई यो घरमा ल्याएकी थिएँ। मलाई आफू अब वयस्क भइसकेँ भन्ने बोध भइसकेको थियो। उहाँहरूले अब मेरा बारेमा चिन्ता लिनैपर्थेन। जेजस्तो आइपर्छ, त्यसलाई बेहोर्न म सक्षम भइसकेकी थिएँ। त्यसको बदलामा म उहाँहरू खुसीपूर्वक रहेको मात्रै हेर्न चाहन्थेँ। बस खुसी, जसले हामी सबैलाई निर्धक्क बाँच्न दिनेछ।

अध्याय १०

संवेदनाका बाँधहरू

गुम्बाछेउको बाक्लो घाँसे मैदान। म हातखुट्टा फैलाएर उत्तानो परेकी थिएँ। शिरमाथि सोझै आकाशमा ससाना हजारौँ ताराको किरिमिरी! यस्तो लाग्दै थियो, मानौँ यो रात शान्त आकाशको सुन्दरताले मलाई बगाएर कतै अन्तै पुऱ्याइरहेको छ।

म केमा पक्का छु भने नेपालबाट हेर्दा जस्तो सुन्दर आकाश विश्वका अरू कुनै कुनाबाट देखिँदैन। यो डाँडामा बस्न थालेको सात वर्ष बित्यो र सात वर्षदेखि नै मेरा रातहरू मलाई आँसुमा डुबाएर जाने गरेका थिए। उत्तानो परेको ज्यानलाई बिस्तारै उठाएर बस्दा ताराहरू तल सहरका बत्तीमा गएर मिसिन थालेको आभास भयो। सहरको सुन्दरता मेरा पाउमुनिको मखमली गलैँचा जस्तो लाग्यो, मानौँ आकाशले घेरिएकी म हावामा तैरिँदै छु। यो वन्य ताजापनको अनुभूतिपछि म आनीहरू तारा, ज्ञानतारा र आङ्काका साथ आजको दैवी रातको थप आनन्द लिन गुम्बाभित्रैको भान्छातर्फ लागेँ। आफूभित्र यस्तो शान्ति मैले पहिले अनुभव गरेकी थिइनँ। लगातार तानेको लामो सास छातीभरि जम्मा पार्दै चैनपूर्वक छाडिरहेँ। आफूलाई कसैले नदेखेको रातको बेला म गीत गाउन मन पराउँथेँ।

मेरो आवाज गह्रौँ थियो । सोझै तारालाई सम्प्रेषित स्वर छेउछाउमा बस्नेहरूका निम्ति चाहिँ साह्रै अनौठो सुनिने गर्थ्यो ।

'मलाई लाग्छ, उहाँमा हिजोभन्दा सुधार देखिएको छ ।'

ज्ञानताराको गम्भीर आवाजले त्यहाँको शान्ति भङ्ग गर्‍यो ।

'रक्तचाप पनि ठीक छ र मधुमेहको स्तर पनि सन्तुलित छ ।'

केही महिनायता टुल्कु उर्गेन रिम्पोछेको स्वास्थ्य निरन्तर ध्यान दिनुपर्ने अवस्थामा पुगेको थियो । उहाँलाई मधुमेहबाहेक उच्च रक्तचापले पनि समातिसकेको थियो । अङ्ग्रेजीमा मेरो दखलका कारण म औषधिका मात्राहरू मिलाउन सक्थेँ । त्यसैले ममा नर्सको भूमिकासमेत थपिएको थियो । खाना खानुअघि बिहान-बेलुकै उहाँको रक्तचाप जाँच्नु र इन्सुलिनका सुईहरू लगाइदिनु मेरो जिम्मेवारी भयो । गुम्बामा सात वर्षदेखिको प्यारो सानो कोठा मैले यिनै कारणले गर्दा छाड्नुपर्‍यो । एक साताअघि मात्र साथीहरूले मेरा सरसामान गुरुको कोठाभन्दा केही मिटर परको कोठामा पुर्‍याइदिएका थिए, चामलका ठूला बोराहरूमा खाँदेर । नरमाइलो लागिरहेको थियो, कोठा छाडेकामा भन्दा पनि आफूलाई भौतिक कुराहरूबाट अलग्याउँदै लैजानुपरिरहेकामा । तर, मलाई गुरुको चिन्ता पनि उत्तिकै थियो । उहाँलाई ससाना कुराहरूका निम्ति पनि मेरो आवश्यकता पर्न थालेको थियो । उहाँका निम्ति उपयोगी बन्ने यो अवसरले मलाई खुसी तुल्याएको भए पनि अन्ततोगत्वा नतिजा के हुनेछ भन्ने मलाई थाहा थियो । गुरुले सत्तरी वर्ष नाघिसक्नुभएको थियो । तर, म सधैँ उहाँलाई त्यस्तै पाउँथेँ जस्तो पहिलो भेटमा देखिनुभएको थियो । पहिलो पटक भर्खर गुम्बामा आएका बेला एघारवर्षे फुच्ची नजरबाट मैले देखेको त्यो दृश्य कहिल्यै फेरिएन ।

'हिँड सुत्न जाऔँ; पाँच घण्टामै उठ्नुपर्छ ।'

गुरुको सेवामा खटाइएका हामी सबै सैनिकको जस्तो अनुशासनमा बाँधिएका थियौँ । म बिहान साढे तीन बजे उठिसक्थेँ । एउटा भँगेरो कोठाको झ्यालैमा बस्न थालेको थियो । हरेक दिन उठ्ने बेला भयो कि ठूलो स्वरले चिरबिर गर्न थाल्थ्यो । अलार्म घडी जस्तो ! अँध्यारैमा म मैनबत्ती लिएर गुरुको कोठामा पुगिसक्थेँ (त्यतिन्जेल गुम्बामा बिजुली आइसकेको थियो, तर म सबैलाई जगाउन चाहन्नथेँ) । उहाँ ध्यानमा बसिसक्नुभएको हुन्थ्यो । बिमारले कमजोर उहाँको हलचल नियन्त्रित हुँदै गए पनि ध्यानमा विचलन आएको थिएन । मैले उहाँको रक्तचाप र मधुमेहको स्तर नापेँ । पहिलेपहिले मलाई रगत देख्दा दिक्दार लाग्थ्यो, तर केही समययता त्यतातिर ध्यानै नदिई स्वचालित रूपले सबै काम फत्ते गर्न थालेकी थिएँ । सबैभन्दा पहिले उहाँको दाहिने हातको औँलो सफा गर्थेँ; त्यसपछि तुरुन्तै च्वास्स घोचेर प्लास्टिकको सानो टुक्रामा रगत चुहाइदिन्थेँ । त्यो प्लास्टिकको टुक्रा मेसिनमा राखेर एक छिन पर्खिनुपर्थ्यो । म डाक्टरले सिकाएकै तालमा सक्दो चाँडो सुई लगाइदिन्थेँ । यति गरिसकेपछि मैले त्यस दिनको रेकर्डलाई नोटबुकमा उतार्नुपर्थ्यो, जसले शरीरमा केकस्तो प्रगति भइरहेको छ भन्ने ठम्याउन मदत गर्थ्यो । त्यसपछि मात्र उहाँलाई खाना दिने अनुमति थियो । उहाँका भान्छेले तयार पारेका सातुको जाउलो दिन्थेँ । आलु, भात र गुलिया परिकार लगभग निषेधित थिए ।

यी गतिविधि कहिलेकाहीँ अत्यन्त एकान्त र मिर्मिरेमै सम्पन्न भइसक्थे । कुनैकुनै बेला चाहिँ ती काम सकिनुअगावै आन्द्रियास आइसकेका हुन्थे । म आश्चर्यमा पर्थेँ, उनी कुन बेला सुत्छन् भनेर । उनी गुरुका छोरा जस्तै थिए । र, साथसाथै गुरुका अभिभावक जस्तो चासो पनि देखाउँथे ।

जस्तै बिरामी परे पनि गुरुका कुरा चाहिँ उस्ताउस्तै थिए। उहाँको कुनै बानी बदलिएको थिएन। अझै पनि उहाँमा भद्रता, माया, उदारता र सहनशीलता जस्ता गुणहरू उत्तिकै भेटिन्थे। उहाँ सबैका बारेमा चिन्ता लिनुहुन्थ्यो र प्रत्येकका बारेमा सोध्ने गर्नुहुन्थ्यो। बेलुकीपख ध्यानकै बेला जब हामी उहाँका हात र खुट्टामा हल्का तेल मालिस गर्थ्यौं, उहाँ पहिले जस्तै आफ्ना जवानीका कथाहरू सुनाउन थाल्नुहुन्थ्यो, जसमा उहाँका भुटान र ल्हासाका यात्रा वर्णन समेटिएका हुन्थे। भोटभन्दा परको भूमिमा बितेका क्षणहरू, उदाहरणका निम्ति नेपालसँगको सिमानानेरै अवस्थित नुब्रीको गुम्बा। पुराना दिनहरूको बेलीविस्तार लगाइरहेका बेला प्रायः गुरुमा त्यस उमेरमै पुग्दाको रौसेपन देखिन्थ्यो। कति रमाइला थिए त्यस्ता क्षण!

नुन चिया सुर्क्याइसकेपछि म ओछ्यानमा फर्किन्थेँ। आफ्नो कम्बलभित्र छोपिँदा मलाई साह्रै आनन्द लाग्थ्यो। मजत्तिकै उमेरदार मेरो कम्बल समयको छापसँगै नरम पनि बन्दै गएको थियो। ओछ्यानभित्र घुस्रिएको मौकामा म आफ्नो उन्मुक्त र सुकुमार रातलाई केही बेर फेरि लम्ब्याउने प्रयत्न गर्थें। अन्धकारले साथ दिइरहेका बेला र कसैको चालचुल नसुनिएका बेला जे होला होला भनेर खुसुक्क एकै छिन आँखा चिम्लनुमा के नै गल्ती हुन्छ र? यी सारा प्रयत्नका बावजुद मृत्यु साक्षात् सत्य भएर अगाडि आइछाड्छ। यो कुरा सबैले बुझेको भए पनि आनी आङ्माबाहेक कसैले उल्लेख गर्दैनथ्यो।

'गुरुलाई मृत्युसँग ठ्याम्मै डर छैन भन्ने तिमीलाई लाग्छ?'

उनले यसो भन्नेबित्तिकै मैले छक्क परेर हेरेँ। हामीबीच चर्चै नहुने यस्तो कुरा उनले कसरी भन्न सकेकी होलिन्! गुरुको उपचार

अवधिभर मैले उहाँको मृत्युबारे कहिल्यै सोचिनँ। बरु बिमार चाँडो निको हुन्छ भन्नेमा मात्र मेरो ध्यान केन्द्रित थियो। मेरो हेराइमा उहाँ रोगी हुनुहुन्थ्यो र हामी त्यहाँ उहाँको रोग निको पार्न खटिएका थियौँ; यसबाहेक मेरो मनमा केही थिएन। यसका निम्ति मैले भगवान्को प्रार्थना पनि गर्ने गरेकी थिएँ। मलाई थाहा थियो, यस पटक गुरुलाई बढी सास्ती भइरहेको थियो। मेरो दिमागले अर्कातिर सोचिरहेका बेला यस पटक चाहिँ निको पार्न बढी मिहिनेत गर्नुपर्छ भन्ने लाग्न थाल्यो। त्योभन्दा पर मैले केही सोचेकी थिइनँ। यस्तो बेला आनी आङ्गाका कुरा सुन्दा मलाई उनको सोचाइप्रति उदेक लागेको थियो।

'हो, उहाँलाई डर छैन। गुरुलाई राम्ररी थाहा छ, मानव शरीर नश्वर छ र मृत्यु यसकै एउटा सामान्य प्रक्रिया मात्र हो। उहाँले यही कुरो अघि बिहान पनि गर्नुभएको थियो।'

बुद्ध धर्मको अभ्यास गर्नेहरू मृत्युसँग त्यति डराउँदैनन्। यसलाई जीवनको सत्य ठान्छन्। मृत्युलाई यसरी आत्मसात् गर्नुको कारक त्यो अतुलनीय शक्ति पनि हो, जसले मान्छेलाई हृदयको गहिराइतर्फ चियाउन मदत गर्छ र अनावश्यक कुराहरूबाट अलग्याइदिन्छ। धेरैका निम्ति मृत्यु स्वीकार गर्नु र आफ्नो जीवनको सार बुझ्नु आध्यात्मिकतासँग स्वयंलाई अरु नजिक्याउने माध्यमसमेत हो। यसरी हेर्दा मृत्यु परम मित्र हो।

'आऊ आऊ, अब सुत्ने बेला भयो। धन्दा नमान, जे हुन्छ राम्रै हुन्छ।'

अरूलाई आश्वस्त पार्न खोजे पनि त्यो रात म सुत्नै सकिनँ। गुरुको रातभरिको असहज श्वास-प्रश्वास मेरा कानमा बजिरहेको थियो। डाक्टरहरू, जसमध्ये केही शिष्यसमेत थिए, आउँथे र सहज

मुस्कानसहित सामान्य अवस्थाको प्रत्याभूति दिलाउन खोज्थे। हरेक पटक उनीहरूले त्यो सानो ध्यानकोठा छाड्ने बेला गुरु अझै तन्दुरुस्त रहनुभएको र लामो समयसम्म हाम्रो साथमा रहनुहुने जस्ता सान्त्वनाका शब्दहरू सुनाउँथे। यसैलाई सत्य ठानेर रमाउनुबाहेक अरू कुनै विकल्प पनि थिएन। अरू कुनै कुरा हामी सोच्न पनि त सकिरहेका थिएनौं !

अहिले आएर सोच्छु, यस्तो क्षण भनेको भुवा जस्तै उड्ने बादल हो। त्यो बेला कसैले पनि कुनै कुरा थाम्ने वा नयाँ मोड लिने फैसला गर्नै सक्दैन। यो मेरा निम्ति अझ कष्टकर क्षण किन पनि बन्दै थियो भने उता बौद्ध घरतिरका समस्या पनि यति बेलै ओइरिन थालेका थिए। नयाँ घरमा बाआमाले व्यवस्थित बसोबास थाले पनि उहाँहरूबीचको झैझगडा अझ चुलिँदै गएको थियो। हरेक दिन झगडाको खबर दिन उहाँहरू मलाई फोन गरिरहनुहुन्थ्यो। बासँगको आक्रोश मत्थर भए पनि उहाँलाई सम्झाउने भूमिका थपिएको थियो। त्यसैले जबजब उहाँहरूबीच द्वन्द्व सुरु हुन्थ्यो, मलाई फोन गरेर आफ्ना कुरा सुनाउन थालिहाल्नुहुन्थ्यो, मानौं म यस्ती मध्यस्थकर्ता छोरी हुँ जसले उहाँहरूबीचको लडाइँलाई तुरुन्तै साम्य पारिदिन्छे अनि महाभारत चल्दै गरेको घरमा फेरि शान्ति छाउँछ। थाहा छैन, कति पटक मैले गुम्बामा गरिरहेको काम जस्ताको तस्तै छाडेर तल बौद्धतिर कुद्नुपरेको थियो, बाआमाबीच युद्ध विराम गराउन। हरेक पटक त्यही कथा दोहोरिन थालेपछि मैले गन्न पनि छाडिदिएँ। कुनै सानो कुरामा चित्त बुझेन भने पनि बाको पारो चढ्न थाल्थ्यो र उहाँ त्यसको आवेग आमामाथि थोपर्न खोजिहाल्नुहुन्थ्यो। पछिपछि पिटाइ नै गरिहाल्ने कामभन्दा पनि मानसिक रूपले यातना दिने उपायहरूतिर उहाँ लम्किनुभएको थियो; जस्तो– अपमानित गरिदिनु, खिल्ली उडाउनु र वरपर भएका सामानहरू तोडफोड

गरिदिनु। आमा फोन गर्दा बेलाबेला सुँकसुँकाउनुहुन्थ्यो। एक पटक म घरमा उपस्थित हुनेबित्तिकै बाको आक्रोश साम्य हुन्थ्यो। र, मैले बिताउने तीन दिनभरि फेरि त्यहाँ केही हुँदा पनि हुँदैनथ्यो। म छेउछाउ भएका बेला बा त्यसैत्यसै दङ्ग परिरहनुहुन्थ्यो।

यो अवस्थाले मलाई थप यातना दिइरहेको हुन्थ्यो। कहिलेकाहीँ म मनको बह गुरुलाई कहन्थेँ। कस्तो लाग्थ्यो भने ममाथि दुई जना उपद्रचाहा नाबालकको जिम्मा छ, जसले म पर हुनेबित्तिकै लडन्त-भिडन्त सुरु गरिहाल्छन्। मानौँ म त्यस घरकै अब एक्लो वयस्क हुँ जसमाथि सबैलाई हेर्नुपर्ने दायित्व छ। कस्तो निसास्सिँदो बनाउँथ्यो मलाई, विशेष गरी छरछिमेकीले काट्ने कुराहरूले, जसमा मेरो परिवारको चर्चा बढी हुने गर्थ्यो! आमाको रोइकराइ र बाको आक्रोश त्यस्ता चर्चाहरूको मूल विषय बन्ने गरेको मैले सुन्ने गरेकी थिएँ। त्यसले मलाई भित्रैसम्म गलाउँदै लैजान्थ्यो। गुरु यी कुरा ध्यानपूर्वक सुनेर ममा धैर्य धारण गराउने कोसिस गर्नुहुन्थ्यो। उहाँ मेरो शिरमा हत्केला राखेर विनम्रतापूर्वक यसरी थपथपाउनुहुन्थ्यो, लाग्थ्यो, त्यसमा संसारभरिकै आत्मीयता समेटिएको छ। उहाँको अपार समर्थनले मलाई आफू यी सारा झमेलाबाट मुक्त भइरहेकी छु जस्तो लाग्थ्यो। उहाँका पाउमा लमतन्न परेर म कहिलेकाहीँ आँखाबाट तातो पानी बगाइरहेकी हुन्थेँ। उहाँ मलाई सुमसुम्याएर हल्का पारिदिनुहुन्थ्यो।

'आफ्ना बाआमाको हेरविचार गर्न पाएकोमा आफूलाई भाग्यमानी ठान। तिमी उनीहरूभन्दा केवल एक घण्टाको दूरी पर छयौ र जहिले आवश्यक पर्छ घर जान स्वतन्त्र छयौ। यो कहिल्यै नबिर्स, तिम्रा बा दुष्ट होइनन्, बरु उनी एक किसिम्का रोगी हुन्। आफ्नै आवेगहरूको सिकार भएको रोगी।'

'तर गुरु, तपाईं यस्तो बिरामी हुनुहुन्छ । र, म यो अवस्थामा तपाईंलाई एक छिन पनि छाड्न चाहन्नँ ।'

'तिमीले मेरो यथेष्ट सेवा गरिसकेकी छ्यौ, छोइङ । मेरो बारेमा धेरै चिन्ता लिनुको साटो मन हल्का पारेर आफ्ना अभिभावकहरूलाई समय देऊ ।'

गुरुलाई धन्यवाद दिनैपर्छ । सायद बिस्तारै थपिएको उमेरले पनि होला, मैले आफूभित्र उदारता बढ्दै गएको पाउन थालेकी थिएँ । आनीबानीमा भएका परिवर्तनले स्वयंलाई यस्तो सङ्केत दिने गरेका थिए । म अरूलाई काम लाग्ने मान्छे हुन सक्छु भन्ने आभास भइरहेको थियो । कुनै पनि मान्छेभित्र करुणा जाग्नु पहिलो चरण हो भने अरूलाई उनीहरूको भोगाइबाट मुक्त पारिदिन सक्नु अर्को खुड्किलो । म यही दोस्रो चरणमा प्रवेश गर्न लागिरहेकी थिएँ । मानिसहरूले मनोविश्लेषणका बारेमा कुरा गरेको मैले सुनेकी छु । यो के हो भन्ने ठ्याक्कै थाहा छैन, तैपनि विदेशी मित्रहरूसँगको बहसबाट मलाई के महसुस भएको छ भने गुरुसँग जुन कुराहरू मैले सिकेकी थिएँ त्यो मनोवैज्ञानिक परामर्श नै थियो । यसका माध्यमले व्यक्तिविशेषको हरेक विशेषताको पहिचान गरेर उसका समस्या केलाउने र त्यसबाट निकास दिने उपाय सुझाउन सकिन्छ । आगोको स्वभाव तातो, पानीको स्वभाव चिसो, दिनको स्वभाव उज्यालो यी सजिलै बुझिने कुरा हुन् । ध्यानले व्यक्तिको प्रत्येक अवस्थाको स्वभाव पत्ता लगाउन मदत गर्छ । असहज परिस्थितिबाट उसलाई निकासको विन्दुतिर ल्याउन सकिन्छ भन्ने मान्यता यसमा हुन्छ ।

मैले छुच्ची आनीसँग लडाइँ-झगडा गर्न बन्द गरिदिएँ । त्यसै गरी बेसोमती अन्य दिदीबहिनीसँग पनि अल्झिन छाडिदिएँ । किनभने यसले गुरुलाई अप्ठ्यारो हुन्थ्यो ।

'यो त अति भयो !' आनी आङा एक दिन रुकिँदै मछेउ आइन्।

प्राय: सधैँझैँ त्यो चम्किलो मध्याह्न थियो; म अङ्ग्रेजी भाषाको अभ्यास गर्दै थिएँ। फुर्सद पाउनेबित्तिकैको यो मेरो नियमित क्रियाकलाप थियो। मलाई यो भाषा बोल्ने इच्छा थियो र आफ्नै पाराले सिक्दै पनि थिएँ। त्यस दिन म घाँसे मैदानमा पल्टिएर आयरल्यान्डका पाहुनाले दिएको सचित्र उपन्यास पढिरहेकी थिएँ। एक त प्रेमगाथा, त्यसमाथि तिनका तस्बिरहरूको मदतले सजिलै बुझिने भएकाले यो किताब मन परिरहेको थियो। आनी आङा रिसले रातोपिरो हुँदै मेरो छेवैमा लम्पसार परिन्। एउटी आनीले उनलाई भात पकाउन चामल दिन मानिनछिन्। उनीहरू एकअर्कासँग बाझाबाझ गरिरहेका थिए।

मेरा साथीहरू आफ्ना भावना पोख्न मछेउ आइरहन्थे। मलाई त्यस्तो विशेष नठान्न म उनीहरूलाई सम्झाउन पनि खोज्थेँ। मान्छे परिवर्तन हुँदो रहेछ भन्ने कुराको उदाहरण आफैँ बन्दै गएकी थिएँ। सधैँ हँसिलो र तरोताजा, नाच्न-गाउन तयार अवस्थामा रहने मलाई थाहा थियो, उनीहरूमाझ म रमाइलो व्यक्ति थिएँ। परम्परागत पाराका आनीभन्दा बेग्लै।

'आफ्नो लागि खुसियालीको जग बसाल्ने हामी स्वयंले हो। यो दुनियाँमा नराम्रा र अरुचिकर कुरा हुनबाट हामी कसैले रोक्न सक्दैनौँ। तर, त्यसलाई कसरी हेर्ने भन्ने कुराको निर्धारण चाहिँ हामी गर्न सक्छौँ। हामीभित्रै त्यो शक्ति छ। हामीले आफैँलाई प्रेम गर्न थाल्ने हो भने बाँकी सबै ठीक हुन्छ।'

'त्यो व्यावहारिक छ र ?'

'छ। जस्तो कि, कसैले तिमीलाई उत्तेजित पाऱ्यो भने क्रोधको आगोमा जल्नुको साटो तिमी आफैँले त्योभन्दा अझ बढी आक्रोशित

पार्ने वा तिमीलाई उदास बनाउने घटना सम्झ । यी दुवैलाई तौल र यिनीहरूबाट हुने फाइदाको पहिचान गर । जीवनलाई त्यसै गरी हेर जसरी एउटा नयाँ बजार भेटेपछि व्यापारीले विश्लेषण गर्छ । यसमा जाँदा तिमीलाई कति नाफा-नोक्सान हुन्छ र त्यसमा जाँदा कति नाफा-नोक्सान हुन्छ भनेर हिसाब गर । के यसबाट तिमीलाई लाभ हुन्छ ? के तिमी बढी खुसी जित्छचौ ? अरू बढी पीडित हुनबाट स्वयंलाई छुटकारा दिलाउन सक्छचौ ? यिनको उत्तर नकारात्मक आउँछ भने त्यतातिर जाँदै नजाऊ। सजिलो उपाय यही हो ।'

यो व्यापारी उपाय सुनेपिच्छे आनी आङा मरीमरी हाँस्थिन् । म उनलाई हँसाइरहेकी हुन्थेँ, तर गम्भीरताले अटेसमटेस भएर । मैले आफ्नो जीवनलाई नयाँ ढङ्गले हेर्न थालिरहेकी थिएँ । शान्त र द्वेषरहित हुने कोसिसकै बीच समयका पानाहरू पल्टँदै गएका थिए ।

गुम्बाको माहौल फेरिँदै जान थालेको थियो । मलाई थाहा थियो, खतरा बढ्दै गएको छ । गुरुका परिवारजन पनि हामीसँगै बस्न आइपुगेका थिए । उहाँका छभाइ छोरा, नातिनातिना र बुहारीहरू पनि । नजानेरै मभित्रको एउटा हिस्साले भन्न थालेको थियो– अब अन्तिम गणना सुरु भइसक्यो । हृदयले यसलाई स्वीकार नगरे पनि मेरा आँखा र कान वरपरको वातावरण झेल्न विवश हुँदै गएका थिए। धेरै कुरा अर्कै लाग्न थालेका थिए। राति म गुरुको ओछ्याननजिकै अर्कातर्फको भित्तामा टाँसिएको बिछ्यौनामा सुतेकी हुन्थेँ । गह्रौं सासले गर्दा गुरु आरामले निदाउन सक्नुहुन्थेन । उहाँको फोक्सोमा पानी जमेको थियो, जसले श्वास-प्रश्वासमा अवरोध उत्पन्न गरिरहेको थियो। गुरु मृत्युनजिकै पुग्नुभएको छ भनेर

गुम्बाका प्रत्येक व्यक्ति तर्सिएका थिए। मलाई थाहा थिएन, आउने समय मैले कसरी झेल्न सक्नेछु।

'यहाँ आउने यत्रा पाहुनाहरूको खानपिनको बन्दोबस्त कसरी गर्ने ?'

आन्द्रियास, म र अरू दुई आनी मेरो कोठामा भेला भएर छलफल गर्दै थियौं। नेपाल र वरपरका समेत उच्च बौद्ध गुरुहरूको भेला भइरहेको थियो। गुरुहरू पृथ्वीका चारै कुनाबाट आएका थिए; जस्तो– भारत, जर्मनी र अमेरिकाबाट पनि। सबै जना टुल्कु उर्गेन रिम्पोछेप्रति आदर जनाउँदै एवं दीर्घजीवनको कामना गर्दै दर्शनका निम्ति आएका थिए। डाक्टरहरूले चाहिँ उहाँलाई राम्रो गर्दैन भनेर भेटघाट निषेध गरिदिएका थिए। ठूला गुरुहरूले मात्र भेट्ने मौका पाइरहेका थिए। बाँकीको हकमा के गर्ने भनेर हामी सोचविचार गरिरहेका थियौं।

'यी मान्छेहरू मलाई टाढाटाढाबाट भेट्न आएका हुन्। यस्तो आदर पाउने म को हुँ जसले कम्तीमा उनीहरूलाई भेट पनि नदेओस्? म जस्तो सामान्य मान्छेलाई भेट्न नागी गुम्बासम्म आउने प्रत्येकसँग भेट्छु। उनीहरूमध्ये कसैलाई पनि निराश पार्न चाहन्नँ।'

आफू भनेरै लामो यात्रा तय गरेर आएकाहरूलाई नभेट्ने कल्पना पनि गुरु गर्न सक्नुहुन्थेन। ध्वनिको मात्रा घट्दै गएको उहाँको आवाजमा फुसफुसाहट मात्र थियो, तैपनि उहाँको इच्छाशक्ति अझै उत्तिकै प्रबल देखिन्थ्यो। उहाँमा जति करुणा थियो त्यत्ति नै विनयशीलता पनि। भर्खरै मात्र हामीले यी भेटघाटलाई सुचारु गर्ने अनुमति पायौं। तर हामीले डाक्टरी आदेश पनि पालना गर्नैपर्थ्यो।

उहाँले आफ्नो महानता कायम राख्नुभए पनि हामीले विज्ञानको तर्कलाई बेवास्ता गर्न मिल्दैनथ्यो । हामीमा उहाँको सम्पूर्ण रेखदेखको जिम्मा त छँदै थियो, उहाँलाई थकानबाट परै राख्ने उपाय अपनाउन पनि हामी बाध्य थियौँ ।

'दर्शनार्थीलाई छतमा पठाइदिऔँ न; त्यसो गर्दा उनीहरूले झ्यालबाट गुरुलाई देख्न सक्छन् नि !'

साह्रै विरक्तिएको मेरो दिमागले चैन खोज्ने क्रममा यो उपाय तत्काल निकालेको थियो । गुरुको ध्यानकक्षमा असाध्यै ठूलो झ्याल थियो जसबाट पूरै उपत्यका अनि गुम्बा छेवैको आँगनसमेत देखिन्थ्यो । झ्यालकै कारण जहिले पनि टुल्कु उर्गेन रिम्पोछेको बिछ्यौनाछेवैबाट सूर्योदय हुने गर्थ्यो । उज्यालोमा स्वयंलाई समाहित गर्न यो ठाउँ गजबकै थियो। भित्ताका चित्र अनि धार्मिक सरसामानका सुनौला रङ्गहरूमा सूर्यको किरण परावर्तित हुन्थ्यो। मलाई यो कोठा मन पर्थ्यो, तर एक पटकमा छ जनाभन्दा बढी मान्छे अटाउन सक्दैनथे। गुरुलाई भेट्न आएकाहरूले उहाँलाई स्पर्श गर्न नपाए पनि कम्तीमा त्यही झ्यालबाट दर्शन पाउन त सक्छन् नि !

'यति टाढाटाढाबाट आएका बौद्ध गुरुहरूले केवल झ्यालको सिसाबाटै गुरुलाई हेर्ने सुझाव स्वीकार गर्लान् ?'

आन्द्रियासले उठाएको प्रश्न सही थियो । तर हामीसँग कुनै विकल्प पनि त थिएन ।

अन्तिम निर्णय टुल्कु उर्गेन रिम्पोछेका छोराहरूमा छाडिदियौँ र उनीहरूले अघिकै सुझावलाई सदर गरिदिए। कुनै सोकेसको सिसा जस्तो देखिने झ्यालबाहिरैबाट गुरुलाई हेर्ने प्रबन्ध वास्तवमै अप्ठ्यारो खालको

थियो । एकै पटक सबैले हेर्न सक्ने गरी झ्याल उस्तो साह्रो ठूलो नभएकाले त्यहाँ पनि दर्शनार्थीहरूलाई आलोपालो अघि बढाउनुपर्थ्यो। झट्ट हेर्दा यो अवरोधपूर्ण तमासा जस्तो लागे पनि हरेकको चित्त बुझाइदिन यसो गरिएको थियो । म परै बसेर वर्णन गर्न नसकिने कठिनाइ अनुभव गरिरहेकी थिएँ । साथसाथै एक किसिमको गर्व पनि मभित्र थियो। सायद यो कुरा मैले कुनै अर्कै तवरबाट उल्लेख गर्नुपर्थ्यो। म यस घडी हरपल गुरुको साथमा बस्न पाइरहेकी थिएँ।

 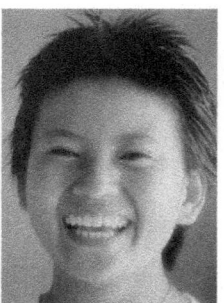

गुम्बाको जीवन सुरुआत गर्दाताका आफ्ना बासँग ।

बाल्य अवस्थामा ।

बौद्धस्थित सेतो गुम्बामा पुगेको वर्ष गुरुको सेवामा (बायाँ) ।

आफ्ना दुई भाइसँग ।

नागी गुम्बामा धार्मिक अभ्यास गर्दै (दायाँबाट दोस्रो)।

१७ वर्षको उमेरमा आनीलाई पूजाको अगुवाइ गर्ने (उम्जे) दायित्व प्राप्त भएको थियो। त्यसैताका नागी गुम्बामा डुप्छेन पूजाका बेला रोल्मो बजाउँदै (दायाँ)।

आर्यतारा स्कुल काठमाडौंको सामाखुसीमा भाडाको घरमा सञ्चालित रहेका बेला विद्यार्थीहरू र शिक्षिकासाथ।

अमेरिकामा आफ्नो पहिलो कन्सर्टमा सङ्गीतकर्मी स्टिभ टिबिट्सका साथ । स्टिभले नै आनीको स्वर पहिलो पटक पश्चिमा समाजमा पुऱ्याएका थिए ।

गायन प्रस्तुतिका क्रममा ।

आफ्नी आमासँग ।

काठमाडौंको फर्पिङमा आर्यतारा स्कुलको भवन निर्माण गर्दाताका।

फर्पिङको आर्यतारा स्कुल।

तिब्बती धर्मगुरु दलाई लामाका साथ।

अध्याय ११

एक्लोपन

त्यस रातको सपना म कहिल्यै भुल्न सक्दिनँ। अहिले पनि त्यसबारे बोल्न थाल्दा त्यो क्षण कस्तरी ताजा भएर आउँछ भने मुक्ति पाएको महसुस हुन्छ ।

म बाआमाको घरमा थिएँ। पूजाकोठामा मेरो ओछ्यान लगाइएको थियो । मस्त निद्रामा डुब्दा सायद बिहानको पाँच बजेको थियो । मैले आफू उडिरहेको सपना देखेँ । पहाडको माथिमाथि पुगिरहेकी थिएँ। म जे पनि गर्न सक्छु भन्ने बोध भइरहेको थियो। मैले एकै छिन सङ्कोच माने जस्तो गरेँ र त्यसपछि गरुडको अवतार धारण गर्ने निधोमा पुगेँ । पहाडको त्यस चुचुरामा पुगेर फनक्क घुम्दा त आफ्नो पछिल्तिर पखेटा उम्रिन थालिसकेको पो देख्छु ! यी तिनै पखेटा थिए, जसलाई म किशोरावस्थामा ध्यान गर्दाताका पलाएको देख्ने कामना गर्थें । पखेटा निकै भव्य देखिन्थे; कोमल र सेता, मन्द हावामा फुर्रर-फुर्रर हल्लिरहेका, मलाई उडाएर कतै लैजान तम्तयार । म भुटानमास्तिर उड्न थालेँ । तल घरहरूबाट निस्केका ससाना प्रकाशहरू देखिँदै थिए। फटफटाइरहेका पखेटा हुँदै बेतोडले बहिरहेको हावाबाट सुसाइरहे जस्तो आवाज पनि निस्किरहेको थियो। कावा खाँदै म माथि र तल गरिरहेकी थिएँ। उडेरै ती मान्छेका

समीप पनि पुग्न थालें जो मतिर औंलो तेर्स्याउँदै नबुझिने भाषामा खै केके हो भनिरहेका थिए। मलाई उनीहरू मेरो प्रशंसा गरिरहेका छन् वा मसँग डराइरहेका छन् भन्नेसम्म थाहा थिएन। भित्रभित्रै चाहिँ भाग्यमानी र साह्रै बलियी छु भन्ने भाव उत्पन्न भइरहेको थियो। म त्यस दिन उमङ्गका साथ जागें; मुटु भक्कानिएला जस्तो गरी ढकढक गरिरहेको थियो। सुरुमा एउटा आँखा मात्र खोलेर हेरें। तत्काल कहाँ छु भन्ने भेउ पाइनँ। तर जसै वास्तविकताले मलाई आफ्नो धरातलमा ल्याइदियो, केही फेरिएको यो छु कि भनेर आफैंलाई छाम्न थालें। छेउमा टेलिफोनको घण्टी जोडजोडले बजिरहेको रहेछ।

'उहाँ बित्नुभयो, तपाईं झट्ट आउनुस्।'

गुरुका छोरा छोक्नी रिम्पोछेको अवरुद्ध गलाबाट आवाज आयो। छाती एक्कासि ढक्क भयो। मैले केही प्रतिक्रिया जनाइनँ। चुपचाप त्यसरी नै बसिरहें। थाहा छैन, कति बेरसम्म त्यो टेलिफोनको रिसिभर मेरो स्तब्ध हातमा झुन्डिरह्यो। अब के गर्ने? केही सुझेन। दिमाग रित्तिएझैं भयो। मलाई होसमा ल्याउने गरी तल्लो तलामा अचानक घण्टी बज्यो। राति सुत्दाकै लुगा लगाएर आमा बिस्तारै माथि उक्लिनुभयो। गुरुकै अर्का छोरा चोक्लिङ रिम्पोछे मलाई बौद्धकै गुम्बामा पर्खिरहेका रहेछन्, जहाँबाट हामी सँगै नागी गुम्बा जानेवाला थियौं। त्यसको बीस मिनेटमै म लामाले हाँक्दै गरेको गुम्बाकै मोटरमा यात्रा गर्दै थिएँ। कसैको मुखबाट एक शब्द निक्लेको थिएन। म चाहिँ टुल्कु उर्गेन रिम्पोछेसँगको अन्तिम भेटको सम्झनामा डुब्न थालें। उहाँ आफ्नो बिछ्यौनामै हुनुहुन्थ्यो। अनुहार फेरि उज्यालो देखिन थालेको थियो। साथै आफैंले खाना खाने भइसक्नुभएको थियो। मैले उहाँकै निम्ति बुन्दै गरेको ऊनी टोपी कहिले सकिन्छ भनेर जिज्ञासा राखिरहनुभएको थियो। हामी मजाले हाँस्दै उहाँले बिमारबाट मुक्ति

पाएको सम्झिरहेका थियौं । हो, त्यति बेला मलाई गुरु पूरै सन्चो भइसक्नुभयो भन्ने लागेको थियो ।

बौद्धबाट हिँडेको दुई घण्टापछि मैले उहाँको कोठामा प्रवेश गर्दै चरण स्पर्श गर्दा उहाँ ठीक त्यसै गरी पल्टिरहनुभएको थियो त्यस्तै अवस्थामा हामीले हजारौं पटक देखेका थियौं । दोबारिएका गोडा, पिँडौलामा राखिएका हत्केला र आकाशतर्फ फर्किएका अर्धमुदित नयन । नजिकै पुगेर मैले सदाझैं उहाँको अनुहारतर्फ बिस्तारै हेर्ने कोसिस गरें । मलाई थाहा थियो, उहाँले सदाझैं शान्त भाकामा संवाद गर्ने हिसाबले हल्का झुकेर मतिर हेर्नुहुनेछैन ।

आखिर यो भइछाड्यो । १९९६ फेब्रुअरी १३ को दिन उहाँले छयहत्तर वर्षको उमेरमा देह त्याग गर्नुभयो । अनायासै मैले आफ्ना हातले उहाँका हत्केला समाएँ । हात त तातै छन् ! उहाँको मृत्यु भएको छैन ! यी सबै झूटो बोल्दै छन् ! म एक खाले विक्षिप्तताबाट उम्कँदै आक्रोशमा अडिएँ । यी सबै झूटो बोल्दै छन् ! उहाँ जीवितै हुनुहुन्छ ! म चोक्लिङ रिम्पोछेतर्फ फर्किएँ जो सहानुभूतिपूर्वक मलाई हेर्दै थिए ।

'छोइङ... उहाँ समाधिमा हुनुहुन्छ । ध्यान नखलबल्याऊ ।'

भोटतिरका बौद्धमार्गीहरूको विश्वास अनुसार महान् गुरुहरू मृत्युपछि पनि ध्यानमै बसिरहेका हुन्छन् । उनीहरूको फोक्सोले सास फेर्न छाडे पनि वा मुटुमा रक्त प्रवाह बन्द भए पनि आत्मा सक्रिय रहन्छ । यो कुराले मलाई असमञ्जसमा पारिरहेको थियो । म फरक्क फर्कें र अर्कातिर लहरै बसिरहेका भिक्षुहरूतर्फ हेर्न थालें । मान्छेहरू सम्हाल्नै नसक्ने गरी रोइरहेका थिए । उहाँको मृत्यु भइसकेको छैन भने किन रुनु ! म साह्रै खलबलिएँ, यो के भइरहेको हो भन्ने थाहै नपाउने गरी; रिँगटा लाग्न थाल्यो । मैले शोक मनाउने कि के गर्ने भन्ने

भेउ पाउन सकिरहेकी थिइनँ। आँखाबाट अनायासै निस्केको तातो पानी गाला हुँदै बग्न थाल्यो। त्यसमा बेहोसीकै माल प्रकट हुने एक किसिमको गहिरो संवेदना थियो।

म आफ्नै चालमा उठेँ र बाहिरतिर लागेँ। त्यो चिसो बिहान सूर्य भर्खर उदाएको थियो। समय कसै गरी फैलिन थालेको जस्तो लाग्न थाल्यो अनि हावा पनि निष्प्राण बग्न थाले जस्तो। म केही सोच्नै सकिरहेकी थिइनँ।

त्यसपछिका क्षणहरू खोतल्दा मेरो मस्तिष्कमा छरपस्ट लाभाको जस्तो दृश्य आउँछ। म हरेक कुरा सम्झन्छु, तर सामान्य तरिकाले। त्यो बेलाका पीडा, उत्तेजना, दुःख र थकावटको भेद छुट्ट्याउन सक्दिनँ। के मात्र थाहा छ भने त्यसको केही दिनमै म काठमाडौं पुगेकी थिएँ, हाम्रो बौद्ध टोलकै एउटा सडकमा। सारा समुदायले श्रद्धाञ्जली प्रकट गर्न पाऊन् भनेर गुरुको पार्थिव शरीर तल सहरमा ल्याइएको थियो। बौद्ध गुरुहरूको अन्त्येष्टि उनन्पचास दिन लगाएर गर्ने गरिन्छ। बौद्धस्थित उहाँको गुम्बामै पार्थिव शरीरलाई केशरी रङ्गले बुट्टा काटेको ओछ्यानमा ध्यान मुद्रामै राखिएको थियो। श्रद्धालुहरूले अन्त्येष्टिअघि शान्तसँग आउजाउ गर्दै उहाँको अन्तिम दर्शन गरे। त्यति बेला सबैतिरका सबैजसो श्रद्धालु उपस्थित थिए, केवल मेरा बाआमा हुनुहुन्थेन। सकभर सम्हालिने कोसिस गर्दागर्दै पनि मभित्र निराशा बढ्न थाल्यो। मलाई उहाँहरूसँग थामिनसक्नु रिस उठ्न थाल्यो।

गुरुको अपूरणीय क्षतिले अचाक्ली तड्पाइरहेका बेला ममा यो अर्को पीडा पनि थपिएको थियो। जति बेला मलाई आफ्ना अभिभावकको आवश्यकता सबैभन्दा बढी थियो, त्यही बेला उहाँहरूको अनपेक्षित व्यवहारले सताउन पनि छाडिरहेको थिएन। म पार्थिव शरीरछेवैको कुनामा कुचुक्क परेर बसेकी थिएँ, पीडाले थिचिएर

लाटो र अन्यमनस्क भई। एउटा दसवर्षे लामाले म भए ठाउँ आएर मेरो हात तान्न थाले।

'तपाईंका भाइ यहाँ आएका छन्; तपाईंसँग कुरा गर्न चाहन्छन्।'

म उठेर सरासर बाहिर गएँ। भाइ रोइरहेको थियो।

'के भयो ? किन यसरी एक्लै आएको ?'

'तपाईं अहिल्यै हिँड्नुस्; बाले आमालाई बौलाहाले जस्तै कुटिरहनुभएको छ।'

'किन ? के भयो र ?'

'आमा मात्नुभएको थियो। उहाँले हिजैदेखि रक्सी खान थाल्नुभएको हो। त्यसैले बा रिसले चूर भई चिच्याउँदै पिटिरहनुभएको छ। फुट्टै हिँड्नुस्, नत्र उहाँले आमालाई मारिदिनुहुन्छ।'

लाग्यो, मभित्र अब निराशाले सीमा नाघेको छ। त्यति मात्र होइन। यो कुराले मलाई चक्कुले जस्तो घोच्न थाल्यो। म केही समययता आमाका बारेमा सशङ्कित थिएँ। उहाँका आँखा अनौठो पाराले चम्कन थालेको र गालाहरू अरू बेलाभन्दा बढी गुलाबी हुँदै गएको मलाई लागेको थियो। यसअघि पनि मैले उहाँलाई लडखडाएको देखेकी थिएँ। तर त्यतिखेर सोचेकी थिएँ– बौद्धको अँध्यारो सडकमा उहाँलाई ठेस लागेको होला। सबैभन्दा अनौठो त उहाँको सासमा मदिराको गन्ध आउन थालेको थियो। उहाँले कहिलेकाहीँ रक्सी खाए मलाई मतलब थिएन। तर अभ्यस्त रक्स्याहाले जस्तो मातेर बाको जँड्याहा सङ्गतमा पर्नुले मलाई सन्तापमा पारेको थियो।

टुल्कु उर्गेन रिम्पोछेपछि संसारमा नि:सन्देह म आमालाई नै सबैभन्दा बढी मान्छु। उहाँ एक्लै बसेर मातुन्जेल रक्सी पिएको र त्यसपछि

बासँग लड्न थालेको कुराले म अरू कुनै विषयले भन्दा बढी पिरोलिनु स्वाभाविकै थियो। सुरुमा त लाग्यो, भाइको साथमा म पनि दौडेर जाऊँ र घरको अराजकतालाई तुरुन्तै नियन्त्रण गरूँ। तर, लगत्तै मैले विचार परिवर्तन गरेँ। अहँ, मैले जानु हुँदैन। उहाँहरूले आफ्ना तुच्छ हर्कतबाट मलाई गम्भीर रूपमा सोच्न विवश पारिरहनुभएको थियो। यस्तो बेला माफ गर र बिर्स भन्ने सिद्धान्तको अनुयायी हुनुले मलाई दिक्क लगाउन थाल्यो। मैले छाडेँ यो भद्रता। मान्छेहरू जब आफ्ना तुच्छ चाहनाहरूको वशबाट उम्कन नसकेर झन्झन् त्यसैमा भासिँदै जान चाहन्छन्, त्यति बेला कसैले पनि उनीहरूलाई माथि उकासेर गुन लगाउँछु भन्ठान्नु बेकार हो। यतिन्जेल मैले कोसिस गरेँ, भित्री हृदयदेखि नै। म चाहन्थेँ, उहाँहरूका कमजोरीलाई पूरै बेवास्ता गरूँ र जेजस्तो छ त्यसैमा उहाँहरूलाई खुसी तुल्याऊँ। तर, म कुनै महात्मा पनि त होइन! झन् यति बेला त मेरा गुरुसमेत हुनुहुन्न, जसका पाखुरीले मलाई यतिका वर्ष माथि उचाले, अन्धकारबाट उज्यालोतर्फ बढाए। फेरि मैले कसैलाई क्षमा दिन त्यो अनुकम्पा, त्यो प्रेम कहाँबाट जुटाउने होला! लाग्यो, म अब पूरै अन्धो हुनुपर्छ; मतलबी हुनुपर्छ। आज र अब सधैँका निम्ति मलाई शान्ति चाहिएको छ। मैले उहाँहरूलाई खुसी देख्नका निम्ति सकेजति सबै थोक दिएकी थिएँ। निःस्वार्थ माया दिएकी थिएँ। भौतिक साधन र मनदेखिको मायाले उहाँहरूलाई पुरिदिएकी थिएँ। तर, यो निरर्थक साबित हुँदै गयो। बालुवामा पानी हाले जस्तो। उहाँहरूले मेरो चित्त दुखाउनुभयो। मुखले मात्र माया गर्छु भनेर हुन्छ? उहाँहरूलाई मेरो पटक्कै वास्ता रहेनछ। उहाँहरू आफू मात्र अप्ठ्यारोमा परिरहेको भन्ठान्नुहुँदो रहेछ। म कति उहाँहरूको चिन्ता गरिरहेकी छु, यो पनि उहाँहरूलाई थाहा हुनुपर्थ्यो। तर, अब अति भयो। छाडिदिएँ मैले। मलाई ती क्षणहरूको पनि सम्झना भयो जति बेला म आवश्यक परेका

बेला आफूलाई माया गर्ने गुरुलाई छाडेर उहाँहरूकै साथमा बसेकी थिएँ। मेरो मनभरि एक किसिमको घृणा फैलियो।

'जा, फर्की... फर्किहाल्। गएर भन्दे, अब म कहिल्यै त्यहाँ आउँदिनँ। उहाँहरूको बारेमा सोचेर अब म आफ्नो जीवन खेर फाल्नेवाला छैन। सबै थोक सकियो। मप्रतिको माया आफैँसँग राख्न भन्दे। मलाई अब उहाँहरूको कुनै जरुरत छैन पनि भन्दे।'

भाइ एकोहोरिएर मतिर हेर्न थाल्यो। के बोल्ने भनेर उसले भेउ पाउनै सकेन। ऊ मतिर हेऱ्याहेऱ्यै केही पाइला पछाडि सऱ्यो र फनक्क फर्केर दौडियो। अचानक थकाइ महसुस भएपछि म थचक्क त्यहीं बसेँ। मेरो छेउछाउमा चुप लागेर बसेका मानिसहरूको जमात थियो। उनीहरू मतर्फ हेरिरहेका थिए। मलाई तमासाको पात्र बन्न पटक्कै मन थिएन; त्यसमा पनि यस्तो बेला, जब भएभरको हाम्रो समुदाय एकत्रित भइरहेको छ। मैले आफूलाई सम्हाल्दै पूजामा लीन हुन खोजेँ ताकि बाआमाको ध्यान मबाट हटोस्। दुवै हात जोडेर बसेकै अवस्थामा मेरो मनले फेरि एक पटक शान्तिको कामना गर्न थाल्यो। हो, ठीक यति बेला मलाई फेरि एक पटक गुरुको आवश्यकता पऱ्यो। अहिल्यै ट्याक्सी समातेर उहाँलाई भेट्न म नागी गुम्बा पुगिहाल्छु... एक हिसाबले बेहोसी जस्तोमा म यस्तो कल्पना गर्न थालेँ। तेह्र वर्षको उमेरदेखि मैले जीवनको प्रत्येक अन्योल र असजिलो गाँठो गुरुसमक्ष फुकाउने गरेकी थिएँ। तर, आज एकदमै कठिन परिस्थिति ब्यहोर्नुपरिरहेका बेला मसँग कोही थिएनन्। गुरुको अनुपस्थितिमा म यसबाट मुक्त हुन सकुँला? जीवनमा कति ठूलो कुरा गुमाएकी रहेछु भन्ने यथार्थले मलाई झकझक्याउन थाल्यो। चाहे म उहाँको नजिक रहूँ या पर, गुरु टुल्कु उर्गेन रिम्पोछे बाँचुन्जेल मेरा निम्ति कति ठूलो शक्तिको स्रोत हुनुहुन्थ्यो भन्ने कुरा जति सम्झँदै गएँ उति मभित्र छटपटी बढ्दै जान थाल्यो। हरेक चोटि म कतै

लामो यात्राका निम्ति उहाँसँग जब बिदा माग्न पुग्थेँ, उदाहरणका निम्ति सिङ्गापुरकै कुरा गरूँ, उहाँ मेरो हात समातेर आँखातिर हेर्दै भन्नुहुन्थ्यो, 'तिमी जहाँ गए पनि तिम्रो रक्षाको लागि म सँगसँगै छु भन्ने कहिल्यै नभुल्नू।'

तिब्बततिर एउटा उखान प्रचलित छ : कुनै पनि गुरु चाहे त्यो बूढी औँलोजत्रो किन नहोस्, ऊसँग याकजत्तिकै शक्ति हुन्छ। हो, मेरा गुरुको क्षमता असीमित थियो। मलाई यो कुराको सधैँ हेक्का रहन्थ्यो। जबसम्म गुरु जीवित हुनुहुन्थ्यो मैले हरेक क्षण आफूलाई उहाँको साथ पाएकी थिएँ र संरक्षित पनि। सायद त्यसैले पनि होला, यो बीचको अवधिमा ममाथि कुनै सङ्कट पनि आइपरेन। तर, अब भने म एकदमै विचलित हुने भएँ। अब मैले यो संसारको सामना एक्लै गर्नुपर्नेछ। मलाई थाहा छ, गुरु नरहे पनि उहाँको आत्माले सधैँ मलाई साथ दिइरहनेछ। तैपनि मैले होसियार भएर हिँड्न जरुरी छ।

निधनको उनन्पचास दिनपछि बौद्ध गुम्बामै उहाँको अन्त्येष्टि गरियो। त्यसको तीन दिनपछि केही लामा र गुरुहरूका साथ हामी गुम्बामा भेला भयौँ, जहाँ उहाँको शरीर जलाइसकेपछिका अवशेष राखिएका थिए। हामीले उहाँको अस्तु सङ्कलन गर्नु थियो। एक जना गुरुले खोजी गर्न थाले। म सास थामेर बसेकी थिएँ। खरानीको थुप्रोमाथि शिरको माथिल्लो हाड सिङ्गै ठडिएको थियो। यसका खुला छिद्रहरूले मलाई हेरिरहेका छन् जस्तो लाग्दै थियो। म अलिक पछाडि हटेँ। मेरा गुरुका हाडहरू सबै जलेका रहेनछन्। मेरा नसाहरूमा माथिदेखि तलसम्मै कम्पन छुट्न थाल्यो। त्यस्तो गर्मीमा पनि मेरो पिठचूँमा बरफ पग्लेझैँ लाग्यो। अब चाहिँ म भित्रभित्रै चर्किन थालेँ। लामो समयदेखि मैले अन्तरकुन्तरमै अड्काएर राखेको हिक्काले घाँटीमै प्रहार गर्न थाल्यो र मभित्रको बाँध विस्फोट भएर फुस्के जस्तो भयो। म यस्तरी रोएँ, यसअघि जीवनमा कहिल्यै त्यसरी

रोएकी थिइनँ । म आफ्नो विपत्ति, भय र निराशा सबैलाई एकै ठाउँ जम्मा पारेर चिच्याएँ । अहिले भर्खर बुझेँ– मेरा गुरुको निधन भइसकेको रहेछ । मनमा एउटै कुरा खेल्न थाल्यो, 'तँ अब एक्ली भइस्... तँ अब एक्ली भइस्...'

म यसरी रोइरहेकी थिएँ, मानौँ मेलामा आमाबाट छुट्टिएको निःसहाय बालकले भीडमा चिनेको अनुहार अथवा यस्तो कुनै मायालु हात मात्र भए पनि पाएको छ, जसले भन्दो हो, 'धन्दा नमान, तिम्रो लागि म छु ।' तर, मेरा निम्ति त्यहाँ कोही थिएन ।

त्यो जडताबाट जब म बाहिर निस्किएँ, आँखा सुन्निएका थिए; नुनिलो आँसु सुकेर गाला फुस्रा भएका थिए अनि सबैजसो सहभागी हिँडिसकेका थिए । कुनै आत्मीयले कोठाकै एक छेउमा सानो दियो बालिदिएका रहेछन् । अस्तु निकालिसकेपछिको चिता पूर्ववत् अवस्थामा थियो । म काम्न थालेँ । अघि असिनपसिन हुँदा भिजेको मेरो कमिज अहिले हिउँ जस्तो चिसो लाग्न थाल्यो । ढुनमुनिँदै मैले घुँडा टेकेर बस्ने कोसिस गरेँ । कतै कुस्ती खेलेर आएझैँ गरी शरीर जताततै दुखिरहेको थियो । त्यसै गरी पीडा र विक्षिप्तताले भित्रभित्रै गाल्दै पनि लगेको थियो । अङ्ग-प्रत्यङ्गले विरक्त मानेका बेला म सबै कुरा बिस्तारै-बिस्तारै सम्पन्न गरिरहेकी थिएँ । साह्रै भारी महसुस भइरहेको थियो । जीवनमै यत्तिको दुःखी र एक्लो म कहिल्यै थिइनँ । रात परेपछि बौद्ध गुम्बास्थित आफ्नो कोठामा गएँ । गुरुको अन्त्येष्टि अवधिका निम्ति एक भिक्षु साथीले यो कोठा मलाई दिएका थिए । साँघुरा गल्लीहरू हुँदै म खुट्टाले जताजता लान्छन् उतैउतै बढ्दै थिएँ ।

त्यो मेरो जीवनकै सबैभन्दा अँध्यारो दिन थियो । यसको वर्णन मात्र गर्न खोज्दा पनि म एक किसिमको विषाद महसुस गर्छु । उल्लेख गर्न पनि जान्दिनँ । र, वास्तवमा मैले नगरेकै जाती । सबै कुरालाई

शब्दले वर्णन गर्न पनि सकिन्न। म मात्र होइन, प्रत्येक मान्छेले जीवनकालमा आफ्नो अस्तित्वकै निम्ति महत्त्वपूर्ण भूमिका खेल्ने त्यस्ता कोही आफन्त गुमाएकै हुन्छन्, जो नरहनुको पीडा वर्णन गर्नु सबैका निम्ति असम्भव हुन्छ। शोक मनाउनु जीवनको एउटा यस्तो भोगाइ हो जसमा मान्छे एक्लैले त्यो बाटोबाट पार पाउनुपर्छ।

अध्याय १२

अर्को सुरुआत

पाखुरामा उपियाँ उफ्रिरहेको थियो । मैले भने त्यसलाई मार्ने इच्छा थामिरहेँ। पोलिरहेको भए पनि म जड भएर बसिरहेँ। एक त खुट्टाहरू पाप्रैपाप्राले भरिएका थिए, त्यसमाथि यो परजीवीले बनाएकाससाना दाग ! कन्याउन पनि झिँजो लाग्यो । सहिरहे त्यसले मलाई अवश्य टोक्ने थियो । त्यसैले सावधानीपूर्वक समातेर भुइँमा राखिदिएँ । कस्तो उदारता ! बौद्ध धर्मावलम्बी भएपछि कहिलेकाहीँ अलिक बढी नै आत्मनियन्त्रण गर्नुपर्छ ।

म दिउँसै ओछ्यानमा पल्टेकी थिएँ, बाआमाको घरमा मलाई दिइएको कोठामा। हो, मैले उहाँहरूका गल्तीहरूलाई माफ गरिदिएर अन्त्यमा फेरि सँगै बस्न पुगेकी थिएँ । त्यो घटनापछिको केही सातासम्मै उहाँहरू बौद्ध गुम्बास्थित कोठामा मलाई भेट्न आउनुभएको थियो । आमा एक्लै आउनुभयो; त्यसपछि बा, त्यसपछि मामा, झन् पछि त बाआमा नै सँगै आइदिनुभयो । हरेक चोटि क्षमा याचना, आँसु र स्पष्टीकरणहरू । ती सबले ममा कुनै प्रभाव पार्न सकेका थिएनन् । मलाई थाहा थियो, हाम्रा केही परिचितले सहरमा मेरा बारेमा नानाथरी टीका-टिप्पणी गर्न थालेका थिए । त्यसको मलाई कुनै पर्बाह थिएन । म बाआमाको घर जानै चाहन्नथेँ । मलाई यो

संसारमै माया गर्ने एक जना हुनुहुन्थ्यो, उहाँले त छाडेर जानुभयो भने अब यो मेरो परिवार भनेको के हो ? म नागी गुम्बा पनि जान चाहन्नथेँ। मलाई छुच्ची आनीको अनुहारै हेर्न मन थिएन।

बौद्धको गुम्बामा मैले उपयुक्त ठाउँ पाएकी थिएँ। दुनियाँदारी र मान्छेहरूभन्दा निकै पर। म त्यहीँ सुत्थेँ; पूजा गर्थें र एकदमै कम बोल्थेँ। मसँग प्रश्न गर्ने वा मलाई कुनै काम अह्राउने त्यहाँ कोही थिएन। तर, एक दिन जब अभिभावकहरू भेट्न आउनुभयो, म बडो अन्यमनस्क भएर उहाँहरूको याचना सुन्न समीपमा पुगेँ। बाको सामुन्ने परम्परागत लुगा लगाएर बसेकी आमा निकै आत्तिनुभएको थियो। उहाँले माड्दै गरेको हातमा उहाँको मनोभाव पढ्न सकिन्थ्यो। आत्तिएको कुनै जनावरले जस्तै उहाँले मलाई त्रस्त भई एक फलक हेर्नुभयो। उहाँका आँखाका कुनाहरूमा आँसु रसाउन थाल्यो। बा पनि उत्तिकै भावुक देखिनुहुन्थ्यो।

'लौ न छोइङ, घर आऊ। हामीसँगै हिँड। तिमीलाई हेर्ने दायित्व हामीलाई पूरा गर्न देऊ। म वचन दिन्छु, अब आइन्दा कहिल्यै रक्सी खाँदिनँ। विश्वास गर।'

'म पनि यहाँ वचन दिन्छु, अब आइन्दा तिम्री आमालाई कहिले पनि पिट्दिनँ। तिमीसँग खै कसरी माफी माग्ने, मलाई थाहा पनि छैन। तर, अब त्यस्तो कहिले पनि हुँदैन...'

घर लगिछाड्ने उहाँहरूको अठोटले लाचार बनाइछाड्यो। जे भए पनि मेरा बाआमा ! सदासर्वदा उहाँहरूको बेवास्ता गरेरै बस्न पनि त सक्दिनथेँ वा भनूँ उहाँहरूविरुद्ध मभित्र जुन आगो बलिरहेको थियो त्यसलाई कुनै न कुनै क्षण निभाउनैपर्थ्यो। मैले उहाँहरूलाई एक पटकका निम्ति शङ्काको लाभ दिने र आमालाई विश्वास गर्ने टुङ्गोमा आफूलाई पुऱ्याएँ। त्यो मैले लिएको सही निर्णय थियो।

आमाले वचन राख्नुभयो। भित्र कतै अन्तरकुन्तरमा झिनो आवाजले चाहिँ बाको विश्वास नगरिहाल्न भन्दै थियो। मैले चाहेर पनि त्यो आवाज दबाउन सकिनँ। आखिरमा भविष्यले त्यो कुराको पुष्टि गर्ने नै थियो।

यसरी गुरु गुमाएको केही महिनालगत्तै एक बिहान म बाआमाको घर पुगेँ। त्यो बेहोसीको यात्राकै बीच पनि जीवन एक पटक फेरि सामान्य ढङ्गले अघि बढ्न थाल्यो। त्यस क्रममा मैले उहाँहरूको सक्दो सेवा गरेँ। म खाना पकाउँथेँ; सरसफाइ गर्थें र घरका सबै बन्दोबस्त मिलाउँथेँ। यसरी घरधन्दा सिध्याएपछि जब म ओछ्यान अथवा सोफामा ढल्कन्थेँ, मेरो मस्तिष्कले कुनै कुरा सम्झेको हुँदैनथ्यो। मलाई कुनै पनि कुराको चाह थिएन। लोभ हराएपछि खान्की पनि स्वाट्टै घट्यो। पहिलेपहिले त मलाई लगाउने कुरामा रुचि हुने गर्थ्यो। तर, अब सफा-मैलो जे फेला पर्छ त्यही बेरबार पारेर काम चलाउन थालेकी थिएँ। यो सबले आखिर के फरक पार्थ्यो र? मलाई कुनै कुराले फरक नपार्ने भएको थियो।

'के भयो तिमीलाई आनी? हिजोआज त अर्कै पो देखिन थालेकी छयौ। त्यस्ती चिटिक्क फुच्ची मान्छे किन अचानक यसरी बूढी जस्ती भएकी? हेर त, आफूले आफूलाई।'

आन्द्रियास मलाई भेट्न आएका थिए। उनी प्रायः जिब्रो नचपाई बोल्थे, जसमा पाइने यथार्थमा म जहिल्यै उनको आत्मीयतालाई छामिरहेकी हुन्थेँ। गुम्बामा हामी बेलाबेलामा जिस्कन्थ्यौँ पनि। सायद मैले अहिलेसम्म भनेकी छैन, गुम्बामा हामी उनलाई 'नाके' भनेर बोलाउँथ्यौँ। उनको नाक लामो र प्वाल बढ्तै ठूला थिए। गुरुको निधनयता उनी पनि नागी गुम्बाको त्यो डाँडो छाडेर काठमाडौँमै बसाइँ सरेका थिए। हामी एकअर्काका बारेमा खुबै गफिन्थ्यौँ। तर,

मेरो रूपका बारेमा उनले आजसम्म कहिल्यै कुरा गरेका थिएनन्। मैले आफूलाई त्यस्तरी बिगारेकी थिएँ र? आन्द्रियासलाई उत्तर नदिनु नै जाती भन्ठानें। उनले पनि मबाट कुनै जवाफको अपेक्षा गरे जस्तो लागेन। बरु थप बोल्न थाले :

'यसरी पार लाग्दैन छोइङ। अर्को महिना म केही दिनको लागि जर्मनी फर्कंदै छु। केही समयपछि तिमी उतै आउनू। सँगै बसौंला। तिम्रो लागि त्यो फेरिने मौका हुनेछ। त्यसबाहेक हामी मिलेर पनि केही गर्नुपर्छ। आऊ है।'

केही सातापछि नै म जर्मनी पुगेँ। फेरिएको हावापानीमा मैले आफूलाई पुनः सहज बनाउने मौका पाएँ। हामी पैदलै गाउँहरू घुम्न गयौं; धेरै साथीभाइ बनाएर गफ गऱ्यौं। युरोपका बजारमा किनमेल र त्यहाँ पाइने स्वास्थ्यवर्धक खानेकुरा! केही समयमै म फेरि तङ्ग्रिन थालें। म त्यसभन्दा पहिले विषादको अवस्थामा पुगेकी थिएँ कि थिइनँ, थाहा छैन, तर आफैँसँग टाढिएकी चाहिँ पक्कै थिएँ। जहिले पनि केही गर्न खोज्ने र नयाँ कुराका निम्ति जागरुक रहने म अचानक सब थोकबाट टाढिएकी थिएँ। अब त मलाई सबैभन्दा जरुरी ड्राइभिङ सिक्नु थियो। म त्यसका निम्ति अधैर्य भएकी थिएँ।

एउटा कार जुटाउने सामर्थ्य बनाइसकेपछि त्यसैले मलाई यसरी उचालेको थियो। मलाई सानैदेखि कारको चाहना थियो, त्यसमा पनि जिप भए झनै उत्तम। जिप सायद किन पनि भने मलाई पहिलो पटक नागी गुम्बा पुऱ्याउने सोनाम घुर्मेले हाँकेको गाडी हरियो जिप नै थियो। ती जवान लामाले म, बा र काकालाई हाँकेर त्यति बेला गुम्बा पुऱ्याइदिएका थिए। मोटर हाँकूँ भनेर मात्रै सिक्न मन लागेको पनि होइन; म जहिले पनि केही फरक कुरा गर्न चाहन्थेँ; कसैले नगरेको!

एउटी महिला, त्यसमाथि आनी र त्यतिले पनि नपुगेर मोटर हाँक्न सिकिरहेकी... । तत्कालीन नेपाली समाज न पऱ्यो ! कसैकसैका निम्ति यो 'गजबै चर्तिकला' लाग्थ्यो, तर मलाई यो सबसँग के मतलब ? आफूलाई त कुनै पनि कुरा निश्चय गरिसकेपछि त्यसमा दृढ रहनु थियो । त्यसताका नेपालमा ड्राइभिङ सिक्ने गतिलो स्कुल थिएन । हरेकले आफ्नै पाराले जसोतसो सिक्थे । ढङ्ग पुऱ्याएरै सिक्ने अभिलाषा लिएर म एक जना परिचित ट्याक्सी ड्राइभरकहाँ पुगेकी थिएँ ।

'थाहा छ छोरी, छिमेकमा सबै तिम्रो कुरा गर्छन् ।'

किनमेलबाट फर्केकी आमाले मनको कुरा थाम्न सक्नुभएन । उहाँका केही साथीले मलाई ट्याक्सीको अघिल्लो सिटमा ड्राइभरसँगै बसेको देखेका रहेछन् । फुट्ट देखिएको दृश्यका आधारमा नानाथरी अडकल काटिनुको परिणाम थियो यो । वास्तवमा ती ड्राइभरलाई केही पैसा दिएर दस दिनमै मोटर हाँक्न सिक्ने तय भएको थियो । यसरी सिक्दा छेउबाट हिँड्नेहरूले हामीलाई छक्क परेर हेर्थे । आनीले मोटर हाँकेकी ! यस्तो दृश्य यहाँ पहिले कहिल्यै देखिएको थिएन । धेरै पटक यो सुन्दा मान्छे चकित परेको देखेकी छु । २०५२ सालमै मोटर हाँक्न थालेकी म नेपालकै प्रथम आनी ड्राइभर हुँ ।

हरेक थोक कसै न कसैले सुरु गरेकै हुन्छन् । उसै गरी यो कुराको थालनी गर्ने पनि मै हुँला । यसमा अनौठो के छ ? यसमा कसैले केही प्रतिक्रिया दिन्छन् भने त्यो उनीहरूको कुरो हो । हरेक पटक कतै जानुपर्दा कोही अरूको भर पर्ने व्यक्तिले आफूलाई पूर्णतया स्वतन्त्र ठान्न पनि त सक्दैन ।

मैले कालो रङ्गको लोभलाग्दो सुजुकी जिप किनेकी थिएँ । म जस्तै सानो र बलियो ! मलेसियाली महिलाले राम्रो दाममा मलाई

बेचेकी थिइन् । यसरी जुटाएको मोटर अनेक किसिमका नजरहरू झेल्दै सडकमा दौडने गरेको थियो । कोही देख्नेबित्तिकै झसङ्ग ब्यूँझेका जस्ता, कोही अत्यन्तै चासो देखाउने त कोही सडकमै उभिएर सहानुभूतिको नजर दौडाउने वा भनौँ अलिक कम रूढिवादी। जहाँसम्म मेरो कुरो छ, म त केटाकेटी जस्तै फुर्के चल्लो भएकी थिएँ । सुरुसुरुमा कुनै उकालोमा स्टार्ट गर्नुपर्दा वा पार्किङ खोज्नुपर्दा साह्रै अप्ठ्यारो लाग्थ्यो ।

कार पार्कको राम्रो सुविधा काठमाडौँमा अझै छैन । त्यसबाहेक यहाँका सडक विदेशतिरका जस्ता सफा र चिल्ला पनि हुँदैनन् । मोटर हाँक्नेले बग्रेल्ती ठेलागाडा र छाडा चौपाया अथवा पुराना मोटरसाइकललाई कसरी छल्दै कुदाउने भन्ने कला पनि जानेकै हुनुपर्छ। कहिलेकाहीँ हिलो र आहाल, अनपेक्षित मोड अनि बाटाको आधाउधी आफैँमा विरोधाभासपूर्ण ट्राफिक सङ्केतहरू छिचोल्नु त छँदै छ । यी सबै समस्या एकै पटक झेल्नुपऱ्यो भने पनि कुनै आश्चर्य मान्नु हुँदैन । निकै पुरानो सवारी ऐनले बाँधेको यो देशमा गाडीहँकाइका बीच चालकले मोटरलाई राम्ररी नियन्त्रणमा लिन सकेकै हुनुपर्छ ।

एक दिन म मोटर लिएरै नागी गुम्बा उक्लेँ । भनिदिइहालूँ, आजभोलि मेरो समय नागी गुम्बामा बित्दैन । तैपनि यो ठाउँ मेरा निम्ति आफ्नो घर हो र त्यहाँ रहेका प्रियजनसँग भेट्नका निम्ति यदाकदा गइरहन्छु ।

गुम्बा रहेको डाँडामा तल्लोपट्टि रोकिएको मेरो सुजुकीले केही तीता टिप्पणीलाई समेत निम्त्यायो । गुरुले छाडेर जानुभएयता छुच्ची आनी मप्रति अरु कठोर बन्दै गएकी थिइन्; मेरो रक्षा गर्ने अब कोही छैन भन्ने मानसिकता उनमा विकसित भएको थियो । मलाई उनको सहानुभूति चाहिएको पनि थिएन; म आफ्ना निम्ति आफैँ पर्याप्त थिएँ।

त्यस दिन मैले फेरि डाह र जलन झेल्नुपऱ्यो। यो सब सहन गरिरहनु ठीक छैन भन्ने मनमा लाग्यो। यस्तो कुराले मान्छेलाई मानसिक यातना दिन्छ। छुच्ची आनी सम्झँदा ममा अहिले पनि उनीप्रति दया जाग्छ। यद्यपि उनका निकृष्ट टिप्पणीहरूले मलाई आहत पनि पारेका छन्।

लाग्यो, म सकारात्मक सोचाइहरूको सीमाभित्र पुग्नैपर्छ। नत्र यसले मलाई ओरालोतर्फ धकेल्दै लैजानेछ। थाहा छैन, म अब कहाँ जान चाहन्छु। सायद कतै अन्त पो म बढी उपयोगी बन्न सक्छु कि ! हो, मैले चाहेको त्यही हो; कसैका निम्ति उपयोगी होस् मेरो जीवन। अनावश्यक कुरामा अल्झिरहने हूलमा अलमलिनु व्यर्थ हुनेछ। नागी गुम्बा मेरो आश्रम हो; मेरो घर हो तर मेरो भविष्य कतै अन्तै मलाई पर्खिरहेको छ।

अचानक मलाई चेत आयो– मैले अब यो ठाउँ छाड्नैपर्छ। मेरो भविष्य कतै अन्तै छ। जबसम्म गुरु हुनुहुन्थ्यो, मेरो जीवन उहाँमै समर्पित थियो। उहाँको निधनयता, झन्डै एक वर्षदेखि मेरो जीवन झुन्डिएको छ; यस्तो अवस्थालाई तन्किन दिनु हुँदैन। त्यो बेला छब्बीसवर्षे उमेरमा म केही नयाँ थालनीका निम्ति तयार भएँ।

बाह्र वर्षभन्दा बढीको गुम्बा जीवनपछि म अचानक त्यो स्थान छाड्ने निश्चयमा पुगेँ। बाह्र वर्ष अर्थात् झन्डै मैले त्यतिन्जेल बाँचेको जीवनको आधा समय ! मैले आफ्ना केही सामान पोको पारेँ र जिपनजिकै पुगेँ। म दुःखी थिएँ, पक्कै पनि, तर मैले आफ्नो गन्तव्यतर्फ हिँड्नैपरेको थियो। म सधैँभरि नागी गुम्बाकी नै रहनेछु भन्ने थाहा थियो। तर, त्यसको अर्थ मैले त्यहीँ बसिरहनैपर्छ भन्ने पनि त होइन। मेरो हृदय र आत्मा जहिले पनि त्यो भूस्वर्गझैँ सानो डाँडामा बसिरहेकै हुनेछ।

मोटरधनी बन्नुले मेरा निम्ति क्रमशः नयाँ मार्ग पनि बनाउँदै लग्यो। आफ्नो जीवनको ड्राइभिङ सिटमा आफैँ बस्न पाएँ। कता जाने र के गर्ने भन्नेमा म प्रस्ट थिएँ। यतिन्जेल म अरूले जसरी चाहन्छन् त्यसै गरी अघि बढ्दै थिएँ। तर, अब मलाई आफ्नो अस्तित्वको आभास भएको थियो। आफ्ना गतिविधिलाई महत्त्वपूर्ण बनाउने अभिभारा पनि मैमाथि आइपरेको थियो। बाल्यकालका घाउहरू सफा गर्न मलाई यत्रो वर्ष लाग्यो। मलाई हेक्का थियो— ती सबै घाउ निको भइसके; अबको मेरो दायित्व भनेको जीवनले आफूलाई लगाएका गुनको पैँचो तिर्नु हो। म अब आफू र अभिभावकका लागि मात्र होइन, मेरो वरपरकै निम्ति स्वयंलाई उपयोगी बनाउन सक्छु भन्ने लाग्न थालेको थियो। सहयोग पर्खेर बसेकाहरूका निम्ति पक्कै म केही गर्न सक्छु, मैले स्वयंलाई आफ्नै तरिकाले उपयोगी बनाउनुपर्छ भन्ने बोध हुन थालेको थियो। कसैकसैलाई मेरो बाटो ठीक नलागेको हुन सक्थ्यो। तर, मलाई त्यसको के मतलब? एउटा कठोर तपस्या जस्तो आफूभित्रै महसुस गर्न थालेकी थिएँ। म बल्ल आफूलाई ठूलो संसारमा प्रवेश गराउँदै थिएँ।

अध्याय १३

यात्रामा

स्टिभ वचनका पक्का रहेछन्। उनले पठाएको खैरो रङ्गको बाक्लो खाम बाआमाको घरैमा आइपुग्यो। ओछ्यानमै बसेर मैले खाममाथि टाँसिएका टेपका थुप्रै पत्रहरू उक्काएँ। त्यसभित्र एउटा सीडी देखियो। मेरो सीडी : मेरो जीवनभर थपिँदै जाने असङ्ख्य सीडीहरूमध्येको सबैभन्दा पहिलो सीडी ! खोलको दाहिनेपट्टि कुनामा मेरो फोटो पनि थियो। घुर्मैलो पृष्ठभूमिमा खिचिएको त्यो साह्रै सुन्दर फोटो, जसमा मैले क्यामरातर्फ हेरेकी थिइनँ। नजर कतै अन्तै थिए, मानौँ यो सीडीसँग मेरो कुनै लिनुदिनु छैन। च्छो शीर्षक सीडी हेरेर म मक्ख परेकी भए पनि यो चमत्कारमा मेरो आफ्नै हात छैन जस्तो लाग्यो।

त्यो सीडी मैले पाउनुभन्दा तीन वर्षअघि अर्थात् २०५० सालताका आन्द्रियासले हाम्रो गुम्बामा आएका एक सङ्गीतकारसँग मेरो परिचय गराएका थिए। स्टिभ टिबिट्स अमेरिकी रहेछन्, जो त्यति बेला मिनियापोलिसमा बस्दा रहेछन्। गहिरा र नीला आँखा भएका उनी दुब्ला देखिन्थे। सानो चस्मा र गर्दनदेखिको बाक्लो कैलो कपालले चालीस वर्षको आसपासका उनलाई जवान देखाएको थियो। सामानका नाममा उनले केवल एउटा कालो झोला र छालाको गितार केस बोकेका थिए। गितार केसलाई ढाडमा झुन्ड्याएर हिँड्दा यो पनि

उनकै अङ्गको एउटा पाटो जस्तो लाग्थ्यो। आन्द्रियासका अनुसार स्टिभ सङ्गीतसाधक थिए र त्यतिन्जेल उनले दस बटा एल्बम निकालिसकेका थिए। हामीले सङ्गीतका बारेमा कुराकानी गरेरै एकअर्कासँग नजिकिनु थियो । उनका रुचिहरू विविधतापूर्ण रहेछन् । उनी रक, ज्याज र विशेष गरी विश्वसङ्गीतका पारखी रहेछन् ।

उनले मलाई आफू आवाजको प्रेमी भएको बताए । आफ्नो परिवेशका सबै स्वर उनी मन पराउँदा रहेछन्। इन्डोनेसियाको बालीमा उनले सुनेका आवाजहरू रेकर्डसमेत गरेका रहेछन् अनि गएका ठाउँमा अनौठा वाद्ययन्त्र भेटिए तिनलाई घरसमेत लग्दा रहेछन्। उनले धेरै मुलुक घुम्दाको अनुभव र आफ्ना लगावबारे बताइरहँदा म घण्टौं मुग्ध भइरहन्थेँ। एक दिन आन्द्रियासले आफ्नो मौनता भङ्ग गरे।

'आनी छोइङले गाएको एक पटक तिमीले सुन्नैपर्छ।'

यसरी एउटा बिहान मैले आन्द्रियासको बगैंचामा बसेर स्टिभका निम्ति मन्त्र गाएँ। त्यो वातावरण पनि गीत गाउन अनुकूल थियो। मैले गायिकाका रूपमा प्रस्तुत हुनुभन्दा पनि मन लगाएर प्रार्थना पढ्ने प्रयत्नमा ध्यान केन्द्रित गरेँ।

गुरुले जीवनको अन्त्यसम्म पनि मलाई यसै गरी एउटा प्रवाहमा रहेर गाउन प्रेरित गर्ने गर्नुभएको थियो । उहाँ चिरनिद्रामा लीन हुनुअघिका केही साता म मन्त्र गाएर सुनाउँथेँ र हामी दुवै साथसाथै प्रार्थना गर्थ्यौं। उहाँले छाडेर जानुभएयता यी लयले नै मलाई उहाँसँग सामीप्यको आभास दिँदै आएका छन्। आज पनि मैले गाउने प्रत्येक मन्त्र उहाँमै समर्पित गर्छु, जसमा उहाँका अंशहरू समाहित रहेको महसुस हुन्छ। तिनले मलाई स्पर्श गरेको अनुभूति हुन्छ।

कुनाको भित्तामा आड लागेर बसेका स्टिभले हामीतिर घोरिएर कान थापिरहेको म देखिरहेकी थिएँ। लयको प्रभावले उनको शिरलाई

आफूसँगै सुस्तरी हल्लाइरहेको थियो । यी मन्त्रहरू लयबद्ध रूपमा सायद उनी जीवनमै पहिलो पटक सुन्दै थिए ।

'आनी, तपाईंले यतिका दिनसम्म सङ्गीत सम्बन्धी मेरा कुराहरू सुन्नुभयो । मेरो लागि यस्तो महत्त्वपूर्ण उपहार भने सधैँ आफूभित्रै लुकाएर राख्नुभएछ । तपाईंको आवाजमा जादु छ भनेर तपाईंलाई आजसम्म कसैले भनेको छ ?'

'धन्यवाद । तर तपाईं जिस्कँदै हुनुहुन्छ । हेर्नुस्, यो गुम्बाका प्रत्येकले गाउँछन्, मैले मात्र होइन ।'

'पक्कै हो, तर मलाई विश्वास गर्नुस्, तपाईंको आवाजमा अर्कै विशेषता छ । अब तपाईंले मलाई यो स्वर रेकर्ड गर्ने अनुमति दिनुपर्छ ।'

मैले उत्साहका साथ उनको कुरा मानेँ । त्यसो त, पहिले पनि आफ्नो सानो टेपरेकर्डरमा स्वर भर्ने कोसिस मैले नगरेकी होइन, तर अब भने त्यही कुरालाई अलिक सावधानीसाथ दोहोऱ्याउनु थियो । यताउता गर्दै र खेल्दै मैले आन्द्रियासको कोठामा केही श्लोक रेकर्ड पनि गरिभ्याएँ । त्यो चुम्बकीय रेकर्डर लिएर स्टिभ अमेरिका फर्किए ।

केही महिनामै अमेरिकाबाट आएको एउटा खाम हात पऱ्यो । त्यसभित्र एउटा अडियो चक्का थियो अनि केही कोरिएको कागजको चिर्कटो पनि ।

'प्रिय आनी, मैले तपाईंको स्वर अमेरिकी सङ्गीत कम्पनीलाई लगेर सुनाएको थिएँ । हामी दुवैले यसको सीडी बनाउने निधो गरेका छौँ । म एक महिनामै आउँदै छु र यदि तपाईं तयार हुनुहुन्छ भने हामी काम थालिहाल्नेछौँ ।'

अब यसमा मैले के भन्ने ? साँच्चै भन्छु, मेरो मन अन्तैतिर थियो । यो त्यस समयको कुरा हो, जति बेला गुरु थला पर्दै जानुभएको थियो; उता घरमा पनि बा र आमाको झगडा चुलिँदै गएको थियो । यो सबै छाडेर सीडी रेकर्ड गर्नु भनेको मेरा निम्ति एकदमै कम प्राथमिकताको विषय थियो । तैपनि बेलुकीपख मेरो सानो क्यासेट प्लेयर निकालेर त्यसैमा यसलाई राखें । स्टिभले मेरो आवाजमा गितार र डम्फु जस्ता बाजाका प्रभावहरू मिसाएका रहेछन् । ओहो, यो मेरो स्वर हो, तिनै मन्त्रहरू हुन्, जुन म सधैँ गाउने गर्थें ! त्यस्ता बाजाहरूका साथमा आफूले गाउँदा स्वर कस्तो सुनिन्छ भन्ने कल्पना पनि आजसम्म गरेकी थिइनँ ।

अचानक त्यति बेलै, के कारणले हो थाहा छैन, म सरासर गुरुलाई भेट्न पुगेँ । उहाँलाई बेलीविस्तार लगाएँ र जवाफको प्रतीक्षा गर्न थालेँ । धेरै बेर पर्खनुपरेन ।

'यो त एकदम सही काम हो । बौद्ध मन्त्र सुन्ने मान्छे हाम्रै धर्मको हुनुपर्छ भन्ने जरुरी छैन । आध्यात्मिक गीतका सन्देशहरू बढीभन्दा बढी श्रोतामाझ पुग्नुमै फाइदा छ ।'

गुरुको जवाफ सुनेपछि अब भने काम धमाधम अगाडि बढ्न थाल्यो । केही महिनामै स्टिभ नागी गुम्बा आइपुगे । हरेक दिन एक वा दुई घण्टा हामीले आन्द्रियासको कोठामा साथै काम गर्‍यौँ । प्रत्येक पटक रेकर्डिङमा जानुअघि म गुरुको समीप गएर आज कुन धुन कसरी गाउँदै छु भनी सुनाउने गर्थें । त्यसै गरी रेकर्ड गरिसकेपछि पनि त्यसको रिपोर्ट गुरुलाई बुझाउने गरेकी थिएँ । यस्तो बेलामा गुरुबाट आएका प्रतिक्रिया मेरा निम्ति संसारभरका सीडीहरूले दिने सन्तुष्टिभन्दा बढी महत्त्वपूर्ण हुन्थे । एक दिन उहाँले भन्नुभयो, 'तिम्रो स्वरमा राम्रो प्रगति भइरहेको छ ।' यो भनाइले मेरो आत्मबल मात्र

बढाएन, अरु योभन्दा बढी गर्न सक्छु भन्ने भावना भित्रभित्रै उब्जन थाल्यो। केही सातामै मेरा गायकीहरू कैद गरेर भरिएको झोला र सम्भावना पर्गेलिरहेको मन लिएर स्टिभ अमेरिका फर्के। उनी असाध्यै खुसी देखिन्थे। त्यसबाहेक उनले मलाई दुई हजार अमेरिकी डलर पनि दिएका थिए। अहो... कस्तो रमाइलो ! बडो गर्वका साथ मैले त्यो रकम लगेर गुरुमा चढाएँ।

'कस्ती ज्ञानी ! यो तिमी नै राख छोइङ; तिमीलाई यसको बढी जरुरत छ। मलाई यसरी माया गरेकोमा धन्यवाद।'

'मैले तपाईंकै आशीर्वादको कारण त यो सबै आर्जन गरेकी हुँ नि।'

'होइन। यहाँसम्म पुग्न तिमीले धेरै मिहिनेत गरेकी छ्यौ। अहिलेलाई यो पैसा तिमी नै राख। पछि विचार गरौँला।'

'पछि... ।' यो 'पछि' भन्ने शब्दलाई गुरुले राम्ररी बुझ्नुभएको थियो। उहाँलाई थाहा थियो, पछि के हुँदै छ भन्ने।

गुरुको स्वर्गारोहणका बेला मैले एक हजार डलर उहाँको अन्त्येष्टि सम्पन्न गर्न चढाएकी थिएँ। बाँकी पैसा पनि मैले नागी गुम्बाकै बगैँचा सिँगार्न खर्च गरिदिएँ।

त्यसैले पनि २०५३ सालताका जब त्यो रेकर्ड भएको सीडी आइपुगेको थियो, मलाई त्यसले कुनै विशेष प्रभाव पारेन। सीडीभन्दा पनि त्यसलाई रेकर्ड गर्दाका बेला मैले गुरुसँग बिताएका अलौकिक पलहरूको रमरम सम्झनाले बढी छोइरहेको थियो। वास्तवमा गुरुकै खुसीका निम्ति मैले गाउन थालेकी थिएँ। स्टिभले पठाएको सीडीको पार्सलमा सानो चिठी पनि थियो। 'के तपाईं मसँग अमेरिकाको साङ्गीतिक भ्रमण गर्न इच्छुक हुनुहुन्छ ?' यसमा धेरै सोच्ने कुरा के थियो र ? सुरुमा हल्का भयको चिसो छातीबाट गुज्रिए पनि

प्रस्ताव आकर्षक थियो। यो यस्तो अवसर हो जसलाई मैले छोप्नुपर्छ भन्ने बुझेकी थिएँ। विशेष गरी मैले, जसले यसअघि ताइवान, हङकङ, सिङ्गापुर र युरोपको भ्रमण गरिसकेकी थिएँ, तर अमेरिका कहिल्यै पुग्न पाएकी थिइनँ। र, यही कारण पनि मैले 'हुन्छ' भन्नका खातिर पर्याप्त थियो।

फेरि स्टिभसँग सम्पर्कमा आउन केही महिनै लाग्यो। एक दिन उनको फोन आइपुग्यो।

'लौ भयो आनी।'

'के भन्नुभएको हो, मैले कुरो बुझिनँ नि!'

'हामी अब साङ्गीतिक यात्रामा जाँदै छौँ। मेरा लगानीकर्ताले सबै कुरो तय गरेका छन्। उनले अमेरिकाभर बीस स्थानमा कार्यक्रम राखिसके। हामी अबको तीन सातामा हिँड्नेछौँ। आफूसँग ल्याउन चार जना थप आनी पनि तयार पार्नू। हामी मिनियापोलिसको मेरो घरमा दुई साता बसेर थप तयारी गरेपछि भव्य रूपमा प्रस्तुत हुनेछौँ।'

र, यसरी नै यो सबै जुर्दै पनि गयो।

स्टिभले कोरसका निम्ति अन्य चार आनीलाई समेत साथै लैजान चाहेका थिए, तर त्यसका निम्ति पर्याप्त पैसा जुटेन। मैले केवल दुई जना छान्नुपर्ने भयो। मलाई गुरुका छोरा छ्योकी निमा रिम्पोछेको अनुमति आवश्यक थियो। त्यसै गरी यो यात्राका बारेमा उहाँको अन्तर्मन पनि बुझ्नु थियो। उहाँ पनि अत्यन्त श्रद्धा गर्नुपर्ने गुरु हुनुहुन्छ। मैले सोचे जस्तै उहाँ साह्रै उत्साही देखिनुभयो। बौद्ध संस्कृतिबारे जानकारी विस्तार गर्ने कुनै पनि अवसरलाई हामीले खेर जान दिनु हुँदैन भन्ने नै उहाँको मत थियो।

मेरी मिल्ने साथी सीतालाई टोलीमा समावेश गर्न मनाउनु गाह्रै भयो। अण्डाकार चस्माका धमिला सिसाहरूभित्र देखिने उनका आँखामा मप्रति कमै विश्वास थियो। बिहान उठेदेखि राति नसुतुन्जेल हाँसिरहने उनको त्यो मायालु हाँसो अचानक हरायो। वास्तवमा यो प्रस्ताव सुनेदेखि उनी क्रमश: ट्वाँ पर्दै जान थालेकी थिइन्। त्यस्तो गम्भीर मुद्रामा उनलाई मैले कहिल्यै देखेकी थिइनँ।

'नाइँनाइँ मलाई इच्छा छैन; म सक्दिनँ; म यहीँ ठीक छु। तिमी जाऊ बरु...'

'हैन सीता, म तिमीसँगै जान चाहन्छु। यो साँच्चै महत्त्वपूर्ण अवसर हो; यस्तो मौका अस्वीकार गर्ने हामी को हौँ र? जे होस्, अब हुनु भइसक्यो; मैले स्टिभलाई तिमी पनि हामीसँग आउँछ्यौ भनिसकेकी छु।'

सीताका आँखा आहत भएझैँ गरी झन् विस्फारित भए। उनका औँलाहरू गलाको जप मालामा सलबलाउन थाले। मैले कसै गरी पनि थाहा दिनु हुन्थेन, तर मेरो पनि पेट कपडाले कस्सेर बाँधे जस्तो साह्रो भइरहेको थियो। अति दुख्न थालेपछि म निहुरेर बस्न थालेकी थिएँ। यता आफू शान्त छु भन्ने देखिन दाह्रा पनि किट्दै थिएँ।

अर्की आनी सोनाम वाङ्मोले यो साहसिक यात्राको कल्पनामा डुब्दै सुरुमै सहमति जनाइसकेकी थिइन्। सीता चाहिँ काठमाडौँबाट बाहिर कहिल्यै गएकी थिइनन्। उनको अट्टहासले कायरता र लघुताभासलाई सदैव लुकाउँदै आएको थियो। अन्त्यमा मैले उनलाई यात्रा अवधिभर एक क्षणका निम्ति पनि छाड्नेछैन भनेपछि बल्लतल्ल राजी भइन्।

२०५४ साल दसैँको छेकतिर उल्लासपूर्ण एउटा बिहान हामीले मिनियापोलिसमा पाइला हाल्यौँ। सुन्तले र रातो रङ्गका पातहरूले

भरिएका रूखहरू चित्ताकर्षक देखिन्थे । यो चिसो मौसममा हाम्रा गाला एकदम रातापिरा बनेका थिए। थाहा छैन, यात्राको उत्तेजनाले हो अथवा मौसमी वायुको प्रहारले । मलाई यस्तो यात्राको बानी जस्तै परिसकेको थियो । तर, मेरा साथीहरूका निम्ति भने जताततै आश्चर्यलाग्दा दृश्य थिए ।

सुरुका नौ दिन हामीले मिनियापोलिसमै बितायौँ । प्रत्येक बिहान हल्लाखल्लाले भरिएको स्टिभको न्यानो घर छाडेर हामी रिहर्सलका निम्ति निस्किन्थ्यौँ । भर्खरै तिम्ल्याहा सन्तान जन्माएकी उनकी जहान घरमा साह्रै व्यस्त थिइन् । बाहिर निस्केपछि जब हामी स्टुडियोको बाटामा लाग्थ्यौँ, वरपरको सुनसान दृश्य देखेर मेरा साथीहरूका आँखा खुलाका खुलै रहन्थे। नेपालमा सहर भनेपछि जताततै मान्छेको घुइँचो देखिन्छ र गाउँघर पनि हल्लाखल्लाले भरिएका हुन्छन् । यहाँ चाहिँ सडकमा देखिने एउटै कुरा थियो– कार। औद्योगिक क्षेत्र भनिए पनि मान्छेविहीन यस ठाउँमा ठूलठूला कलकारखाना पनि एकान्तमा डुबेका देखिन्थे ।

'लौ, यो कुरो त मैले बुझ्नै सकिनँ !' एक बिहान सोनाम वाङ्मोले कुरा निकालिहालिन्, 'खै त अमेरिकीहरू ? कता छन् ?'

स्टिभले हाँसोको फोहोरा थाम्नै सकेनन् ।

'घरमा छन् सबै। यस्तो जाडोमा कोही बाहिर निस्कन चाहँदैनन् ।'

साँच्चै भनूँ भने अमेरिकामा सुरुसुरुका दिन हामी साह्रै विरक्तियौँ। काम नभएका बेला घरैमा बसेर दिन काट्थ्यौँ। स्टिभले गर्नुपर्ने काम चाहिँ धेरै थिए । त्यसबाहेक उनी घरमा श्रीमतीलाई सघाउन पनि उत्साहित हुन्थे। हामी हरेक दिन खानेकुरा फ्रिजबाट निकाली तताएर खाने गर्थ्यौं । मलाई त खासै होइन, तर सोनाम र सीता चाहिँ यस

किसिमको खानपिनबाट अचम्ममा परेका थिए। उनीहरू भन्दै थिए, 'हामीले यस्ता खानेकुरा कहिल्यै देखेका थिएनौँ, न अमेरिकीहरू यिनै परिकार खाएर बाँच्छन् भन्ने जानेकै थियौँ।' बेलाबेलामा हामीबीच चर्काचर्की पनि पर्थ्यो, विशेष गरी स्टिभलाई सुपर मार्केट पुऱ्याइदेऊ भनेर कोकोहोलो मच्चाउँदा। कम्तीमा त्यहाँ ताजा खानेकुरा पाइन्थ्यो। ठूलठूला सुपर मार्केटहरू मैले यसअघि पनि सिङ्गापुरमा देखेकी थिएँ। तर मेरा साथीहरूका निम्ति यो पहिलो अनुभव थियो। उनीहरू अपत्यारिलो भाकामा प्रत्येक कुनातर्फ यसरी आँखा नचाइरहेका र सरसामानहरू चलाइरहेका हुन्थे, मानौँ देखिएका सबै थोक आफूले गुडाउँदै गरेको ट्रलीभित्र भर्न चाहिरहेका छन्। खानेकुरा पकाउन माहिर सीताले त्यस साँझ यस्तो स्वादिलो भोजन तयार गरिन्, हामी मात्र नभई स्टिभ र उनकी पत्नी पनि भरपेट खाएर दङ्ग परे।

आखिर साङ्गीतिक समारोह सुरु भयो। पक्कै पनि यो असाधारण र व्यस्ततम यात्रा थियो। हामीले त्यही म्यासाचुसेट्सबाट थालनी गऱ्यौँ, जुन सहरमा प्रस्तुत हुने कामना हामी प्रत्येकमा थियो। बाटाभरि देखिएका श्रोता। वास्तवमा अमेरिकीहरू गजबकै हुँदा रहेछन्। एक महिनामा हामीले बीसभन्दा बढी साङ्गीतिक कार्यक्रम गऱ्यौँ। हामीले सडकमा घण्टौँ बितायौँ। एउटा ठूलो सवारी साधनमा बसेका हामी कहिलेकाहीँ त एकै पटकमा सत्ताइस घण्टा लामो यात्रा पनि गर्थ्यौँ, जस्तो– मिनेसोटाबाट म्यासाचुसेटस् जाँदा। हाम्रो टोलीमा जम्मा छ सदस्य थियौँ। नेपालबाट गएका हामी तीन, स्टिभ, उनी जस्तै प्रयोगवादी सङ्गीतमा चासो राख्ने उनका पुराना वाद्यवादक साथी मार्क एन्डरसन र मार्कका भाइ कोडी।

यात्रामा बढीजसो हामीले राजमार्गका होटलहरूमा रात बितायौँ। सङ्गीतको विषयलाई लिएर स्टिभ र मार्क लामो बहस गरिरहन्थे।

हामी आनीहरू भने कतिकति बेला चकित हुँदै त कतिकति बेला अनौठो मान्दै अमेरिकी अनुभव लिइरहेका थियौँ। राजमार्गहरू, रेस्टुरेन्टहरू, बत्तीहरूको चमकदमक अनि दर्शकका ती चम्किला आँखा जसले हाम्रा गेरु वस्त्र, खुला पाखुरा अनि मुडुला टाउकालाई अनवरत नियालिरहेका हुन्थे। यो सब देखेर मेरा साथीहरू दङ्दास थिए। त्यति बेलै हामी पनि यी फरक मान्छेहरूलाई नियाल्दै थियौँ। यसलाई नै अङ्ग्रेजीमा 'कल्चरल सक' भन्दा रहेछन्।

हामीले जताततै गायौँ; प्रायः गिर्जाघरहरूमा, कहिलेकाहीँ त साङ्गीतिक कार्यक्रम प्रस्तुत हुने भव्य हलहरूमा, कलेजहरूमा गायौँ। त्यसै गरी बूढापाकाका निम्ति पनि गायौँ। हाम्रा श्रोता सबै खाले थिए। जवान, वृद्ध, बौद्धमार्गी, इसाई...।

जहिल्यै व्याकुल देखिने स्टिभको कुरा बेग्लै थियो। तर, मैले कहिल्यै थकित महसुस गरिनँ। एक पटक निधो गरिसकेपछि यो यात्रा एकपछि अर्को कार्यक्रमका रूपमा अविराम बढ्दै गएको थियो। मैले हरेक ठाउँमा त्यसरी नै गाएँ, जसरी गुम्बामा गाउँदै आएकी थिएँ। केवल उही संवेदनामा, त्यसदेखि बाहेक केही नसोची, उसै गरी मञ्चमा पलेँटी कसेर, सामुन्नेको टेबलमा प्रार्थना पुस्तक राखी आँखा आधा चिम्लिएर। एउटै गाह्रो कुरो चाहिँ बाजाहरूको ताल ठम्याएर गाउनुमा थियो। मलाई यसको बानी थिएन। मन्त्र गायनका क्रममा म बेलाबेलामा आफैँलाई भेटाउने गर्दिनथेँ। यसले स्टिभलाई दिक्क लगाउँथ्यो र बारम्बार मलाई सचेत गराउन खोज्थे, 'सँगै, धुनसँगै गाउनुस्।' म उनलाई आफ्नो अप्ठ्यारो बुझाउने कोसिस गर्थें।

वास्तवमा मेरो गायकीको विकास नै आध्यात्मिक सौन्दर्यचेतबाट भएको हो। म जहिले पनि उन्मुक्त भएर गाउने गर्छु, जसमा अरू

लय र ताललाई साथसाथै लैजाने गरी सन्तुलन मिलाइएको हुँदैन ।

निरन्तरको अभ्यासले म बिस्तारै बानी पर्दै थिएँ। मलाई पोख्त बनाउन स्टिभ सबै उपाय लगाइरहेका थिए। मलाई थाहा छैन कसरी हो, उनका वाद्ययन्त्रसँग मेरो स्वरको तारतम्य मिल्दै गइरहेको थियो। मन्त्र गायनलाई उनी अत्यन्त श्रद्धा गर्थे । त्यसको आभास उनको वाद्यवादनबाट पनि मिल्थ्यो । बज्दाबज्दै कहिलेकाहीँ अचानक शान्त भइदिन्थे र एकै छिनको शून्यता चिर्दै फेरि सुमधुर आवाज झङ्कृत पार्थे । गहिराइमा पुगेका बेला यस्तो शून्यतालाई शक्तिशाली रूपमा प्रयोग गर्न सक्ने उनको वादन शैली वास्तवमै अद्‌भुत थियो। त्यसैले हाम्रो अभ्यास खुब जम्दै गएको थियो ।

स्टिभको अकोस्टिक गितार र मार्कका ताल बाजामा मिसिएको आफ्नो स्वर अब मलाई अरू मन पर्न थालेको थियो । मलाई के पनि मन परिरहेको थियो भने बुद्ध धर्मका विषयमा जान्दै नजानेका वा अत्यन्तै कम जानेका श्रोताहरूलाई पनि म आफ्ना मन्त्रमार्फत त्यसबारे जानकारी गराइरहेकी थिएँ र प्रभावित पारिरहेकी थिएँ, त्यो भाषामा जुन उनीहरू बुझ्दैनथे । हरेक खण्डको समाप्तिपछि म खुब कुरा गर्थें। ती प्रार्थनाको अर्थ के हो र ती कहाँ उत्पत्ति भएका हुन् भन्ने जानकारी तिनमा खुलाइएका हुन्थे । यीमध्ये केही एघारौँ शताब्दीका पनि थिए; त्यस्ता मन्त्र सुनेर अमेरिकीहरू बडो उत्साहित हुन्थे । स्टिभ र मैले सदैव स्वाभाविक किसिमले बोल्ने कोसिस गऱ्यौँ। यो अत्यन्तै सफल भयो ।

'लौ हेर्नुस् आनी, हाम्रा बारेमा *फिलाडेल्फिया इन्क्वायरर* पत्रिकाले लेख छापेको रहेछ ।'

'हो र ? के लेखेको रहेछ त ?'

'हाम्रो समूहलाई सुन्नु भनेको एउटा चमत्कारी र कोमल वस्तुको सिर्जना भएको देख्नु जस्तै हो रे।'

स्टिभ त अब भुइँमा न भाँडामा हुन थाले। उनी घरी कफी पिउन बिर्सने त घरी खाँदाखाँदै चम्चा बीचैमा रोकेर सोचमग्न हुन थालेका थिए। मलाई उनको यो चाला देखेर हाँसो उठिरहेको थियो। उनको उत्साह र उमङ्गले मलाई खुसी बनाउँथ्यो।

स्टिभले मार्कतर्फ फर्केर अखबारका बाँकी अंश पढ्दै गए। कुनैकुनै शब्दलाई उनी विशेष जोड दिएर उच्चारण गर्दै थिए :

"टिबिट्सले नेपालको गुम्बामा एउटा स्वर फेला पारेका छन्। यो एउटा यस्तो विशेषता बोकेको स्वर हो जसले शताब्दिऔँदेखिको कलालाई हामीसँग जोड्छ। ध्यानमग्न र सुरिलो यो आवाजले श्रोतासामु परोपकारी र आत्मविश्वासी दुवै भाषा बोलिरहेको हुन्छ। 'राम्रो सामञ्जस्य मिलेका बेला नेपालमा हामी एकै छिन नथामिएर दिनभर पनि गाइरहन सक्छौँ; तर यहाँ मान्छेसँग निकै थोरै समय छ जस्तो लाग्छ, त्यसैले हामी तपाईंलाई केवल नब्बे मिनेटको प्रस्तुति दिन गइरहेका छौँ,' ठट्टा गर्दै भनिरहेकी थिइन् आनी छोइङ डोल्मा।"

मलाई अन्तर्वार्ता दिन सुरुदेखि नै साह्रै मन पर्छ। यो प्रसङ्ग चल्दा म त्यो विशेष क्षण जहिले पनि सम्झिन्छु।

त्यति बेला मैले वर्षौंदेखिका आफ्ना कुण्ठा ओकल्ने मौका पाएकी थिएँ। पछिल्लो वसन्त ऋतुमा मैले नेपाली आनीहरूका निम्ति विद्यालय खोल्ने निधो गरेकी थिएँ। त्यसै वसन्तमा मैले यो पनि बुझेकी थिएँ– यो काम सम्पन्न गर्न मलाई अत्यन्त ठूलो रकमको जरुरत पर्छ।

त्यो अन्तर्वार्ताको अन्त्यतिर एक अमेरिकी पत्रकारले मलाई सोधिन्–

'र अब तपाईंको सपना के छ, आनी छोइङ ?'

'नेपालमा आनीहरूको लागि एउटा स्कुल खोल्ने !'

त्यति बेला यो भनाइ स्वतःस्फूर्त रूपमा मेरो मुखबाट निस्केको थियो, जबकि यस्तो कुरा यसअघि पनि मेरो दिमागमा नखेलेको होइन। नेपाली र भोटिया समुदायका चेलीहरू पढाइको मामिलामा पछाडि पारिनुले मलाई सधैँ चिन्तित तुल्याउँथ्यो, उदेक लगाउँथ्यो। चार वर्ष स्कुल जान पाउनु पनि मेरा निम्ति दुर्लभ अवसर थियो। तीक्ष्ण विद्यार्थी भएकीले मेरो कक्षा मात्र लगातार बढेको थिएन, त्यसले गणित र अरू विषयका मूल तत्त्वहरूसम्मकै समझ बनाउन मलाई मदत पनि गरेको थियो। त्यो अवसरका निम्ति म आमाप्रति आभारी छु। मेरी आमाले मावलका हजुरबासँग केही लेखपढ गर्न सिक्नुभएको रहेछ। उहाँमा यो गुण बामा भन्दा बढी थियो।

नेपालमा शिक्षाको अवस्था साह्रै कमजोर छ। सरकारले निःशुल्क त गरेको छ, तर त्यसको प्रभावकारिता नगण्य छ। सामान्यतया लोग्नेमान्छेहरूले हरहिसाब राख्न र अङ्ग्रेजीमा केही बोल्न अनि नेपालीमा लेख्न त जानेकै हुन्छन्। तर त्यही कुरा जब छोरी मान्छेमा खोज्न थालिन्छ...

नागी गुम्बामै पनि नब्बे प्रतिशत आनीहरू न पढ्न सक्थे न त लेख्न नै। धार्मिक पुस्तक चाहिँ उनीहरू ठम्याउनसम्म सक्थे। किनभने दशकौँदेखि उनीहरूले त्यसैलाई हेर्दै आएका थिए, तर त्यसलाई पुनः लेख्नुपरे अथवा व्याख्या गर्नुपरे उनीहरू सक्दैनथे। बहुसङ्ख्यकको सोचाइ पनि थियो– आनीलाई औपचारिक शिक्षाको के काम ? जति यिनीहरूले जानेका छन् त्यही नै पर्याप्त छ। कामै छैन। हाम्रो संस्कृति अनुसार पनि हरेकले आफूलाई गुरुको सेवा र गुम्बाको

सरसफाइमै लगाइरहनुपर्छ। कसैसँग शिक्षा छैन, गुरुलाई सुझाव दिने कुनै ज्ञान छैन भने त्यस्ताहरूले गर्ने नै शारीरिक परिश्रम र तपस्या मात्र हो। यसरी नै सबैको भूमिका पनि निर्धारण गरिएको हुन्थ्यो : लोग्नेमान्छेले पढाइगुनाइ र महिलाले घरायसी काम गरेर जिम्मेवारी निर्वाह गर्ने। लामाहरूमा ज्ञान भरिएको हुन्थ्यो। केटाकेटी छँदा म उनीहरूलाई बडो श्रद्धा गर्थें। उनीहरू दिनभरि पढ्थे; जे कुराको पनि अर्थ जान्ने ज्ञान हुन्थ्यो र त्यसका आधारमै उनीहरू सर्वत्र पूज्य हुन्थे। आनीहरूका निम्ति भने स्थिति एकदमै बेग्लै थियो, अथवा भनूँ, उनीहरू चरम विभेदको सिकार थिए तैपनि अधिकांशले केही सिक्ने मनोकाङ्क्षा राखेका थिए। तर, त्यो चाहनालाई मूर्त रूप दिन न पैसा थियो न आवश्यक आधार नै।

म सानै उमेरदेखि यो विभेदको विरोधी थिएँ। त्यसैले आनीहरूका निम्ति पढ्ने अवसर जरुरी ठान्थैँ, ताकि उनीहरूले आफ्नो हक बमोजिमको स्थान पाउन सकून् र विश्वलाई आफ्नै किसिमले बुझ्नका निम्ति उनीहरूलाई शिक्षाको उज्यालो उपलब्ध हुन सकोस्। आनीहरूले पनि लामाले जत्तिकै अवसर पाउनुपर्छ भन्ने सोच कसैमा देखिँदा पनि देखिएन। उनीहरू ध्यान गर्थे तर आफूमा भएको ज्ञान कसैलाई दिन सक्ने क्षमता थिएन। सामाजिक संरचनाले यो कुरालाई यसरी जड बनाइदिएको थियो, जसलाई फेर्छु भनेर चिताउनु पनि व्यर्थ हुन्थ्यो।

तर, यो अवस्था फेरिनैपर्थ्यो। अमेरिका पुगेपछि मलाई यो सम्भव छ भन्ने लाग्न थाल्यो। नेपाली चेलीहरूलाई शिक्षाका निम्ति थोरै र हुँदै नभएसरहको अवसर छ भन्ने सुनेर अमेरिकीहरू चकित परेका थिए। प्रत्येक कार्यक्रमको समापनपछि श्रोताहरू हामीनजिक आएर दर्जनौँ प्रश्न गर्थे। हाम्रा निम्ति उनीहरू कसरी उपयोगी साबित हुन सक्छन् भनेर सोध्यासोध्यै गर्थे।

जे होस्, मेरो यो पहिलो साङ्गीतिक विदेश यात्राका रमाइला स्मरणहरूलाई एउटा साह्रै नमीठो घटनाले चाहिँ धूमिल बनाइदियो। अमेरिका बसाइको लगभग अन्त्यतिर एक साँझ हामी सुत्न जानै लागेका थियौँ, साथमा रहेकी तेस्री आनी म र सीताको कोठामा आइन्।

'छोइङ, सीता, म त बिदावारी हुन पो आएँ।'

'लौ हुन्छ, शुभरात्रि तिमीलाई पनि।'

'होइन, म साँच्चिकै बिदा हुन आएकी। तिमीहरूसँग नेपाल होइन, बरु भोलि अन्तै लाग्दै छु। मैले तत्काल यतै बस्ने सोच बनाएँ। अहिलेलाई कम्तीमा तीन महिना न्युयोर्क बसेर हेर्नुपऱ्यो।'

'के ठट्टा गरेकी ? के यो साँचो हो ? यस्तो नचाहिने कुरो नगर...'

सुरुमा त कसैले उनलाई बहकायो कि भन्ने लागेको थियो, तर होइन रहेछ।

'तिमी त अङ्ग्रेजी पनि राम्ररी बोल्न जान्दिनौ। यहाँ कसरी निर्वाह गर्छ्यौ ? यसो नगर, बिन्ती नगर। हिँड, हामी सँगै फर्कौं। तिमीलाई यो ठाउँ आउनैपऱ्यो भने पनि पछि फेरि सानले आउन सकिहाल्छ्यौ। अहिले चाहिँ यसो नगर।'

'मैले यो विषयमा सोचिसकेँ, अब मलाई फर्किएर गुम्बा जानु छैन। म यहीँ बस्ने कोसिस गर्दै छु। म अब आनी भएरै बाँचिरहन चाहन्नँ। एकाध महिना यहाँ बस्छु र त्यतिन्जेल केही उपाय लागेन भने नेपालै फर्कन्छु। तर म यो अवसरको लाभ उठाउन चाहन्छु।'

'तिमीले यसो गर्न पाउँदिनौ। मैले आफ्नो विश्वासमा तिमीलाई गुरुकहाँबाट ल्याएकी हुँ। तिमीलाई छोडेर म फर्किनै सक्दिनँ। यो मैले गाली सुन्ने बाटो हुन्छ। तिमीलाई त्यस्तो लाग्दैन ? तिमी यहाँ

मेरो जिम्मेवारीमा छचौ। तिम्रो भविष्य यो स्थानमा छँदै छैन। तिमीले पश्चात्ताप गर्नुपर्छ। विश्वास गर।'

घोसेमुन्टो लगाएर बसेकी सीता चाहिँ यतिन्जेल भइरहेका कुराहरूमा ध्यानै नदिई बिछ्यौनाको भित्तातिर सजाइएको ऊनी बालिस्टलाई खेलाइरहेकी थिइन्। म स्वाभाविक तवरले उनीतिर मोडिएँ र रुसङ्ग भएँ। के यिनी पनि बस्न चाहेकी हुन् ? लौ मार्‍यो ! अब मेरा निम्ति केही बचेन। लौ मलाई मुक्ति देओ भनेर हिँड्नु र दुई आनीलाई अमेरिकी मोहनीमा छाडेर आएकी भन्ने कलङ्क बोकेर गुम्बामा फर्कनुको विकल्प नरहने भयो ! तै सीताले मतिर हेर्दै मुस्कान छाडिन्। उनले त त्यस्तो के गर्थिन् र ! उनी नागी गुम्बासँग झन् गहिरो गरी जोडिएकी आनी हुन्।

तर, अर्कीका कुराले मलाई बडो निराश बनाए। मैले गरिब र टुहुरी देखेरै उनलाई ल्याएकी थिएँ। सोचेकी थिएँ– यो यात्राले उनलाई भ्रमणको अवसर दिनेछ; संसार हेर्ने ढोका खोल्नेछ। उनी जस्ताले दुर्लभै पाउने अमेरिका यात्राको अवसर ! मैले उनका निम्ति अवसरको चाहना राखेँ र त्यसको बदलामा उनी मलाई सबैका सामु लज्जित पार्न चाहिरहेकी थिइन्। लाग्यो, मेरो यो दुर्भाग्यलाई छुच्ची आनीले मरीमरी हाँसेर उडाउनेछिन्। उनले त पहिल्यै मलाई बाँकी राखेकी थिइनन्। मैले आनीहरूको साथ पनि गुमाउनेछु, अनि छुच्ची आनीले मविरुद्ध विषवमन गर्न अझ धेरै निहुँ पाउनेछिन्। म रिसले काम्न थालेँ। यी मन्दबुद्धि आनीको स्वार्थी चाला देखेर भित्रभित्रै साँच्चै आक्रोश उम्लिरहेको थियो।

'उसो भए तिमी बिहे गर्न चाहन्छचौ, कुरो त्यही होइन ? तिमी यहाँ बस्न चाहन्छचौ र अमेरिकाको क्षणिक खुसीमा रमाउन चाहन्छचौ ? धत् ! तिम्रै कारणले गर्दा अब मैले जीवनभर कसैलाई

पनि आफ्नो साथमा यात्रा गराउन नसक्ने भएँ। उनीहरूले मलाई अब पत्याउँदै पत्याउँदैनन्। तिम्रो कारणले।'

ढोकाको पल्लामा झुकेकी आनी, जो अब आनी रहिरहन चाहन्नन्, गहभरि आँसु पारेर रुन थालिन्। उनका गाला थरथर काम्न थाले। उनी हत्केलाहरू मिच्न थालिन्।

'देख्तिनौ म पनि कत्ति तर्सिएकी छु? म केही गर्न चाहन्छु। म काम गर्न चाहन्छु; पैसा कमाउन चाहन्छु; राम्रो जीवन बिताउन चाहन्छु। मलाई पनि एउटा राम्रो घरको चाहना छ अनि राम्रा लत्ताकपडाको पनि। के म स्वतन्त्र छैन? हो कि होइन भन? म आफ्नो लागि स्वतन्त्र छु कि छैन?'

पक्कै पनि उनी स्वतन्त्र छिन्!

उनको दिमागी हालत देखेर ममा निराशा जाग्यो। उनले आनी हुनुलाई यत्रो बोझका रूपमा लिएकी होलिन् भन्ने मैले कहिल्यै सोचेकी थिइनँ। हाम्रो जीवनभन्दा निकै परको पश्चिमा जीवन शैलीप्रति मैले कहिल्यै नकारात्मक सोचाइ राखेकी थिइनँ, छैन पनि। मेरा धेरै युरोपेली साथीहरूले उनीहरूको जीवनमा प्रेम, उमङ्ग र भोगाइहरूका बारेमा बताएका थिए र मैले त्यति बेला उनीहरूप्रति शत प्रतिशत समर्थन पनि जनाएकी थिएँ। तर यी आनीले स्वतन्त्रता भनेको जिन्स लगाउनु, सुपर मार्केटमा तरकारी बेचेर पैसा कमाउनुलाई भन्ठानेकी छन् भने उनले वास्तविकताप्रति कत्ति साँघुरो सोचाइ राख्दी रहिछन्! मैले तत्काल उनको सतही सोचलाई पनि ठम्याएँ। कस्तो भ्रममा परेकी रहिछु म! मलाई एउटै कुराले पिरोलिरहेको थियो– म नेपाल फर्किंदा उनी साथमा हुनेछैनन्, जो मेरो जिम्मेवारीमा यहाँ आएकी थिइन्। आफ्नो उत्तरदायित्वबाट भाग्नु मबाट सम्भव थिएन।

'ठीक छ, तिमीलाई इच्छा लागेको गर । यदि तिमीले विचार परिवर्तन गऱ्यौ भने तिमीलाई थाहै छ, हामी कहिले फर्कंदै छौँ । तिमीसँग स्टिभ र मार्कको नम्बर पनि छ; त्यसैमा फोन गर्नू । हामी तिम्रो हवाई टिकट रद्द गर्नेछैनौँ । यदि तिमीले यसबीच विचार बदल्यौ र योजना अनुसारै फर्किने भयौ भने, विश्वास गर, हामीबीच अहिले जेजति कुरा भए त्यो कहिल्यै कसैलाई बताउनेछैनौँ । जेजस्तो भए पनि आफ्नो राम्रो ख्याल राख्नू ।'

आखिर हामी उनीबिनै स्वदेश फर्कियौँ । महिनौँपछि एउटा क्षणिक कुराकानीमा मैले थाहा पाएँ– उतै बिहे गरेर उनी न्युयोर्कको कुनै कुनामा बस्न थालिछन् । त्यसको केही समयपछि नै म यो विद्वेषबाट मुक्त भएँ । तर पूर्वानुमान अनुसारै मैले छुच्ची आनीका आरोप-प्रत्यारोप र उपहास चाहिँ झेलिरहनुपऱ्यो । मलाई अप्ठ्यारामा पार्ने यस्तो राम्रो मौका सजिलै उम्कन उनले के दिन्थिन् !

'मैले तिमीहरूलाई भनेकै थिएँ नि, यस्ता कुराहरू हामी जस्ताका निम्ति होइनन् भनेर । तिमीहरू आफूलाई के ठान्छचौ ? बिनाकुनै कारण यसरी संसार चहार्दै हिँड्न मिल्छ ?'

'सीता र मैले असाधारण अनुभव लिने मौका पायौँ र हामी सद्दे फर्कियौँ; तपाईंले देखिरहनुभएकै छ ।'

'कुनै पनि आनीको लागि त्यो जीवन सही थियो भनेर तिमीहरूले मेरो चित्त कहिल्यै बुझाउन सक्दैनौ । तिमीहरूको व्यवहार सहन सीमाभन्दा बाहिरको छ । यदि तिमीहरू आफूमा केन्द्रित हुन चाहन्छौ भने त्यो तिमीहरूको समस्या हो । तर नागी गुम्बालाई तिमीहरूको सनकको कुनै खाँचो छैन । छ्योकी निमा रिम्पोछेले तिमीहरूको यस्तो व्यवहारलाई बेवास्ता गरिदिनुभएकैले मैले केही गर्न सकिरहेकी छैन ।

तर, मेरो बुझाइमा चाहिँ तिमीहरूको चालामाला आनीलाई सुहाउने पटक्कै भएन ।'

म रिसले आगो हुँदै गुम्बाबाट बाहिरिएँ । म छुच्ची आनीको ज्यादती अरू सहन सक्ने अवस्थामा थिइनँ ।

गुरुको निधनपछि मैले आफ्नो समुदायका निम्ति काम गर्ने इच्छा राखेर केही कदमसमेत चालिसकेकी थिएँ। समाजले मबाट लाभ लिन सक्छ भन्ने लागेपछि आखिर किन चुप लागेर बस्नु ? गुरुहरूसँग यसैका निम्ति मैले सम्पर्क पनि गरिसकेकी थिएँ। उनीहरूले मलाई सक्दो सहयोग गर्ने वचन दिएका थिए। तर, जति कुरे पनि आफ्नो आकाङ्क्षा अनुसारको जिम्मेवारी मैले कहिल्यै पाइनँ ।

त्यसैले मैले आफ्नै तर्फबाट केही गर्ने जमर्को गरेँ। पालो आउला र गरुँला भन्दै कति कुरिबस्नु ? यो मेरो प्रवृत्ति पनि होइन । नागी गुम्बाकै निम्ति केही गरूँ भन्ने चाहना मैले राखेकी थिएँ । तर, उनीहरू यो चाहँदैनन् भने मैले छुट्टै परियोजना थाल्न धेरै ढिलाइ गर्नु हुन्थेन। र, त्यो परियोजना थियो आनीहरूलाई पढाउने विद्यालयको स्थापना ।

पहिलो अमेरिका यात्राबाट मैले एक महिनामै दस हजार अमेरिकी डलर आर्जन गरेकी थिएँ । म दङ्ग थिएँ । किनभने, यति पैसाले एउटा संस्था बनाउन मजाले पुग्ने थियो। मेरो संस्था ! केही आनीहरू गुम्बामै प्रार्थना गरेर जीवन बिताउन चाहलान्; त्यसमा मेरो भन्नु केही थिएन । तर, म एउटा बेग्लै संरचना तयार पार्ने अभियानमा लाग्न आँटेकी थिएँ। आफूसँग भएको सबैभन्दा राम्रो औजार अर्थात् स्वर अनि ख्यातिलाई प्रयोग गरेर म आफ्नो सपना साकार पार्ने बाटामा हिँड्ने तरखरमा थिएँ । मैले निधो गरे अनुसारै छिटोभन्दा छिटो आनीहरूका निम्ति विद्यालय खोल्नु थियो । र, यदि त्यसका

निम्ति रातदिन काम गर्नुपर्थ्यो, अन्तर्वार्ता दिनुपर्थ्यो र तस्बिर खिचाउनुपर्थ्यो भने पनि म तयार थिएँ।

मलाई प्रसिद्धिको शिखरमा पुग्ने रहर त्यति बेला पनि थिएन; अहिले पनि छैन; साँच्चै छैन। मैले चर्चित बन्न गाएकी पनि होइन। यस्ता सोचाइहरू मेरो कल्पनाभन्दा निकै पर छन्। म पैसा कमाउन गाउँछु। मलाई थाहा छ, केही मान्छेले मेरो यो विचारलाई पचाउन गाह्रो मान्छन्, आनी भएर पैसा कमाउने चाहना राख्छे भन्दै। हो, तर मेरा निम्ति सत्य यही हो।

मभित्र एउटा सपनाको बीजारोपण गरिदिएकामा म स्टिभलाई धन्यवाद दिन चाहन्छु। उनी नभइदिएका भए मैले आफ्ना मूर्च्छनाहरू रेकर्ड गर्न सक्ने थिइनँ; आफू गायिका पनि बन्न सक्छु भन्ने भेउ पाउने थिइनँ। श्रोता-दर्शकका अघिल्तिर उभिनु र मनग्गे पैसा कमाउनु जस्ता कुराहरू मेरा निम्ति कल्पनाभन्दा पनि बाहिरका हुन्थे। यी सब सत्यमा परिणत भए। अन्यायविरुद्ध केही गरूँ भन्ने वर्षौंदेखिको मेरो सोचका निम्ति यो अमेरिका यात्राले बाटो तयार पारिदियो।

अध्याय १४

आर्यतारा स्कुल

म सिङ्गापुरबाट भर्खरै फर्किएकी थिएँ। एउटा अद्‌भुत प्रसङ्गले साह्रै खुसी बनाएको थियो। घर पुग्नेबित्तिकै हतारिएर आमालाई खोज्न उहाँको कोठातर्फ दौडिएँ। बुरुक्क उफ्रिएर ओछ्यानमा बस्दै उहाँका हात च्याप्प समातेँ।

'आमा, पत्याउनै गाह्रो पर्ने एउटा कुरा छ। मैले एक जना गजबकै लोग्नेमान्छे फेला पारेँ।'

उहाँ वाल्ल पर्नुभयो। संसारभर यत्रो घुम्याघुम्यै गर्ने मान्छेका निम्ति यो कुरो त आखिरमा हुनै थियो भने जस्तो गरी उहाँले मलाई हेर्न थाल्नुभयो। मानौँ छरछिमेकका सबैले भने जस्तै उहाँकी सुन्दर छोरीले एक न एक दिन त आनी जीवन त्याग्ने नै थिई।

'उसो भए तिमीले गोपालको छोरालाई भेट्यौ ?'

गोपाल, मेरा अभिभावकका छिमेकी, केही वर्षअघि हाम्रो घर बनाउने बेलामा आफ्ना छोराको तस्बिर लिएर मकहाँ आएका थिए। अहिलेसम्म अविवाहित छोरा सिङ्गापुरमै बस्छन्। मान्छेहरूसँग बोल्न र भेटघाट गर्न धक नमान्ने म प्राय: प्रसन्न मुद्रामा रहन्थेँ। मलाई थाहा थियो, सबैका नजर मतिर टक्क अडिन्थे, केटाहरूको

त के कुरा ! म सिङ्गापुर जान लागेको जानकारी पाएका छिमेकीले छोरालाई भेटेरै दिनू भनेर एउटा पोको हातमा थमाइदिएका थिए। यो बुझ्न नसकिने खालको धुर्त्याइँ पक्कै थिएन। मलाई न ती पुरुषसँग भेट्नु थियो न त मतिभ्रष्ट पार्ने ब्यूह रचनामा पर्नु थियो। आकर्षक छु भन्ने अनुभूति पक्कै राम्रो होला, तर मेरो ब्रह्मले प्रशंसाको आवाजलाई यहाँनिर अलिक मत्थर पार्नुमै हित देखेको थियो।

पुरुष र स्त्रीबीचको प्रेम कदापि मेरो प्राथमिकता सूचीमा पर्दैन। सिनेमामा म प्रेमका दृश्य हेर्दा रमाउँछु। तर, वास्तविक जीवनमा मलाई यसको चाह छैन। र अब, जब म स्वतन्त्रताको निर्बाध उपभोग गरिरहेकी छु, संसारलाई बुझ्ने बाटामा हिँडिसकेकी छु, पक्कै पनि आफूलाई कुनै पुरुषमा समर्पित गर्नेवाला छैन, जसको अनुमति मैले हरेक कुरामा लिनुपर्नेछ र जोप्रति मेरो उत्तरदायित्व रहनेछ। यस किसिमका बन्धनमा पार्ने विचारहरू मेरा निम्ति निरर्थक भइसकेका छन्। मैले लगाएका कपडाहरूले आफ्ना स्त्री आकारहरूलाई लुकाउन नसके पनि भित्रभित्रै गहिराइमा म स्वयंलाई 'टम ब्वाई' नै महसुस गर्छु। कुतकुतिएर हाँस्नु वा कर्के नजर लगाउनुमा रमाउने प्रवृत्ति मभित्र छँदै छैन।

'उनी एकै छिन मेरो सामुन्ने परेका थिए; मैले राम्ररी हेर्दा पनि हेरिनँ। मैले उनको पोको हातमा थमाइदिएँ र फर्किहालेँ। फेरि भेटेँ भने सायद चिन्दा पनि चिन्दिनँ होला। होइन, फेरि उनैको बारेमा चाहिँ किन सोधिरहनुभएको नि ! बरु मैले एक जना अर्कै भद्र लोग्नेमान्छेलाई भेट्ने मौका पाएँ, जसले मलाई स्कुल बनाउन सहयोग गर्ने वचन दिएका छन्।'

मेरो अभियानका प्रथम संरक्षक फ्रेडी मोह ताई तोङ हुन्। उनी केङ लेकका परिचित हुन्, जोसँग मेरो लामो समयदेखि चिनजान थियो। आज मलाई आफ्नो अभियानमा सघाउनेहरू धेरै भइसकेका

छन् । तर, प्रारम्भिक चरणमा यस्ता हातहरू जुटाउन कम्ती हम्मे थिएन । त्यस्तो कठिन बेलामा फ्रेडी अग्रसर भएका थिए । एक साँझको खाना मैले केङ लेकसँगै खाने तय थियो। तर, कुनै रेस्टुरेन्ट लैजानुको साटो उनले मलाई सरासर एक जना साथीको घरमा पो लगिदिए । उमेरको चार दशकको उत्तरार्धमा रहेका फ्रेडी हँसमुख पुरुष रहेछन्, सिङ्गापुरका एक असल नागरिक। उनी असाध्यै धनी रहेछन् र मैले फेला पारेसम्म असाध्यै फराकिलो छाती भएका पनि।

'आनी, यिनी फ्रेडी हुन्। यिनको सिङ्गापुरमा भव्य रेस्टुरेन्ट छ। *चिकेन राइस* हो क्यारे ।'

'तपाईंसँग भेट्न पाउँदा खुसी लाग्यो। मेरो रेस्टुरेन्टमा एक दिन तपाईं खानाको लागि आउनैपर्छ ।'

'धन्यवाद ।'

'आनी, फ्रेडीका पिताको सिङ्गापुरमा घरजग्गाको ठूलै कारोबार छ। अर्को रमाइलो कुरा, यिनी गीत पनि असाध्यै राम्रो गाउँछन् ।'

अनेक सन्दर्भहरू निकाल्दै हाम्रो कुराकानी सौहार्दपूर्ण ढङ्गले अघि बढेको थियो । उनको घर, उनको कुरागराइ र रहनसहन हेरेर सजिलै अन्दाज लगाउन सकिन्थ्यो– यी गतिलै धनीमानी हुन् । यी व्यक्तिले चाहे भने मलाई सघाउन सक्छन् भन्ने लाग्न थाल्यो ।

तत्क्षण बिनाकुनै योजना मैले प्वाक्क मुख फोरिहालेँ :

'तपाईं धनी हुनुहुँदो रहेछ। मलाई लाग्छ, कुनै दिन तपाईंले मलाई सहयोग गर्न सक्नुहुन्छ ।'

'ओहो ! भन्नुस् न, कस्तो सहयोग हो त्यो ?'

'मैले आनीहरूको लागि स्कुल खोल्ने सपना देखेकी छु ।'

'त्यसको लागि तपाईंलाई के चाहिन्छ ?'

'त्यो स्कुलको भवन उभ्याउन अलिकति जग्गा किन्नु छ ।'

'मोटामोटी कतिको इस्टिमेट गर्नुभएको छ ?'

'मलाई थाहै छैन ।'

'पचास हजार डलरले पुग्छ होला ?'

पचास हजार डलर... ! यत्रो रकम त मैले कल्पना पनि गरेकी थिइनँ। उनले कत्रो विश्वास गरे, जबकि म त्यति बेला केवल मामुली आनी थिएँ जसले उनलाई कुनै कुराको ग्यारेन्टी दिन सक्दिनथेँ !

'अहिल्यै त मलाई केही पनि थाहा छैन; मैले कतै जग्गा हेरेकीसम्म छैन । मैले पत्ता नलगाउन्जेल पैसा तपाईंसँगै रहोस् ।'

'लौ, उसो भए पर्याप्त जानकारी लिइसकेपछि खबर गर्नुहोला । म पक्कै सहयोग गर्नेछु । तपाईंलाई वाचा गरेको पैसा म अहिल्यै छुट्ट्याएर राख्छु, धन्दा नमान्नुस् ।'

कुनै पनि लडाइँमा आफू एक्लै छैन, बरु उदार हृदयले भरिएका विश्वभरका हातहरू भरथेग गर्न तत्पर छन् भन्ने अनुभूतिले मान्छेलाई आनन्दित पार्दो रहेछ। म आफूलाई बडो भाग्यमानी ठान्छु। खल्तीमा हात राख्नुअगावै त्यसको ग्यारेन्टी खोज्न थाल्ने केही शङ्कास्पद मानिसबाहेक सबैले म र मेरो योजनामाथि विश्वास गर्दै आएका छन् । यी केही यस्ता अनुभव हुन्, जसलाई म कहिल्यै भुल्नेछैन । यसरी फ्रेडी नै मेरो योजनाका प्रथम सहयोगी बन्न पुगे ।

मैले यी सारा कुरा बेलीविस्तार लगाएपछि आमाको अनुहार खुसीले भरिएको थियो । मैले धर्ममा आँच आउने काम पक्कै पनि गर्न खोजेकी थिइनँ। सायद त्यसैले पनि आमा मेरी सबैभन्दा मिल्ने साथी

बन्दै जानुभएको थियो। हामी एकअर्काबाट कुनै कुरा लुकाउँदैनथ्यौँ। उहाँमाथि मलाई पूरा विश्वास थियो। हामी दुवै उन्मुक्त भएर हाँस्थ्यौँ र एकअर्कालाई उत्तिकै सघाउँथ्यौँ पनि। अमेरिकाबाट फर्केर आएदेखि अभिभावकसँगको मेरो सम्बन्ध सुमधुर बन्दै गएको थियो। बा जतिखेर पनि कोठामा आइरहनुहुन्थ्यो, दिनरात, म त्यहाँ आरामपूर्वक बसेकी छु कि छैन भनेर चियो गर्न। मैले कहिल्यै ढोकाको चुकुल लगाउने गरेकी थिइनँ। यस्तोमा तीन घण्टा नबित्दै उहाँ फेरि आइसक्नुभएको हुन्थ्यो। कहिलेकाहीँ उहाँ देखा पर्नेबित्तिकै कामना गर्न थालिहाल्थेँ, लामो समय नबसिदिनुभए हुन्थ्यो भनेर। त्यसका निम्ति म उहाँका प्रश्नहरूको सक्दो छोटो जवाफ दिएर पन्छिन खोज्थेँ, जसबाट उहाँलाई म काम गरिरहेकी छु भन्ने हेक्का होस्। त्यसबाहेक बाका कुरा सुनुन्जेल म काम छाडेर उहाँतिरै हेरिरहेकी हुन्थेँ। आखिरमा घर उहाँकै थियो र साँच्चै भनूँ, कुराकानीमै मग्न हुँदा चाहिँ मलाई यी सब गतिविधि मन परिरहेकै हुन्थे। परिवारसँगका आत्मीय क्षणहरू मेरा निम्ति सधैँ महत्त्वपूर्ण रहे। आफ्नो जीवनका बारेमा उहाँले गर्ने कतिपय कुराहरू सुन्न मलाई मन पर्थ्यो। त्यसै गरी बुद्ध धर्मका बारेमा आफ्ना धारणाहरू हामी साटासाट पनि गर्थ्यौँ। कुराकानी लम्बिएर कहिलेकाहीँ अलिक अप्ठ्यारो लागे पनि म मुस्काएरै सुनिरहेकी हुन्थेँ। बा अझै परिश्रम गर्नुहुन्थ्यो, तर अब पहिलेभन्दा धेरै कम। दिन बित्दै गएसँगै दैनिक गतिविधि अनि समयले छाडेका छापहरू बोक्दै गएका बाआमा फेरिन थाल्नुभएको थियो। उहाँहरू यस्तो विन्दुमा पुग्नुभएको थियो जहाँ अब चाहिँ सामान्य सन्तुष्टि र प्रेमका बिम्बहरू भेटिने गर्थे। हो, डाँडामाथिको जून बन्दै गएपछि अब मुर्झाउँदै गएका जोस र उत्पन्न हुन थालेका शान्त संवेगहरूले मेरा अभिभावकलाई प्रेमी-प्रेमिका बनाउन थालेका थिए। आमा जहिले पनि बालाई सक्दो सघाउन खोज्नुहुन्थ्यो अनि बा पनि आमालाई मोहनी लगाइरहनुहुन्थ्यो। उहाँले वास्तविक शारीरिक

भोगभन्दा पनि यस्तै चलखेलमा बढी रुचि राखेको पाउँथें। बाले केही रसिक गतिविधि नगर्नुभएको होइन, तर तिनले उहाँको वैवाहिक जीवनलाई चाहिँ खासै असर पारेनन्। एक पटक त उहाँले अलि अति नै गर्नुभएको थियो। बाआमा त्यस बेलाका कुरा खुलेर गर्नुहुन्थ्यो, तर कुनै तिक्तताबिना।

सत्तरी वर्षको उमेरमा बा पूर्वी तिब्बतको खामस्थित पुर्ख्यौली घर घुम्न जानुभएको थियो। फर्कंदाखेरि उहाँ तिब्बतको राजधानी ह्लासामा केही समय थामिनुभएछ। छ महिनासम्म कुनै अत्तोपत्तो नपाएपछि आमा निकै चिन्तित हुन थाल्नुभयो। आमाको चिन्ता चाहिँ बाले राम्रोसँग खानुभयो कि भएन, कसैले उहाँलाई विश्वासघात गरेर अप्ठ्यारामा पारेको पो छ कि भन्नेमा थियो। आमाले मलाई उतै पुगेर बाको पत्तो लगाउने हो कि भनेर सोध्नुभयो। म सौतेनी दाइका साथ तिब्बत गएँ। हामीले तुरुन्तै बा भेट्यौं। त्यहाँ कसैले उहाँलाई विश्वासघात गरेर अप्ठ्यारामा पारेको थिएन। बरु त्यसभन्दा निकै बेग्लै उहाँको गजब स्याहारसुसार पो भइरहेको रहेछ ! त्यति बेला बा त मभन्दा अलिकति मात्र जेठी, तीस वर्ष हाराहारीकी, महिलासँग पो मस्त भेटिनुभयो। अहिले सम्झँदा पनि हाँसो उठ्छ, तर त्यति बेला चाहिँ म के गर्ने कसो गर्ने भनेर बडो विचलित हुन पुगेकी थिएँ। म रिसाएकी होइन, उहाँको उमेरका कारण क्षुब्ध मात्र भएकी थिएँ। तर ती महिला चाहिँ साह्रै असल फेला पार्नुभएको रहेछ, निकै हेरविचार गर्ने। उहाँ तिनै महिलाको साथमा लागेर हिँड्नुभएको रहेछ। बडो रसिक जोडी बनेर बाँचेका रहेछन्। ढुकुर जस्ता !

जे होस्, त्यो पुण्य भूमिको दुई साता लामो बसाइपछि हामी सबै साथै फर्किएका थियौं। सरकार र प्रदर्शनकारीबीचको तनाव त्यस सहरका सडकहरूमा जताततै देखिन्थ्यो। त्यस कारण पनि म सक्दो छिटो उम्कने प्रयास गरिरहेकी थिएँ। बा उति नखरा नगरी

खुरुखुरु हामीसँग आइदिनुभयो। उहाँले बाटो बदल्ने यो एउटा चेष्टा मात्र गर्नुभएको थियो। तर हामीले भेटेपछि सरासर आफ्नी पत्नीकहाँ फर्कन तयार पनि हुनुभयो।

बाको यो चालाप्रति आमाको प्रतिक्रिया पनि अचम्मकै थियो। पतिको खुसीमै आफ्नो पनि खुसी रहेको उहाँ बताइरहनुभएको थियो। उहाँ बूढा भइसकेकाले यस किसिमको चलखेलले उहाँलाई राम्रै गर्ने आमाको धारणा थियो। आमाको माया पवित्र थियो, जसमा अरूको खुसीका निम्ति आफूले सकेको सबै दिऊँ तर त्यसको बदलामा कुनै अपेक्षा नगरूँ भन्ने भाव भेटिन्थ्यो। कति सुन्दर ! यसो हुनुको एउटा कारण त बाको विश्वासघात हुन सक्थ्यो, जसले आमालाई बेपर्बाह बनाइदिएको थियो। र, कस्तो पनि भएको हुन सक्थ्यो भने, उहाँ सायद सोच्नुहुँदो हो, 'यस्ता कुराहरू आइरहन्छन्, गइरहन्छन् तर अन्ततः बूढाले जीवनको अन्तिम क्षण अरू कुनै महिला नभई मैसँग बिताउने हुन्।' सारा जीवन मेरा बालाई स्थायित्व प्रदान गर्ने अरू कोही नभई आमा, केवल आमा नै हुनुहुन्थ्यो। बालाई सन्तुलन प्रदान गर्ने स्रोत उहाँ नै हुनुहुन्थ्यो। आक्रोशको भुमरीमा पर्दै आफैँलाई रित्त्याएर जुन कठोर प्रवाहहरू बा निकाल्नुहुन्थ्यो ती सबको तटबन्ध मेरी आमा नै बन्दै आउनुभएको थियो। र, उहाँ सही हुनुहुन्थ्यो। बाका बहुलट्ठी चालामालालाई बिहेपछिका धेरै हिउँदमा पनि स्थिर र अडिग आमाको विनम्रताले अन्ततः मत्थर पार्दै लगेको थियो। अझै पनि सङ्कट त निम्तिन्थे, तर अब धेरै कम भएका थिए; म त्यहाँ बस्न थालेपछि त लगभग बन्दै जस्तो भएका थिए। मैले मध्यस्थकर्ताको भूमिका जो खेलिरहेकी थिएँ। अभिभावकका साथ बिताएका ती पलहरूको साह्रै मीठा सम्झना छन्, मसँग। त्यति बेला हामी साह्रै आत्मीय थियौँ र सबै खुसी थियौँ। त्यसमा पनि यदाकदा बाका उन्मादहरू त छँदै थिए।

कामधाम पनि सबै ठीकठाकै चल्दै थियो । दिन-प्रतिदिन मेरो व्यस्तता बढ्दै थियो । विदेश यात्राबाट आएको केही कमाइ मैले कार्यालय सामग्री र फर्निचरहरूमा लगाएकी थिएँ । नयाँनयाँ टेबल, कुर्सी, कम्प्युटर र प्रिन्टरले भरिएको शालीन पाराको कार्यालय ! कम्तीमा यति चीज नभई मेरो काम चल्दा पनि चल्दैनथ्यो । यसबाहेक मैले 'नन्स वेलफेयर फाउन्डेसन' नामक संस्था खोलेर जगको पहिलो इँटा हाल्ने काम त्यति बेलै गरें ।

ज्यादा औपचारिकतामा अल्झिनुभन्दा समाजका निम्ति ठाडै समर्पित हुने मेरो कार्य शैली उत्तिको व्यावहारिक नहुँदो रहेछ । यस्ता कामलाई व्यवस्थित बनाउन यस्तो कूटनीतिक प्रक्रिया पनि चाहिँदो रहेछ जसले मलाई ब्याङ्क खाता खोल्न र सहयोगको रकम सङ्कलन गर्न मदत पुऱ्याउने थियो । अर्को दृष्टिमा, मेरा लहडी सपनाले अब कम्तीमा कागजी रूप लिएको सङ्केतका रूपमा पनि यसलाई उल्लेख गर्न सकिन्छ । मसँग लेटरप्याड, भिजिटिङ कार्ड र पत्राचारको ठेगाना तयार भयो । यति भएपछि यात्रा अगाडि बढाउन सहज हुन्थ्यो नै । फ्रेडीले गरेका वाचाहरू अझै ताजै रहेको अवस्थामा कुनै विलम्ब गर्नु हुँदैन भन्ने निधोमा पनि पुगें । मलाई थाहा थियो, उनी वचनका पक्का मान्छे हुन्, तैपनि फलाम तातेकै बेला हिर्काउनु बुद्धिमानी हुन्छ । हो, मैले अझै कुर्नु उपयुक्त हुँदैनथ्यो ।

जग्गाका निम्ति मैले भरसक सबैतिर दृष्टि दिएँ । आफ्नो मोटरमा, त्यो पनि एक्लै, मैले नागी गुम्बावरपरका बाटाघाटा र गाउँहरू चहारें । कुरो के भने, मेरा केही प्राथमिकताले गर्दा यो खोजाइलाई झन् जटिल बनाइदिएको थियो । म उचाइमा अवस्थित जग्गा खोजिरहेकी थिएँ । मेरो गुम्बा रहेको स्थान जस्तो, जहाँ म हुर्केकी थिएँ । मलाई भीड र प्रदूषणभन्दा मास्तिर बस्नु थियो, जहाँ सफा र माथिबाट देखिने दृश्यको आनन्द लिन सकियोस् र जसले हाम्रो मस्तिष्कलाई समेत

प्रभावित पार्न सकोस्। मैले जग्गा किन्न खोजिरहेकी छु भन्ने चाल पाएका एक व्यक्तिको फोन आयो। एक पटक जग्गा हेर्ने सल्लाह दिँदै गर्दा उनले मलाई त्यो मन पर्ने ठोकुवा पनि गरिरहेका थिए।

हुस्सुले ढाकेको एउटा बिहान सात बजेतिरै म त्यस स्थानमा पुगेँ। काठमाडौँबाट मास्तिर लागेपछिको सडक साह्रै घुमाउरो र खतरनाक थियो। त्यसमाथि भारी बोकेका ट्रकहरूको लस्कर। राति राम्ररी नसुतेकाले म थकान महसुस गरिरहेकी थिएँ। धेरै कुरा मिलाउनु पनि थियो, त्यसको छुट्टै तनाव। मेरो हुर्काइ-बढाइ शान्त, स्थिर र सुस्त परिवेशमा भएको हो। लाग्यो, यस्तो स्थानमा म आएँ भने अर्को निराशा थपिनेछ। यो सोच्दासोच्दै तत्कालै मेरो मोटर रूखैरूखले भरिएको त्यो पहाडी मोडबाट अर्कातर्फ लाग्यो। हिउँदको आफ्नै स्वाद बोकेर बादललाई छेडेका पारिला किरणहरू छरिन थाले। मेरो देब्रेतर्फ काठमाडौँ देखियो, एकदमै सानो, बत्तीहरूको उज्यालोमा धिपधिप गरिरहेको। मास्तिर चाहिँ पहाडहरू उभिएका थिए, जसका टुप्पा सफा हिउँको चम्किलो टोपीले छोपिएका देखिन्थे। कस्तो अद्‌भुत ! कति सफा ! तिनै पहाडका बेँसीहरू कपास जस्ता बादलले घेरिएका देखिन्थे, कताकति लुकामारी खेलेका बस्तीहरू छोपिएका थिए। आँखै टसमस गर्न नमान्ने दृश्य ! तत्कालै म शान्त भएँ। मेरो मन चाहिँ उफ्रन थालेको थियो। हो, यही हो मैले खोजेको ठाउँ। म ढुक्क भएँ। बेच्ने मान्छे पनि त्यहीँ थिए, मेरो प्रतीक्षामा।

'लौ, तपाईंको जग्गा कहाँदेखि कहाँसम्म हो देखाइदिइहाल्नुस्।'

'उः त्यहीँ माथि हो, आउनुस् त।'

मैले मोटर स्टार्ट गरेँ र उनले देखाएको बाटो दस मिनेटसम्म पछ्याएँ। बेच्न खोजेको जग्गा अलिक भिरालोमा थियो। खोँच जस्तो। सबैभन्दा प्रतिकूल त यो अलिक उत्तरतर्फ फर्किएको खरानी

रङ्गको पहाडको सामुन्ने थियो। न उज्यालो थियो, न मन छुने दृश्य। कस्तो नमीठो! अर्को मिथ्या सपना : मैले यसै भन्ठानें। तैपनि ठाउँ चाहिँ जादुमय थियो। मन अमिलो पार्दै म ती बिक्रेतासँग बिदावारी भएँ। मलाई थाहा थिएन, मेरो खोजी यस्तो जटिल होला भनेर। जसै म मोटर चढेँ, डाँडाको केही पर्तिर मैले एउटा सुन्दर प्लट देखेँ। यो चाहिँ निकै समथर थियो, जहाँ जस्तै भवन पनि मजाले ठडचाउन सकिन्थ्यो। त्यसमाथि साँच्चै सुन्दर पनि। मोटर तत्काल रोकेँ र बाहिर निस्केँ। पश्चिमतर्फ अलिक पर उभिएको एउटा गुम्बा मैले चिनें; गुरुका साथ म त्यहाँ जाने गरेकी थिएँ। स्वर्ग जस्तो रमणीय थुम्कामा उभिएको त्यो सानो गुम्बामा हामी धेरै दिनसम्म ध्यान गरेर बस्थ्यौं। कहिलेकाहीं त अत्यन्त थोरै शब्दहरू मात्र निकालेर एकान्तवासको ध्यानमा लीन हुन्थ्यौं। म अहिले जहाँ उभिएकी थिएँ, त्यहाँबाट गुम्बा मजाले देखिने रहेछ। भाग्यले जुराएको एउटा रमाइलो अनुभूतिले मलाई छुन थाल्यो। यो त्यही जग्गाको टुक्रो हो जसलाई मैले चिनेकी थिएँ।

'यो जग्गा कसको हो? यही जग्गा हो मैले किनुँला भन्ठानेकी!'

मैले ती जग्गा व्यवसायीलाई मनको कुरा छर्लङ्ग बताइदिएँ। त्यसबारे उनले पत्ता लगाउने भए। सबै कुरो मिल्दै गएछ भने सायद छिटै हामी मोलमोलाइसमेत थाल्नेछौं।

केही दिनपछि नै अर्कातर्फको कुरो पनि आइपुग्यो। पचास लाख रुपैयाँ! ओहो... कस्तो अचाक्ली दाम लगाएको? मेरो आर्थिक अवस्थाले भ्याउने नै हो भने पनि चाहिएन यो जग्गा। मोल त जग्गाको हैसियतभन्दा साह्रै बढी पो भयो।

मैले सहमतिको बाटो खोज्ने प्रयास गरें। केही सातासम्मै हामी आपसमा दाम घटबढको झटारो हान्नेतिर लाग्यौं। पैसाको कुरो

मिल्दै मिलेन । जति कुरा गर्दा पनि मेरो इच्छा र हैसियतभन्दा ठ्याक्क माथिको परिमाण मात्र प्रस्तुत गरियो । खरिदकर्ताका रूपमा मैले चित्त बुझाउन सकिनँ । जग्गाधनी रैथाने थिए, पुस्तौँदेखि त्यो जग्गालाई खनीखोस्री बाँचिरहेको सानो किसान परिवार । मैले त्यो जग्गा किन्ने विचार त्यागिदिएँ । कत्ति अपहत्ते गर्नु ! अनि लागेँ अर्कै जग्गा खोज्नतिर । र, भेटेँ पनि । चिटिक्क मिलेको जग्गा, जहाँबाट रमाइला दृश्य देखिँदा रहेछन् । कागजी कामकुरो गर्ने भनेर निधो गरिएकै अघिल्लो दिन फेरि फोनको घण्टी बज्न थाल्यो ।

'तपाईंले लिन खोजेको जग्गाको बारेमा कुरा गर्न चाहेका हौँ ।'

'छोड्दिनुस्, अब धेरै अबेर भयो । मैले अन्तै फेला पारेँ । मलाई अब तपाईंको जग्गा चाहिएको छैन । मैले भनिहालेँ नि, तपाईंले भनेजति म दिन सक्दिनँ ।'

'त्यसैले त हामीले तपाईंलाई फोन गरेका हौँ । ठीक छ, तपाईंले जत्ति भन्नुभयो त्यत्ति नै दिनुस् ।'

अर्कातिर तय भएको जग्गाको कागजपत्र तयार हुँदै थियो । उता कुराकानी टुङ्गो लाग्ने ठीक अघिल्लो दिन मलाई थाहा छैन कसरी त्यो किसान परिवारको निर्णय परिवर्तन भयो । सायद उनीहरूलाई पैसा अति आवश्यक परेर पो हो कि ! जेसुकै होस् । मैले त्यो किसान परिवारको प्रस्ताव स्वीकार गरेँ । केही दिनपछि नै हामी जग्गा नामसारी गर्न मालपोत कार्यालयमा पुग्यौँ । यसरी म जग्गा मालिक भएँ । आहा ! अर्कातर्फ ठीक यति बेलै म आफूसँग भएको पैसा पनि रित्तिएको अवस्थामा पुगेँ । किनभने जग्गाका भरमा मात्र त साना आनीहरूको पठनपाठनको चाँजो मिलाउन सकिन्नथ्यो । म फेरि हतारिन थालेँ । भवन निर्माण गर्न मलाई ठूलै रकम चाहिन्थ्यो । त्यसका निम्ति मैले बढीभन्दा बढी दाताहरू जुटाउनुपर्ने थियो । मैले

साङ्गीतिक कार्यक्रमहरूको सङ्ख्या पनि बढाउनुपर्ने बुझिसकेकी थिएँ। छिटै आवश्यक रकम जुटाउन यो सब नगरी हुँदैनथ्यो ।

त्यति बेलै मैले पछिल्ला केही सातादेखि आफ्नो विद्यालय खोल्न भाडाको घर पनि खोज्न थालेँ। म अब धेरै पर्खन सक्ने अवस्थामा थिइनँ। उदेकलाग्दा विगत बोकेर मनजिक आउने बालिकाको सङ्ख्या दिनदिनै बढ्दो थियो। यसले आफ्नै भवन तयार नहुन्जेल पनि तत्काल कुनै कदम चालिहाल्न मलाई उक्साइरहेको थियो ।

'बा, दलालले मेरो स्कुलको लागि कतै घर खोजिदिएका छन्, त्यो हेर्न जानु छ। मैले तपाईंलाई भनेकी थिएँ नि यसको बारेमा। तपाईं पनि गइदिनुहुन्छ कि ?'

'मलाई पनि हेर्ने इच्छा छ, जाऊँ न त जाऊँ ।'

छिमेककै दलालले मेरा निम्ति साह्रै राम्रो घर फेला परेको बताएका थिए। मेरो परियोजनाले दुई किसिमको प्रतिक्रिया पाइरहेको थियो : असाध्यै रूढिवादी समुदायबाट टीकाटिप्पणी, बाँकी सबैबाट प्रोत्साहन । पक्कै पनि मैले अघिल्लो समूहलाई थोरै ध्यान दिएर पछिल्लोबाट सहयोग जुटाउनुमै बुद्धिमानी थियो ।

'उ: त्यही हो ।'

बौद्धबाट दस किलोमिटरको यात्रापछि हामी काठमाडौं उत्तरको एउटा शान्त थुम्कामास्तिर पुगेका थियौं । त्यहीँ उभिएको एउटा ठूलो भवनअघिल्तिर मोटर रोकियो। सामुन्नेको फुस्रे पसलमा 'ट्राभल एजेन्ट' मात्र लेखिएको थियो। लाग्थ्यो, त्यसपछिको 'ट' अक्षर निकै अघि कतै घुम्न गइसकेको छ। मैले भित्रतिर हेर्न सिसाको झ्यालमा नाक जोतेँ, भित्ताहरू अलि चर्किएका रहेछन्, तर त्यति नराम्रो पनि थिएन ।

'आउनुस, भित्र जाऔँ ।'

चारतले घरका चारै तलामा धूलोको पत्र जमेको थियो । कोठा करिब पन्ध्र वटा रहेछन् । तिनमा ओछ्याइएका टायलहरू पनि फोहोर थिए । पूरै क्षेत्र दिक्कलाग्दो थियो, मानौँ वर्षौंदेखि यहाँ कोही बसेको छैन । तर यसले के फरक पर्थ्यो र ? तुरुन्तै सफा गर्न सकिन्थ्यो । बिजुलीको वायरिङ चाहिँ एकदम ठीक थियो । कोठाको बन्दोबस्त पनि मेरो उद्देश्यका हिसाबले उचित देखिन्थ्यो : भुइँतलामा एउटा विशाल कोठा, राम्ररी बनाइएको भान्छा र एउटा भण्डार कोठा पनि । माथितिर त्यस्तै दस वटाजति कोठा थिए होलान्, ती सबै सभाकक्षतर्फ गएको बाटोसँग जोडिएका रहेछन् । गज्जब ! मासिक बीस हजार रुपैयाँ उचित पनि थियो । मैले तत्कालै निधो पनि गरिदिएँ–

'लौ ठीक छ । मैले लिने भएँ ।'

भोलि पल्ट बिहानै म तात्तिँदै बाल्टिन, पुछ्रा लगाउने सामान, कुचो अनि केही टाला बोकेर त्यहाँ पुगेँ । मेरो प्रथम चरणका सात विद्यार्थीका निम्ति पहिलो पाठ नै 'सरसफाइ कार्यशाला' हुन पुग्यो । दुई सातायता उनीहरू भर्ना हुन थालेका थिए, जसमध्ये यी सात जनाले सुरुमा आवेदन दिइसकेका थिए । मैले उनीहरूका निम्ति स्कुल खोल्न लागेको समाचार टोलभर फैलिसकेको थियो; उसै गरी अन्त पनि यो सूचना विस्तार भइरहेको थियो । मेरा साथीहरूले तत्कालै साना नानीहरू मकहाँ पठाउन थालिसकेका थिए । उनीहरू सबै अति विपन्न परिवारका थिए । यी बालिकाहरू छनोट गर्दा धेरैमा मैले आफ्नै प्रतिच्छाया फेला पारेकी थिएँ । उनीहरू पनि दुष्ट पिताका कारण नर्क बनेको घरबाट म जस्तै उमेरमा आनी बनेर उन्मुक्ति पाउन खोजिरहेका थिए । यस्तो बेलामा मैले स्थापना गरेको ठाउँ भेट्टाउनु भनेको स्वर्गमा पुग्नुसरह हुन्थ्यो । किनभने त्यो

विरक्तिमा घरबार छाडेका अधिकांश चेलीहरू आफ्नै अभिभावक वा अन्यबाट भारत पुऱ्याइएर वेश्यालयमा बिक्री हुने गरेको तथ्य हाम्रो मुलुकमा विकराल समस्याका रूपमा छ। त्यहाँ उनीहरूलाई सकुन्जेल शरीर बेच्न लगाइन्छ; तीमध्ये कतिपय एड्सको सिकार हुने गरेका छन्। एचआईभी सङ्क्रमणका बारेमा उनीहरू सबैलाई जानकारी छ। यताका केही वर्षमा हामीकहाँ यसको प्रचार-प्रसार राम्ररी भइरहेको पनि छ । तर जब गरिबीले मान्छेलाई अँचेट्छ, त्यस्तो बेलामा पूर्वसचेतता जस्ता कुराहरू गौण हुँदा रहेछन् । हामीकहाँ यो प्रवृत्ति आम बन्दै गएको छ। यी चेलीहरू एक पटक सङ्क्रमित हुनेबित्तिकै तिनका भारतीय कोठीवालद्वारा नेपाल फर्काइने गरेका छन्। त्यसपछि उनीहरूको भविष्य बाँकी रहँदैन । अझ यता आइसकेपछि कतिपयले यहाँ पनि पैसा पाउनेबित्तिकै आफ्नो शरीर जोकसैलाई सुम्पिदिन्छन्, जसले गर्दा रोग अझ विस्तार हुने गरेको छ ।

मैले आफ्नो स्कुलका निम्ति पहिलो शिक्षिकासमेत राखेँ । यशी ल्हामु, मभन्दा कान्छी, सायद छब्बीस वर्ष आसपासकी। स्वयम्भूनजिकै बस्ने उनी पनि म जस्तै आनी। उनले एउटा दुर्लभ अवसर पाएकी थिइन्, भारतको बौद्ध विश्वविद्यालयमा गएर पढ्ने। पढेलेखेका आनी पाउन साह्रै कठिन अवस्थामा मैले कम्तीमा एक जना फेला पार्नु भाग्यकै कुरा थियो । पहिलो दिनको व्यापक सरसफाइ अभियानका बेला पनि उनी हामीसँगै थिइन् । उनले त्यस दिन चकको बदला कुचो समातेकी थिइन् र त्यसलाई त्यसै गरी भुइँमा रगडिरहेकी थिइन्, जुन तन्मयतासाथ उनले पढाउँदा बोर्डमा चक रगड्ने गर्थिन्। हामी र थपिन आएका मेरा केही साथीहरूसमेत मिलेर भविष्यको मेरो स्कुललाई माथिदेखि तलसम्मै तीन दिनमै टल्काउन सफल भयौँ । फोहोर हटाएपछि त्यही भवन कति चिटिक्क देखिएको !

'तिम्रो स्कुलको नाम चाहिँ के राख्छचौ नि, छोइङ ?' नामकै खोजी गरिरहेका बेला बाले प्रश्न राख्नुभयो ।

'राम्रो प्रश्न गर्नुभयो बा, यसको नाम आर्यतारा स्कुल राख्नुपर्ला, कसो होला...'

तारा देवीको नाम हो; एउटी बौद्ध देवी जसले नारी ऊर्जाको अवतार धारण गरेकी छन्। मूर्तिहरूमा उनी जहिले पनि हरियो वर्णमा उतारिएकी हुन्छिन्। उनको नामको अर्थ हो दुःखबाट पार लगाउने। उनी सफलता दिने देवीका रूपमा पनि पूज्य छिन्। तारासँग तीन खालका दोषबाट हामीलाई मुक्त गर्ने शक्ति छ भन्ने विश्वास गरिन्छ : बाह्य दोष, जस्तो– आगलागी, भुइँचालो, पहिरो; आन्तरिक दोष, जस्तो– रोगव्याधि तथा गुप्त दोष, जस्तो– भावोत्तेजना र यस्ता अन्य विषयहरू जसले आत्माको आन्तरिक सन्तुलन बिगार्ने काम गर्छन्। ताराले त्यस्तो अवरोधबाट तार्ने काम गर्छिन्। म जहिले पनि सोच्ने गर्थें– मेरो स्कुलको नाम तारासँगै जोडिएको हुनेछ, र मेरा गुरुका छोराले दिएको सुझाव अनुसार 'आर्य' थपिएको थियो जसको अर्थ हुन्छ यशस्वी। आर्यतारा स्कुल : यो नाम मलाई साह्रै सुहाउँदो लाग्यो।

चाँडै अभ्यास पनि सुरु भयो। प्रारम्भमा त सबै थोक हतारमा तयार पारिएको थियो, तर बिस्तारै यसलाई मैले संस्थागत ढाँचामा ढाल्दै लगें। केही टेबल-कुर्सी किनें। अर्को विद्यालयबाट ब्ल्याकबोर्ड मागेर ल्याएँ। कसैबाट कुनै सहयोग नपाएको अवस्थामा आफैंले यो सबै खर्च उठाएकी थिएँ। बालिकाहरूलाई परम्परागत बौद्ध शिक्षा दिन थालियो। यसमा प्रार्थना र धार्मिक शिक्षण त छँदै थियो, तर महत्त्वपूर्ण रूपमा गणित, अङ्ग्रेजी र नेपाली विषयसमेत तिनमा थपिएका थिए। म उनीहरूलाई यथाशक्य सम्पूर्ण रूपमा शिक्षित देख्न चाहन्थें। अहिल्यै त म कम्प्युटर किनिदिन सक्दिनथें, तर उनीहरूलाई पढाउने मेरो प्राथमिकतामा सूचना प्रविधि पनि थियो।

यसमै ध्यान केन्द्रित गरेर अझ प्रभावकारी बनाउन मैले आर्यतारा स्कुलमै एउटा कोठा लिएर उतै बस्ने निधो गरेँ। मैले बाआमाको घरमा पनि आफ्नो कोठा राखेकै थिएँ, जहाँ म जहिल्यै जान सक्थेँ। तैपनि बढीजसो समय स्कुलमै सुतेँ र त्यहीँका बालिकाहरूसँगै खाना खाएँ। अन्ततोगत्वा मैले धर्मसमाजको जुन जीवन नागी गुम्बामा बिताइरहेकी थिएँ त्यसमा आफ्नोपन अनुसारको नयाँ खोजी र निर्माण गरेरै छाडेँ।

त्यसबाहेक आर्यतारा आफैँमा एउटा गुम्बाभन्दा पनि बोर्डिङ स्कुल थियो, जुन अद्यापि यही रूपमा छ। बालिकाहरू पूरा दिन पढेर बिताउँथे। म चाहिँ आफ्नो कार्यालयबाट आगामी साङ्गीतिक यात्राहरूको व्यवस्थापन गरिरहेकी हुन्थेँ।

त्यसै बेला कार्यक्रमका प्रस्तावहरूको पनि ओइरो लाग्न थाल्यो। पछिपछि आफैँले युरोप भ्रमणका योजनाहरू पनि बनाउन सुरु गरेँ। अचानक धेरै थोक हुन थाल्यो, जसलाई सहायकसमेत नराखी म एक्लैले व्यवस्थापन गर्दै गएँ। म प्राय: बाहिरै रहन थालेकी थिएँ। अचेल पनि मैले वर्षभरिमा केही दिन मात्र काठमाडौँमा बिताउन पाउँछु। बाँकी सम्पूर्ण समय जर्मनी, अमेरिका र फ्रान्सका श्रोताअघिल्तिर हुन्छु।

तर बाआमालाई मेरा प्रारम्भिक यात्राहरूको कुनै अर्थ थिएन। उहाँहरू मेरो नयाँ जीवनलाई किङ्कर्तव्यविमूढ भएर हेरिरहनुभएको थियो। ममाथि गर्व गर्दागर्दै र मलाई स्वाभाविक तवरले सघाउँदासघाउँदै पनि मेरा कामहरूको भेउ नपाउँदा 'छोरी अलिक कस्तोकस्तो पो भई कि ?' भन्ने असमञ्जसले पनि उहाँहरूलाई घेर्न थालेको थियो। त्यतिन्जेल नेपालमा मलाई सबैले चिन्दैनथे। जति पनि कार्यक्रमका प्रस्ताव आउँथे ती सबै अमेरिका र युरोपका मात्र हुन्थे।

स्कुलमा हामीले साँझको खाना साथै खाने चलन बसायौँ। खानापछि ठूलो सभाकक्षमा भेला भएर साथै प्रार्थनामा जुट्थ्यौँ। कहिलेकाहीँ भिडियो पनि हेर्थ्यौँ। मलाई प्रेमकथामा आधारित हिन्दी सिनेमाहरू खुब मन पर्थ्यो। सिनेमाका पात्रहरूले दुःख पाएका दृश्य हेर्दा म भित्रैदेखि छोइन्थेँ। जब म एक्लै हुन्थेँ त्यति बेला धरधरी रुन्थेँ पनि। तर, साना नानीहरूका अघिल्तिर बडो मुस्किलले आफूलाई थामथुम पारेर राख्थेँ। हामीले एउटा ठूलो परिवार जस्तो भएर बाँच्न सुरु गर्‍यौँ। नानीहरूका अनुहारमा मुस्कानका नयाँ घेरा बस्न थाले। त्यो देख्दा मिल्ने खुसी म कसरी बयान गरूँ! सबै कुरा राम्रैसँग अघि बढ्न थाले।

र, यसरी नै २०५६ सालआसपास पुग्दा-नपुग्दा मेरो आफ्नै स्कुल भवनको सपनाले पनि अर्कातर्फ मूर्त रूप लिँदै गयो। त्यो ठडिनुमा थुप्रै सद्भाव, मिहिनेत र आशाहरू जोडिएका छन्। यी बालिकाहरू, जसको जीवन पत्थरमा ठोक्किन गइरहेको थियो, त्यो नियतिलाई नयाँ मौका दिएर सक्दो राम्रो बनाउने आशामा हामी लागेका छौँ। हामीले भाग्यको अघिल्तिर झुक्न अस्वीकार गरेका हौँ। त्यसबाहेक हाम्रा थुप्रै महत्त्वाकाङ्क्षा पनि छन्: जस्तो भनिन्छ नि, 'सानोबाट सुरु गर तर ठूलो सोच राख।' यदि सोच सङ्कुचित राखियो भने मान्छेको कर्म त्यसैभित्र साँघुरिएर बस्छ र उसले फैलने स्थान भेट्दैन। त्यसैले ठूलो महत्त्वाकाङ्क्षा राख्नैपर्छ। मलाई माथि उल्लिखित कथन राम्रो लाग्छ। यो मैले पहिलो पटक सिङ्गापुरमा सुनेकी थिएँ। त्यसै बेलादेखि जीवनमा जहिले पनि मैले कुनै योजना बुनेँ, त्यसलाई यही अवधारणा अनुसार अघि सार्दै पनि आएँ। आफूले चाहेमा गर्न नसक्ने पनि कुनै कुरा छ भनेर मैले कहिल्यै सोच्दा पनि सोचिनँ। अरूको उदारतासमेत जोडिन पुगेपछि मभित्र आत्मबल विकास हुँदै आएको छ। र, अहिलेसम्म यो आत्मबलले मलाई फाइदै पुर्‍याएको

छ । मैले घमन्डी भएर यसो भनेकी होइन, यो त केवल मेरो जीवनप्रतिको विश्वास र जीवनबाटै प्राप्त शक्तिको कुरा हो । जे हुन्छ, हामी त्यसलाई परिवर्तन गरिदिन सक्छौँ । यसका निम्ति मान्छे बलियो हुनु जरुरी छैन; उसको सोच बलियो हुनुपर्छ । र म आफूलाई बलियो सोचको कित्तामा उभ्याउन चाहन्छु : कुनै पनि अवस्थामा कुनै महिलाभन्दा कमजोर नभएकी र, अझ महत्त्वका साथ, कुनै पुरुषभन्दा पनि कमजोर नभएकी नारीका रूपमा ।

अध्याय १५

छोरो

उसका आँखाका नानी यस्ता काला थिए, मानौँ ताराविहीन रात हुन्। बडो सुन्दर ! जोकसैलाई पनि सजिलै आकर्षित गरिदिने। तर उसको एकोहोरो हेराइ चाहिँ मेरा निम्ति पहेली बनिरहेको हुन्थ्यो। लामो, सुडौल र नारीसुलभ बान्कीले चिटिक्क ! ऊ मलाई एकोहोरो हेरिरहन्थ्यो, ध्यानमग्न मुद्रामा। बालक विचित्रै गम्भीर देखिन्थ्यो। म ती महिलालाई चिन्छु, जो यो बच्चा बोकेर विनीत भावमा मेरो सामुन्ने उपस्थित भएकी थिइन्। माइली नागी गुम्बाकै आनी हुन्। नागी गुम्बामै बस्दा पनि म उनलाई प्राय: सहयोग गर्थें। किनभने, एक त उनी गरिब परिवारबाट आएकी थिइन्, अर्को म जस्तै उनीमाथि पनि छुच्ची आनीको प्रताडना थियो। त्यस दिनअघि मैले कहिल्यै नदेखेको यो बच्चा माइलीकै दाजुको छोरो रहेछ। आठ महिनाको हुँदै उसले आमा गुमाएको रहेछ र त्यसको आठ सातामै बा पनि बितेका रहेछन्। बच्चालाई पाल्नु त परको कुरा, खुवाउने पर्याप्त पैसाधरि माइलीसँग थिएन। त्यही रनाहामा यो नवजातको भविष्य खोज्दै उनी मेरो दैलोसम्म आइपुगेकी थिइन्।

मैले सोचविचारै नगरी यो बालकलाई स्वीकार गरिदिएँ। कुनै पनि काम गर्नुभन्दा अघि आवश्यकताभन्दा बढ्ता सोच्ने मेरो बानी

छैन। म केवल आफ्नो अन्तर्मनको आवाज सुन्छु। त्यति बेलै अन्तर्मनले भनिदियो– मैले यो बालकलाई सघाउनैपर्छ; उसलाई मेरो खाँचो छ।

सुन्दा अनौठो लाग्ला, तर यसरी नै सोनाम मेरो छोरो बनेको हो, नौ महिना होइन, बरु केही सेकेन्डमै । लगभग तीस वर्षको उमेरमा, स्वाभाविक गतिमै मैले आफूलाई दसमहिने बालककी आमा बनाएकी हुँ ।

भोलि पल्टै काठमाडौँका पसलहरू चहारेर मैले उसका निम्ति आवश्यक सामान जुटाउन सुरु गरेँ। ओछ्यान, टालाहरू, बच्चादानी र ससाना लुगा। स्कुलका सबै आनीहरू दङ्ग परेका थिए। त्यसमा पनि सबैभन्दा बढी त यशी ल्हामु। बच्चाको नाम अहिलेसम्म केही नभएकाले म बौद्धस्थित गुरुका छोरा छोक्लिङ रिम्पोछेको सल्लाह माग्न पुगेँ। उहाँले नै उसको नाम राखिदिनुभयो– सोनाम दोर्जे।

सुरुमा म उसका बारेमा साह्रै चिन्तित थिएँ। कुपोषणका कारण उसको भुँडी सुन्निएको थियो । उसका पेट, पाखुरा र घाँटीतिर सेता दागहरू देखिने र हराउने गर्थे। कुम र कुर्कुच्चातिर थुप्रिएको छाला हात्तीको जीउको चाउरी जस्तो देखिन्थ्यो । सबैभन्दा गम्भीर हुनुपर्ने कुरा त उसको एकोहोरोपना थियो, जसले यो कतै मानसिक समस्याको सङ्केत त होइन भनेर तर्साउँदै थियो। दुई भाइलाई आफ्नै हातले हुर्काएकी मलाई केटाकेटीका बारेमा धेरै कुरा थाहा थियो। उनीहरू रुन्छन्, चलमलाइरहन्छन्; जे फेला परे पनि मुठीमा कस्छन्; वाकवाक गर्छन् र खितखिताएर हाँस्छन् पनि। अर्को शब्दमा भन्ने हो भने उनीहरू सक्रिय हुन्छन्। तर सोनाममा यस्तो कुनै पनि गतिविधि देखा परेको थिएन। बडो भद्र बच्चा जस्तो शान्त देखिन्थ्यो। तर, ऊ एक वर्षको पनि त भएको थिएन नि ! भय, त्रास, भोक, चिसो र एक्लोपना जस्ता कुराहरूको कुनै सङ्केतै नदिने यो बालक त अर्थोककै बारेमा पो सोचमग्न हुन्थ्यो। म उसलाई उसका दुर्दिनहरू

सकिए र अब ऊ सुरक्षित ठाउँमा आइपुगेको छ भनी आश्वस्त पार्न खोजिरहेकी हुन्थेँ। उसका कलिला कानका लोतीहरूमा ओठ राखेर म यिनै कुरा बरबराउँथेँ। रात परेपछि म उसका निम्ति गीत गाउँथेँ, ऊ मीठो निद्रामा सुतोस् भनेर। यसै गरी म उसको अनुहारमा मुस्कान दौडाउन पनि चाहन्थेँ। तर कस्तो अनौठो, जहिल्यै एकोहोरो हेर्ने ऊ त मलाई सुन्दैसुन्दैनथ्यो ! प्रत्येक आमा जस्तो म पनि नानाथरी सोच्न थाल्थेँ– सायद उसको मथिङ्गलमै पो कुनै समस्या छ कि ?

हाम्रो समुदायको सदस्यका रूपमा सोनाम सबैलाई ग्राह्य हुँदै गयो। ऊ स्कुलमै मसँग लुटपुटिइरहन्थ्यो। उसका वरपर ससाना आनी र शिक्षिकाहरू हुने गर्थे। यो ठूलो परिवारमा ऊ एक मात्र सानो पुरुष थियो, जसलाई हेरचाह गर्ने र खेलाउनेको कुनै कमी थिएन। यसताका म कामको बोझले समेत थिचिएकी थिएँ। त्यसैले बच्चाको रेखदेखको जिम्मा यशी ल्हामुले लिएकी थिइन्। हामीमाझ उसको उपस्थिति सानो पुतलीको जस्तो थियो। उसका धेरै दिदीबहिनी र यत्रतत्र आमाहरू थिए। म प्राय: उसलाई हेर्थें र विधिको विधान कसरी फेरिँदो रहेछ भनेर सोच्थेँ : यस्तो बालक जसको होस नखुल्दै अभिभावकहरू मरे, जसको भाग्यमा मायाममताविहीन यात्रा लेखिएको थियो, ऊ तीस जना महिलाको मातृत्वमा लुटपुटिएर हुर्कँदै थियो।

आफू नजिक भएका बेला म जहाँ जाँदा पनि उसलाई बोकेरै लैजान्थेँ। बेबी क्यारिअर मसँग थिएन। ऊ बाँदरको बच्चा जस्तै मेरो घाँटीमा चपक्क पर्थ्यो। यो देखेर मेरो हाँसोको फोहोरा छुट्थ्यो अनि ऊ पनि मुसुक्क मुस्काउँथ्यो। केही महिना बितेपछि उसले पनि अन्य बालक जस्तै सामान्य व्यवहार गर्न थाल्यो। हरेक

कुरा स्वाभाविक गतिमा हुन थाल्यो। मैले फेरि चैनको सास फेरेँ। ऊ अचाक्ली राम्रो थियो र कहिल्यै रुन्थेन पनि। मैले आमा भएकाले मात्र यहाँ यसो भनिरहेकी पनि होइन !

यी सारा गतिविधि सबैले उस्तै गरी हेरिरहेका चाहिँ रहेनछन्। मेरो जीवनमा एउटा बच्चाको आगमन केहीका निम्ति टीकाटिप्पणीको विषय पनि बन्न थालेछ। मैले सबै किसिमका अपजस झेलेँ।

'आनी, तपाईंलाई मन नपर्ने केही कुरा भन्न लागेकी छु।'

काखमा उत्पात मच्चाइरहेको सोनाम बोकेकी यशी ल्हामु अफिसको ढोकैमा उभिएर बोल्न थालिन्।

'मैले सुने अनुसार अहिले सोनाम तपाईंकै छोरो भन्ने चर्चा चल्न थालेको छ।'

'ऊ मेरै छोरो त हो नि !'

'होइन, मेरो मतलब... तपाईंकै छोरो, तपाईंले नै... उफ् कसरी भनूँ म यो कुरा...'

'मेरो गर्भबाट जन्मेको ?'

'हो। मान्छे के भन्दै छन् भने कुनै पुरुषसँग तपाईंको सम्पर्कबाटै यो बालकको जन्म भएको हो।'

यो दरिद्र सोचले मलाई तत्कालै लज्जित पार्‍यो। म आक्रोशको भुमरीमा समेत बग्न थालेँ। मैले आफूलाई नियन्त्रण गर्नैपर्छ, तर केही प्रतिक्रियाले चाहिँ मेरो संयमको सीमा नै नघाउँछन् र निराश बनाउँछन्। कसैले पनि टीकाटिप्पणी रुचाउँदैन र म उनीहरूभन्दा बेग्लै होइन भन्ने कुराको यो प्रतिबिम्ब हो। म मानव हुँ ! यस्ता कुरालाई म फुत्त पाखा लगाइदिन्छु, तर कहिलेकाहीँ सक्दिनँ।

मैले बुद्धका वाणीहरू सम्झन थालेँ जसलाई मेरा गुरुले उल्लेख गर्नुहुन्थ्यो, 'तिमी चुप लागेकामा मान्छेहरूले तिमीप्रति खेद प्रकट गर्नेछन्; तिमीले केही बढी बोलिदिए पनि उनीहरूले खेद प्रकट गर्नेछन् । तिमी जे गर, उनीहरूले खेद प्रकट गरी नै रहनेछन् । मान्छेले सदैव हरेकमा खेद र सम्मान प्रकट गर्ने कारण खोजी नै रहन्छन् ।' मैले अस्ति मात्र टेलिभिजनमा देखा परेका एक अर्का गुरुको भनाइ पनि सम्झेँ, जसले भनेका थिए, 'जुन रूखमा गुलियो फल झुन्डिएका हुन्छन्, ढुङ्गा खाने भाग्य पनि त्यसैले बोकेको हुन्छ । कहिलेकाहीँ मान्छेले त्यो रूखको हाँगै भाँचिदिन पनि बेर लाउँदैनन्, त्यसको फल पाउन । तर यस्तो व्यवहारले त्यो रूखलाई फेरि नयाँ फल अङ्कुराउनबाट रोक्न सक्दैन । यसरी नै मान्छे आफ्नो बाटामा निरन्तर हिँडिरहनुपर्छ, नत्र भने यसले उसको अस्तित्व समाप्त पारिदिनेछ । तिमीले कहिल्यै हार नमान्नू; जेसुकै परे पनि कहिल्यै हरेस खानु हुँदैन । दलाई लामाको शिक्षा पनि यही हो ।'

दिमागै उल्टो चल्ने अबुझ र अज्ञानीले कहिले के विषवमन गर्छ भन्ने कुराको पूर्वानुमान लगाउन सकिँदैन । यसले गर्ने आक्रमण कहिलेकाहीँ त साह्रै कठोर हुने गर्छ । मैले कुनै पुरुषसँग सम्बन्ध राखेँ ! यो ममाथि कस्तो नीच आरोप ! सुन्दै यस्तो तुच्छ नभइदिएको भए सायद म अरू बेलाझैँ हल्का टिप्पणी भनेर हाँस्ने थिएँ । तर मेरो मन अर्कै हुन थाल्यो । यो कहिल्यै नसकिने टीकाटिप्पणीले मलाई सिध्याएरै छाड्ला जस्तो लाग्न थाल्यो । मैले निकै अघि बुझिसकेकी थिएँ, मलाई सबैले मन पराउँदैनन् । त्यसदेखि निकै पर म आफ्नै बाटो हिँड्न तयार पनि थिएँ, र फेरि पनि... ठीकै छ ।

तर म मान्छेलाई आघात पार्न चाहन्नँ । यी सबैबाट मैले स्वयंलाई नियन्त्रणमा राख्न सिक्दै आएकी छु । उदाहरणका निम्ति, साल्सा नृत्यलाई लिन सकिन्छ । म सानो उमेरदेखि नै नृत्य गर्न भनेपछि हुरुक्क

हुन्थेँ। नागी गुम्बामै पनि गुरुलाई खुसी पार्न म उन्मुक्त भएर नाच्ने गर्थें। नृत्यका चालहरू कुनै निश्चित शैलीका हुँदैनथे। एउटा नयाँ वर्षको उत्सवका बेला मैले उपस्थित सबैलाई कार्यक्रममै नाचेर रमाइलो पारिदिएकी थिएँ। मेरो त्यो रहर पछिसम्म रह्यो र अलिक परिपक्व भइसक्दा पनि नाचिरहन्थेँ। मलाई यो प्राकृतिक लाग्छ, किनभने धुन बज्नेबित्तिकै मेरो शरीर स्वत: हल्लिन थाल्छ। जब मैले साल्सा फेला पारेँ, कुनै रहस्योद्‌घाटन जस्तो अनुभव भयो। यो ल्याटिन धुन जसै बज्न थाल्थ्यो, त्यसले आफैँ मेरो शरीरलाई तालमा हल्लाउन थाल्थ्यो, मानौँ धुन बजेको होइन, मलाई नियन्त्रण गर्ने कुनै स्वीच थिचिएको छ। र, म कहिलेकाहीँ कतै निम्त्याइँदा नाचिदिन्थेँ पनि। 'आनीले नाचेकी... ?' केही साँघुरा दिमागलाई यो कुरा पचाउन एकदमै गाह्रो भएको रहेछ। मैले बुझेँ र सार्वजनिक स्थानमा नाच्न छाडिदिएँ।

मान्छेहरू म आनी भएकाले केही फरक व्यवहारको अपेक्षा गर्दा रहेछन्। म त्यस किसिमको मान्छे हुँदै होइन र कुनै निश्चित घेरामा अटाउन पनि सक्दिनँ। जे होस्, मैले आफ्नो मतान्तरलाई कहिल्यै सार्वजनिक गर्न चाहिनँ जसले मान्छेलाई अनाहकमा आघात पुगोस्। त्यसैले यहाँ पनि मैले आफूलाई अरूहरूकै अनुकूल तुल्याइदिएँ।

तर सोनामको मामिलामा त मैले केवल एउटा अनाथ शिशुलाई सहयोग गरेकी थिएँ। अन्यथा ऊ सडकमै पुग्ने थियो। उसले मेरो साथ नपाएको भए सायद आफ्नो पहिलो जन्मदिन पनि देख्न पाउने थिएन। मैले कुनै गल्ती गरेकी थिइनँ र आनीबाट जेजति अपेक्षा गरिन्छन् तिनलाई ससम्मान पालना नै गरेकी थिएँ। म अविवाहिता हुँ र त्यस विषयमा गर्व पनि गर्छु। यदि कुनै पुरुषको चाह हुन्थ्यो भने म मजाले अपनाउँथेँ। मान्छेले कुनै पनि विषय सदाका निम्ति ग्यारेन्टी गर्न त सक्दैन, तर मैले आनी भूमिका छोड्ने कुरा कहिल्यै सोचेकी पनि छैन।

'तपाईंलाई जीवनमा केही गुमाएको जस्तो लाग्दैन ? आफ्नो भावोत्तेजनाका बारेमा के भन्नुहुन्छ ?'

पत्रकारहरू मलाई निकै चाख लिएर यस्ता प्रश्न गर्ने गर्छन् । मैले सधैं उनीहरूलाई सत्य भनिदिने गरेकी छु, मेरो आफ्नो सत्य ।

मैले जीवनमा केही गुमाएकी छैन । बरु मलाई त कुनै पनि नारीले चाहना गर्नेभन्दा आफूले निकै बढी पाएको महसुस हुन्छ । म स्वतन्त्र छु । मैले चाहें भने रातभर त के, दिनभर पनि बेपर्बाह सुतिरहन सक्छु । म इच्छा लागेको ठाउँमा घुम्न सक्छु; आफूले चाहेको कुनै पनि मान्छेसँग आफ्नो मन मिलुन्जेल बात मार्न सक्छु । मलाई कसैले पनि भन्न सक्दैन, 'होइन, तिमीले यसो गर्न पाउँदिनौ' अथवा 'मलाई थाहै नदिई तिमीले किन यसो गऱ्यौ ?' म आफूलाई जहिले र जहाँ इच्छा लाग्छ, हिँडिदिन्छु । र, मेरा निम्ति यी कुराहरू अमूल्य छन् । यदि यहाँ कुनै पुरुष भइदिएको भए, मैले ऊसँग प्रेमीकै नाता राखेकी भए पनि अवस्था बेग्लै हुने थियो । आज म एकदमै स्वतन्त्र छु, शारीरिक रूपले, आर्थिक रूपले र मानसिक रूपले । इमानदारीपूर्वक भन्दै छु, कुनै पुरुष भइदिएको भए योभन्दा बढ्ता के चाहिँ खुसी मलाई दिन सक्थ्यो होला... बरु दुःखैदुःख हुन्थ्यो । सायद म कैदीको जीवन बाँचिरहेकी हुन्थेँ ।

मैले पुरुषका बारेमा नसोचेकी होइन, म यो कुरा अस्वीकार गर्दिनँ । म जवान छँदा केटाहरू मलाई देखेर आकर्षित हुन्थे । एकाधले त बासँग कुरासमेत चलाएका थिए । हो, मेरो जीवनमा एउटा त्यस्तो समय पनि थियो जब आफू तरुनी हुँदै गएको महसुस गर्थें र केटाहरू देखेर बेलाबेलामा आकृष्ट हुन्थेँ । यो प्राकृतिक विषय हो, शरीरको स्वाभाविक विकास क्रममा सबैलाई हुने । तर, वास्तवमै पुरुष मेरो कमजोरी होइन । तैपनि म उनीहरूलाई हेर्छु; तिनको सुन्दरताले कहिलेकाहीं मलाई छुन्छ पनि ।

विशेष गरी म तरुनी हुने बेला सम्झन्छु, जति बेला केटाहरूका बारेमा बडो चासो राख्थेँ। यो सबै प्राकृतिक कारणले नै भएको थियो। तर, प्राकृतिक हिसाबैले उनीहरू र मबीच एउटा लक्ष्मणरेखा पनि खिचिएको थियो : मलाई थाहा थियो, उनीहरूसँगको संसर्गले मात्र पनि मैले ठूलो मूल्य चुकाउनुपर्नेछ। सायद म डराउँथेँ। जस्तोसुकै इमानदार पति अथवा पिता किन नहुन्, जस्तै प्रेमी हृदय किन नहोस्, कुनै पनि पुरुष कतै न कतै गएर पत्नीप्रति बेइमान भएरै छाड्छ भन्ने मभित्रको सोचाइलाई स्वयंले प्रतिवाद गर्नै सक्दिनथेँ। कैयन् चोटि यस्तो भएको मैले देखेकी छु।

गुरुबाट सुनेको एउटा कथा मलाई प्राय: याद आउँछ। मलाई विश्वास गर्न गाह्रो मान्नेहरूलाई यो सुनाउने गर्छु। गुम्बामा एक दिन एउटी आनी बिदावारी हुने मनस्थितिमा थिइन्। उनले कसैलाई भेटिछन् र उसैको प्रेममा फसिछन्। तिनले त्यसै पुरुषका साथ बस्ने चाहना गर्न थालिन्। हिँड्नु अघिल्लो रात ती आनी आफ्ना गुरुसँग बिदा माग्न पुगिछन्। गुरुको प्रतिक्रिया थियो, 'उसो भए तिमी जान चाहन्छ्यौ ? बडो राम्रो कुरो, तर जानुअघि मेरो एउटा काम गर। यो पोकालाई बक्खुभित्र राखेर रातभर सुतिदेऊ। तिमीले यसलाई रातभर राख्नु जरुरी छ। मैले यो तिम्रै निम्ति विशेष प्रकारले बनाएको हुँ। मलाई नसोध्नू यो के हो भनेर, केवल मलाई अन्तिम पटक विश्वास गरेर यत्ति गरिदेऊ।'

ती आनी मजाले सजाइएको त्यो पोको काखी च्यापेर आफ्नो कोठातिर लागिन्, अनौठो उपहारले उत्साहित बन्दै। गुम्बा छाडेर जान लागेकी नै किन नहुन्, तर तिनले गुरु आज्ञाको अपहेलना गर्ने प्रश्नै उठ्दैनथ्यो। जाडो महिना, असाध्यै चिसो थियो। उनी त्यो रहस्यमयी पोको च्यापेरै सुतिन्। राति असाध्यै अप्ठचारो पार्ने दुर्गन्धले उनको निद्रा भङ्ग भयो। त्यो दुर्गन्ध त्यही पोकाबाट

आइरहेको रहेछ। उनले गुरुको आदेश ठान्दै घृणालाई काबुमा राखिन्। दुई घण्टापछि उनको निद्रा फेरि खुल्यो। दुर्गन्ध त असह्य नै हुन थाल्यो। उनी बडो चिन्तित भइन्। बाहिर गइन् र त्यो पोकालाई उतै छाडेर आइन्।

अर्को दिन उनी अन्तिम भेटघाटका निम्ति फेरि गुरुकहाँ पुगिन्।

'राति राम्ररी सुत्यौ ?'

'मलाई माफ गरिदिनुहोस् गुरु, मैले तपाईंको आदेश पालना गर्न सकिनँ।'

'ए ! किन गरिनौ त ?'

'त्यो तपाईंले दिनुभएको पोकाले असाध्यै दुर्गन्ध फ्याँकिरहेको थियो...'

गुरुले हाँसोको फोहोरा छुटाउनुभयो। हाँसोले शरीर यस्तरी काम्न थाल्यो, गुरुलाई त बोल्नै अप्ठचारो भयो। 'म यो बुझ्छु। वास्तवमा मैले चिसोले जमेको गोबरलाई रेसमी कपडाले मजाले बेरेर तिमीलाई दिएको थिएँ। रात परेपछि त्यो गोबर गल्दै गयो; न्यानो पाएपछि त्यसले आफ्नो चरित्र पनि देखाउन थाल्यो र कोठा दुर्गन्धले भरियो।'

'तर किन गुरु ? किन तपाईंले मलाई यस्तो उपहार दिनुभएको ?'

'किनभने सांसारिक जीवन भनेको त्यो पोको जस्तै हो : बाहिरबाट हेर्दा साह्रै राम्रो र आकर्षक, तर समय बित्दै जाँदा यो बीभत्स हुन थाल्छ र दुर्गन्ध फैलाउन थाल्छ।'

कथामा यो चाहिँ भनिएको थिएन– ती आनीले यति सुनेपछि गुम्बा छाडिन् कि निर्णय फेरेर त्यतै बसिन्। पक्कै पनि छाडिनन् होला। यो सानो लोकोक्तिले सदैव मलाई रमाइलो दिने गर्छ। मैले सुखी वैवाहिक जीवन बिताएका जोडीहरू पनि पक्कै देखेकी छु। तर

यति हुँदाहुँदै पनि उनीहरू बन्धनमा छन्। श्रीमतीले जहिल्यै श्रीमान्लाई भनिरहनुपर्छ, उनले कहिले के गर्दै छिन् भनेर। मलाई थाहा छ, म कहिल्यै त्यसरी बाँच्न सक्दिनँ। म स्वतन्त्र भई बाँच्ने अभ्यास गर्दै हुर्किएकी हुँ। मैले मान्ने र पालना गर्ने एउटै मात्र निकाय भनेको मेरो आफ्नो मन हो। म जहिल्यै आफ्नो मनको कुरा सुन्छु र यसले नै मलाई भन्ने गर्छ, 'हो, यसो गर' अथवा, 'होइन, तिमीले यसो गर्नु हुँदैन।' केवल मेरो मन मेरो राजा हो। यो ठाउँ अरू कसैले लिन सक्दैन।

मान्छेहरू यस प्रकारको सोचाइलाई 'नारीवाद' को बिल्ला भिराइदिन्छन्। कुनै पनि प्राणीलाई घृणा नगर्ने सर्तमा यो ठीकै छ। मै पनि त्यो बिल्ला भिर्न तयार छु। म आफूभित्र भएको नारीवादी सोचलाई स्वयंका निम्ति अत्यन्त महत्त्वपूर्ण ठान्छु र कुनै पनि प्रयोजनका निम्ति मैले पुरुष बन्नुपर्दैन। म पुरुष बन्न चाहन्नँ पनि। हामी फरक हौँ र फरकै रहनुपर्छ मेरा निम्ति यो अत्यन्त महत्त्वपूर्ण छ।

२०५६ सालताका, जति बेला मैले सोनामलाई धर्मपुत्र ग्रहण गरेकी थिएँ, मलाई संयुक्त राष्ट्रसङ्घको आयोजनामा न्युयोर्कमा हुन लागिरहेको महिला अधिकार सम्बन्धी सम्मेलनको निम्तो आइपुग्यो। त्यहाँ मैले स्कुलका बारेमा बोलेँ। संसारभरका महिलाका निम्ति शिक्षाको अधिकार पुरुषसरह नै ग्यारेन्टी गरिनु कति आवश्यक छ भन्ने मेरो अभिव्यक्तिको सार थियो। यो आफैँमा महत्त्वपूर्ण अवसर थियो। यद्यपि सम्मेलनताका अमेरिकामा मैले कुनैकुनै बेला अलिक निराश हुनुपरेको थियो। यी सारा प्रतिभाशाली, शिक्षित र शक्तिशाली महिलाहरूले पुरुषप्रति खेद प्रकट गरेर उही गल्ती दोहोऱ्याइरहेका थिए। कोहीकोही त आफ्ना मागप्रति अत्यन्तै उत्तेजित र आक्रोशितसमेत भएको देख्दा म चकित परेकी थिएँ।

बदलाको यस्तो भावनाले समानताको लडाइँलाई निस्तेज पारिदिन्छ, ध्वस्त बनाइदिन्छ। हामी महिलाहरूले अपहेलना, भेदभाव र आक्रामक बाटो समात्ने पुरुष जस्तै हुन जरुरी छैन। हामी तीभन्दा निकै बलिया छौँ। हामीले स्त्रीत्व, हामीभित्रको सहनशीलता, दया भाव र विनम्रता जस्ता आफूमा निहित शक्तिलाई ठम्याउनैपर्छ। हामीले यिनै गुणको पहिचान गर्दै तिनलाई सत्कार्यमा लगाउनुपर्छ। चिच्याएर 'हामी कति बलिया छौँ, तिमीहरूलाई देखाइदिन्छौँ' भन्नुभन्दा फरक ढङ्गले पाइला चाल्नुमा बढी लाभ छ। आफ्नो वक्तव्यमा मैले महिलासँग भएका केही तात्त्विक गुणमा बढी जोड दिएकी थिएँ। पुरुषका असफल बाटाहरूलाई पछ्याउनु जरुरी नै छैन। न म अत्यन्त बौद्धिक हुँ न त धेरै पढेलेखेकी, तर यी विचारमा म पक्का छु। जबजब मान्छेलाई कुनै कुरा मन पर्दैन, त्यति बेला उसले गर्ने भनेकै विपरीत दिशाको यात्रा हो।

हामीले लड्नु छ, त्यो पक्कै हो, तर त्यो लडाइँ हीनताबोध र घृणा त्यागी आफैँसँग भएका कमजोरीविरुद्ध हुनुपर्छ। यद्यपि म कुनै बेला पुरुषलाई एकदमै घृणा गर्थें। तर मैले उनीहरूलाई माया गर्न सिकेकी छु। म आफ्ना गुरुप्रति कृतज्ञ छु जसले मलाई सकारात्मक सोचले जित्ने बाटो देखाइदिनुभयो। त्यो बाटो, जहाँ भद्रता, प्रेम र संरक्षकत्व थियो।

उदाहरणका निम्ति, मेरै छोरो। सानैदेखि आनीहरूको सङ्गत पाएको उसले भावी दिनमा नारी जातिलाई सम्मान गर्नेछ भन्ने मलाई विश्वास छ। किनभने उसलाई थाहा छ उनीहरू कति असल र बलिया हुन्छन् भनेर।

जबकि एकाधबाहेक सबै पुरुषमा यो लागू हुँदैन। एउटा प्रसङ्ग मलाई यति बेला याद आयो। एउटी साथीको पुरुष मित्र

एकदमै उज्यालो, हँसमुख र रमाइलो थियो। उसलाई म खुब हेर्थें। म लजालु स्वभावकी छैन; जोसुकैसँग खुलेर आत्मीयता प्रदर्शन गर्छु। म यस्तै छु। उसले मेरो यो प्रवृत्तिलाई अन्यथा पो ठानेछ, प्रस्ताव गरे जस्तो। मैले त अब उसलाई पन्छ्याउने उपक्रम पो गर्नुपऱ्यो। म बडो स्तब्ध भएँ; उसले कसरी सोच्यो मेरो दिमागभित्र त्यस्तो कुनै लालसा थियो भनेर ? मलाई आजसम्म कसैले दुर्व्यवहार गरेको छैन। तर मलाई थाहा छ, कतिपय लोग्नेमान्छे मेरा बारेमा गलत धारणा राख्छन्। हात मिलाउँदा भद्दा देखिने गरी चपक्क समातेर हल्लाइरहने अनि पोलेझैँ गरी आफैँले तुरुन्त छुट्ट्याउनुपर्ने। यस्तो व्यवहारले मलाई मारिहालेको त छैन, तर राम्रो चाहिँ लाग्दो रहेनछ।

'बाहिर गएका बेला लोग्नेमान्छेहरूबाट सावधान रहनू। कसैकसैले तिमीहरूसँग निकटता खोज्न सक्छन्। तिमीहरू जवान छौ; तिम्रा टाउका मुडुला हुन् कि नहुन्, तर आफू युवती हुँ भन्ने नभुल्नू।' आर्यतारा स्कुलका चेलीहरू एक चोटि भारत जान लागेका बेला मैले यसै गरी सम्झाएकी थिएँ।

स्कुलका जवान आनीहरूसँग यस प्रकारका कुरा म यदाकदा गर्ने गर्छु। हामी शरीरका कुरा उतिसाह्रो गर्दैनौँ। तैपनि केही शब्द मात्रले जीवनकै अर्थ फेरिदिने भएकाले कहिलेकाहीँ चर्चा गर्नैपर्ने हुन्छ।

'यदि कुनै लोग्नेमान्छेले तिम्रा कानमा साउती माऱ्यो भने उसलाई विश्वास नगर्नू। आफूलाई प्रस्ट राख्नू। तिमीहरूलाई थाहा छ, आफ्ना लक्ष्य के हुन्। आफ्नो जीवनका सबैभन्दा महत्त्वपूर्ण कुरा के हुन् भन्ने कुरा पनि तिमीहरूलाई थाहा छ। आफ्नो भविष्यको लागि तिमीहरूले जेजे अपनाएका छौ त्यसलाई कहिल्यै नबिर्सनू।'

जब-जब म यी बच्चीहरूमा कुनै समस्या जस्तो देख्छु, त्यति बेला मैले यस्तै शब्दले सम्झाउने गरेकी छु।

नारीले पुरुषबिना पनि गजबको जिन्दगी बिताउन सक्छे, म पक्का छु। यद्यपि मातृत्वको अनुभूति गर्न नपाउनु कठिन कुरो हो। जीवनको एउटा क्षणमा, सायद पच्चीस वर्षकी थिएँ, मलाई बच्चा पाउने उत्कट अभिलाषा थियो। त्यो आकाङ्क्षा मभन्दा पनि दह्रो बनिदिएको थियो। मलाई एउटा शिशु अनुभव गर्ने इच्छा थियो, जसलाई म सुन्निँदै गरेको पेटमा छामूँ र मभित्रभित्रै हुर्कँदै गरेको त्यो जीवनलाई अनुभूति गरूँ। यस्तो विचारले मलाई ग्रस्तै पारेको थियो। म राति सपनामा पनि यिनै कुरा देख्न थालिसकेकी थिएँ। यसबारे सुनाउँदा साथीहरू मरीमरी हाँस्थे। तर यो सबका निम्ति ममा कुनै पुरुषनजिक पर्ने चाहिँ आँट थिएन। यसले सारा विषयलाई पूरै अर्को बाटातर्फ लगिदिन्थ्यो। यस्तो सोचाइ झन्डै वर्षदिनसम्मै ममा रह्यो अनि अचानक हराएर पनि गयो।

र, सोनाम मेरो जीवनमा मैले केही नगरीकनै आइदियो। मैले एक छिन पनि नसोची उसलाई ग्रहण गरिदिएकी थिएँ। राम्रा कुराहरू प्राय: यसै गरी हुन्छन्, किनभने यो सबै हाम्रो कर्मको फल हो। सोनाम हाम्रो स्कुलभरकै एक मात्र स्थायी पुरुष सदस्य हो। म इमानदारीपूर्वक भन्न सक्छु, हामीमध्ये कोही पनि, चाहे शिक्षिका हुन् वा आनी, कसैले कहिल्यै उसका बारेमा गुनासो गरेका छैनौँ।

अध्याय १६

दलाई लामा

२०५७ साल चैत ८ गते । तिथिमिति सम्झन एक त त्यसै पनि मलाई ज्याउलो लाग्छ, त्यसमाथि जीवनका धेरै घटनाको कालक्रम ठ्याक्कै याद राख्नु मेरो वशको कुरा होइन । तर, यो चाहिँ यस्तो मिति हो जसलाई म सधैँ सम्झने गर्छु । यसै दिन मैले धर्मगुरु दलाई लामाको दर्शनभेट पाएकी थिएँ । उहाँको महत्त्वपूर्ण समय बरबाद नगरूँ र बिथोल्ने काम पनि नगरूँ भनेर मैले एक्लै भेट्ने मौका खोजिहालेकी थिइनँ। यति बेला भने एउटी साथीले मलाई प्रोत्साहन गरिन् । उनले त्यसको प्रबन्ध पनि मिलाइदिइन् ।

रातको दस बजे म स्कुलको अफिसमै थिएँ । स्कुलकी लेखापाल पेमा चिन्तित देखिन्थिन् । बालिकाहरू ओछ्यानमा गइसकेका थिए । कुकुर हाम्रा खुट्टामा लुटपुटिएर सुतिरहेको थियो । दिनभर सहरको हल्लाले हाम्रो वातावरणलाई समेत खलबल्याइदिने गर्थ्यो। लगातारको कोलाहल र सवारी साधनका प्याँप्याँपुँपुँ, टायरहरूको चुइँचुइँ अनि इन्जिनहरूको घार्रघुर्रपछि एक किसिमको स्तब्धता छाएको थियो । सुत्न जाने बेला भइसक्दा पनि हामी छुट्टिएका थिएनौँ । पेमा केही कुरा गर्न चाहन्थिन् । हामी प्रायः कुरा गर्ने मेसो पाउँदैनथ्यौँ । म सिङ्गापुरबाट फर्केको धेरै दिन भएको थिएन ।

हरेक चोटि विदेशमा कार्यक्रम गरेर फर्किएपछि, चाहे त्यो छोटो अवधिको होस् वा लामो, मलाई सधैँ एउटा भावनाले छोप्थ्यो : हामीले स्कुलका निम्ति अलिकति बल लगाउनैपर्छ। खुलेको एकाध वर्षमै यो भरिभराउ भइसकेको छ। कुनै कोठा खाली छैन र प्रत्येक वर्गमिटर क्षेत्रफल कुनै न कुनै प्रयोगमा आएकै छ।

स्थापनाकालमा सात आनी भएको यो ठाउँमा तीस जना पुगिसकेका थिए। उति बेला मुखले फ्याट्ट बोलेको कुराले हेर्दाहेर्दै गतिलै आकार लिन थाल्दै थियो। सबै सपनाहरू साक्षात् प्रकट भइरहेका थिए : स्कुल खुलेको समाचार साना आनीहरूमाझ जङ्गलको डढेलो जस्तै फैलन थालेको थियो। केही त भारत र भोटबाट समेत आइपुगेका थिए। सबै गरिब र निरुपाय परिवारका सदस्य ! सुकुमारी चेलीहरू स्कुलमा यसरी ओइरिएका थिए, मानौँ नर्कतर्फको यात्रामा बढ्दै गर्दा यो ठीक अगाडिको बिसौनी फेला परेको हो। भयावह गन्तव्यमा पुग्नुभन्दा अघिको एउटा भाग्यशाली थलो !

यतिखेर हामी सबै पुरानो ट्राभल एजेन्सी बसेको घरमा ठोसिएका थियौँ। कोच्चिए पनि हाँसीखुसीसाथ बाँचेका थियौँ। दुःखका साथ भन्नुपर्छ, अर्को ठाउँ नसरुन्जेलका निम्ति थप आनीहरूको आवेदन रोकिदिएका थियौँ। यसले मलाई नरमाइलो अनुभव गराइरहेको थियो। तर के गर्ने, अर्को कुनै उपाय पनि त थिएन ! यसरी फर्काइएकामध्ये केही त अत्यासलाग्दो विगत भएकाहरू पनि थिए, जसलाई मैले तत्कालका निम्ति अस्थायी उपाय लगाएर थामेकी थिएँ।

एक दिन एउटी सोह्र वर्षीया हामीकहाँ आइन्। दुब्लो ज्यान, टाटेपाङ्ग्रे पारेर खुइलाइएको कपाल। शरीर ढाक्ने सुन्तले रङ्गको पछ्यौरा बेस्सरी समातेकी। उनी तर्सिएका आँखाले सडकतर्फ हेर्दै थिइन्। उनको परिवार मनाङबाट बसाइँ सरेको रहेछ। पिताबाट परित्यक्त उनकी आमा काठमाडौँबाट अलिक पर एउटा गाउँमा सात

सन्तानका साथ बस्दै आएकी रहिछन्। मनाङे संस्कृतिमा पुरुषले कुनै महिला मन पराए साथै लैजाने चलन छ। त्यस्तो सजिलो! एक वर्षअघि यी किशोरी अपहरणमा परिछन् र उनका अभिभावकले राम्ररी चिन्दै नचिनेको लोग्नेमान्छेसँग जबरजस्ती बिहे गराइएछ। उनी पन्ध्र वर्षकी थिइन् भने उनका लोग्ने बढी नै उमेरका।

नेपालमा केही यस्ता ठाउँ छन् जहाँ यस्तो घटना प्रत्येक विवाहित महिलाको जीवनमा आइपर्ने गर्छ। कुनै श्रीमतीले श्रीमान्सँग सुत्न मानिन भने उसलाई जबरजस्ती गरिन्छ। पत्नीले उसका पतिका आवश्यकताहरू पूरा गर्नैपर्छ। पश्चिमाहरूले यसलाई बलात्कार भन्लान्, त्यो बेग्लै कुरो हो, तर नेपालमा त्यसो भनिन्न। उनीहरूले बिहे गरे भन्नुको अर्थ नै यस्तो व्यवहार सामान्य हुनु हो। यहाँ धेरै मान्छेको सोचाइ यस्तै छ।

ती किशोरीका श्रीमान्को बिहेको तीन महिनामै अकस्मात् मृत्यु भएछ। अब यसलाई सौभाग्य भनूँ वा दुर्भाग्य! जे होस्, त्यसपछि उनले आफ्ना बाआमाकहाँ जाने कुरा गर्दा सासूले अनुमति दिइनछन्। उनलाई घरमै थुनेर राखेछन्। किशोरीले उम्कन धेरै प्रयास गरिन् तर सबै व्यर्थ। उनका निम्ति अब बाहिर निस्कने एउटै मात्र बाटो बाँकी थियो। त्यो थियो आनी बन्नु। उनले तत्काल छेवैको गुम्बामा शरण लिइन् र मलाई थाहा छैन, कसरी उनी मसम्म आइपुगिन्। मैले उनलाई स्वीकार गरेँ। म कसरी उनलाई त्यही हालतमा छाडिदिन सक्थेँ? र, यो एउटा कथा मात्र होइन, यस्ता धेरै बालिका छन् जसको भोगाइ ती किशोरीसँगै मिल्दोजुल्दो सुनिन्छ। हिंसा र गरिबीले कहिल्यै विश्राम लिएको छैन। यसले हरेक दिन नयाँ भुक्तभोगी जन्माइरहेकै छ। जब-जब त्यस्ता पीडितहरू भेट्छु, म उनीहरूका निम्ति सहयोगी बन्ने कोसिस गर्छु।

'यी बालिकाहरू तपाईंलाई साह्रै मन पराउँछन्, थाहा छ?'

'म पनि त उनीहरूलाई उत्तिकै मन पराउँछु नि !'

"उनीहरूको लागि तपाईं सबै थोक हो : उनीहरूकी आमा, उनीहरूकी नायिका र उनीहरूको विश्वास पनि... । तपाईंलाई थाहा छ, आज कितुबाले मलाई के भनिन् ? 'मसँग आनी छोइङको तस्बिर छ र धर्मगुरुको पनि तस्बिर छ । तर मेरो ओछ्यानछेउको टेबल दुवै फोटो अटाउन नसक्ने गरी सानो छ । आनीले दलाई लामासँगै बसेर एउटा तस्बिर खिचाइदिए कति जाती हुने थियो ।' कति जानेकी, हगि !"

'तिमीले ठीक भन्यौ । उनी राम्रै बन्दोबस्तका साथ बसेकी रहिछन् ।'

'विचार गर्नुस् न, उनको भनाइ त ठीकै हो नि ।'

'के, उनको ओछ्यानछेउको टेबल सानो छ भन्ने विचार गर्नु ?'

'होइन । तपाईं जानुस् र धर्मगुरुलाई भेट्नुस् भनेकी हुन् ।'

उसो त एक अमेरिकी साथीले सुझाव दिएकै बेलादेखि यो कुराले मेरो मस्तिष्कमा जरो गाडेको थियो । कहिल्यै नसोचेको यो विषयलाई अहिले चाहिँ महसुस पनि गरेँ– म वास्तवमै धर्मगुरुलाई भेट्न चाहन्छु । भित्र कतै मनमा थियो– म उहाँसँग केही क्षण बिताऊँ र उहाँलाई मेरो स्कुल अनि यहाँ बस्ने भर्खरका आनीहरूका बारेमा जानकारी दिऊँ । उहाँलाई मैले एक पटक पहिले पनि अमेरिकामा भेटेकी थिएँ । त्यति बेला उहाँ वासिङ्टन डीसीस्थित म्युजियमहरूसँग आबद्ध एउटा ठूलो संस्था स्मिथसोनियन इन्स्टिच्युसनले आयोजना गरेको तिब्बती संस्कृति महोत्सवमा पुग्नुभएको थियो । उहाँ त्यहाँ अतिथिका रूपमा आसीन भएकै बेला मैले भेट्ने र आशीर्वाद थाप्ने सौभाग्य पाएकी थिएँ ।

आखिर मैले यस पटक उहाँसँग दर्शनभेटका निम्ति अनुरोध पठाएँ। त्यसको केवल तीन सातापछि नै सकारात्मक प्रतिक्रियासमेत पाएँ। पत्याउनै गाह्रो ! मलाई धर्मशाला पुग्ने निम्तो आएको थियो; त्यो भारतीय सहरमा जहाँ दलाई लामाले निर्वासित जीवन बिताउँदै आउनुभएको छ। समकालीन विश्वमा हाम्रा धर्मगुरुजति अहिंसाको अनुसरण अरू कसले पो गरेका होलान् ! उहाँका सिद्धान्तहरूले बौद्ध बन्नुको अर्थ नै असल मानवीय गुणको विकास गर्नु र आफैंभित्र असल चित्त तयार पार्नु हो भन्ने बुझाउने गर्छन्। उदारता र करुणाको प्रेमी ! चाहे चिनियाँ होस् वा तिब्बती, जुनसुकै पक्षबाट हुने हिंसाको उहाँ विरोध गर्नुहुन्छ। हे ईश्वर, तिब्बतमा शान्ति छाओस्; चीनमा शान्ति छाओस्; सम्पूर्ण विश्वमै शान्ति छाओस् !

मेरो भेटघाट चैत ८ गतेका दिन तय थियो। लामो समयपछि म निकै खुसी भएकी थिएँ। संसारभरका बौद्धमार्गीहरू, अझ त्यसमा पनि तिब्बती मूलकाहरू, आफ्ना धार्मिक गुरु दलाई लामाको दर्शनभेट भनेपछि हुरुक्क हुन्छन्। मेरा निम्ति त्यो सपना साकार हुने क्रममा थियो। त्यो चिठी मुठीमा दह्रो गरी समाएरै मैले कुनै बच्चाले जसरी त्यो रात काटेँ। बिहानको चार बजेसम्म पनि मेरा आँखा चकमन्नै थिए। रातभर सुत्नै सकिनँ। उहाँलाई मैले के उपहार लैजाँदा उचित होला ? परम्परा अनुसार यस्तो भेटघाटका बेला उपहार लैजाने चलन छ। म उहाँलाई प्रिय लाग्ने उपहारबारे सोचमग्न भएँ। मैले सोचेँ, र फेरि सोचेँ। तर अहँ, मगजमा केही घुसेन। मेरो थकित मस्तिष्कले केही निधो गर्नै सकेन, न कुनै उपायमा गएर अड्न सक्यो। कुहिरोमा हराएको काग जस्तै मेरो दिमागले रनभुल्लमा परेर सम्भावनाहरू खोज्न थाल्यो। तर कतै कुनै कुरामा अड्नै नसकेर बढ्याबढ्यै भयो। एउटै परिस्थितिको बन्दी ! डुब्छ, उत्रिन्छ र केही टुङ्गो गर्न सक्दैन। यसले मलाई थकाउन पो थाल्यो। के त्यस्तो

उपहार होला, जसलाई दिन पाउँदा मभित्र त्यो भेटको उत्साह र उमङ्ग फैलियोस् ? मेरो मस्तिष्कमा साक्षात्कारका कुरा उठ्न थाले। मैले आफ्ना अमेरिकी सहायक पाउलोलाई आफूसँगै हिँड्न अनुरोध गरेँ। मलाई थाहा थियो, यस्तो बेलामा पाउलो निकै सहयोगी हुन सक्छन्। उनले सुन्दर तस्बिरहरू खिचिदिन सक्थे, जसले मेरो एक छिनको त्यो भेटलाई जीवनभरका निम्ति जीवित बनाउन सक्थे।

त्यो महान् दिन पनि आइपुग्यो। मलाई थाहा छैन, यसमा मभित्रको अति उत्साहले काम गरिरहेको थियो अथवा म आत्तिएकी थिएँ ! तर के पक्का हो भने मभित्र असामान्य उत्तेजना फैलिरहेको थियो। हामी त्यहाँ डेढ घण्टाअघि नै पुग्यौँ। म हतारिएको देखेर पाउलो चकित थिए। उनी अझ केही बेर होटलमै बसौँ भन्ने चाहन्थे, तर मलाई थामिनै मन थिएन। यस्तो भय पनि लाग्न थाल्यो– कतै म एकै मिनेटले पनि ढिलो हुने त होइन ? अब त्यहाँ पुगिसकेपछि कुर्नुको के विकल्प रह्यो ? हामी दलाई लामाको निवासमै बसिरहेका थियौँ। उहाँ त्यहीँ दर्शनार्थीहरूलाई भेट्ने गर्नुहुँदो रहेछ। सानो कुर्सीमा बसिरहेका बेला मेरो कुइनो घुँडामा अडेसिएको थियो; म आफूभित्रको कम्पन मत्थर पार्न खोजिरहेकी थिएँ। नसाहरूमार्फत शरीरभरि एक किसिमको तरङ्ग फैलिरहेको थियो अनि जतातते हिउँ जस्तो सिरेटोले छोइलिरहेको थियो। मनमा अनेक कुरा खेल्दै थिए। मलाई लाग्यो, उहाँले मेरा हात छुनुहुन्न, किनभने यी चिसा र च्यापच्यापी छन्।

उहाँलाई भेट्न पाइला कसरी अघि सर्लान् भनेर पनि म रनभुल्लमा परेकी थिएँ। आफ्नो चेतनाले त्यति बेला राम्ररी काम नगर्ला कि भनेर म उत्तिकै व्याकुल थिएँ।

हामीबीच लगभग दस मिनेट कुराकानी चल्यो। सुरुका केही संवाद घना कुहिरोभित्रका दृश्य जस्ता भइदिए। मलाई अझै याद छ,

उहाँ साथमा केवल एक भिक्षु राखेर कोठाको पल्लोपट्टि बस्नुभएको थियो। पाउलो र म शिर झुकाएरै नजिक पुग्यौँ। हामीले उहाँका चरण स्पर्श गऱ्यौँ र खादा चढायौँ। त्यसपछि म जसै स्थिर भएँ, मेरा चेतनाहरू बल्ल खुल्दै जान थाले। मेरो स्नायुलाई निस्तेज पारेर जकडिएका साङ्लाहरू एकाएक खुकुलो भएको अनुभव हुन थाल्यो। धर्मगुरुका आँखा साह्रै मायालु पाराले मतर्फ सोझिएका थिए, जसको मोहनीमा लुटपुटिएर म बग्दै जान थालेँ। मैले तत्कालै चाल पाएँ- उहाँ कति गम्भीर र विनम्र हुनुहुन्छ अनि कस्तो न्यानो र शान्ति पाइन्छ त्यो कायामा !

मैले उपहार निकालेँ। धेरै सोचेपछि मैले चिटिक्क पारेर बनाइएको तामाले बुद्धमूर्ति काठमाडौँमै किनेर बोकेकी थिएँ। मेरो चाहना पनि उपहार प्रतीकात्मक होस् भन्ने थियो। उहाँले यसलाई ग्रहण गर्नुभयो र बडो गहिरिएर हेर्नुभयो; मलाई धन्यवाद भन्दै त्यो उपहार आफ्ना सहायकतर्फ बढाउनुभयो।

मलाई थाहा छ, यसलाई आफैँसँग राख्नुको साटो उहाँले कसैलाई दिइदिनुहुनेछ। ठीकै छ। आखिरमा उहाँले त्यत्रा उपहार पाउनुहुन्छ; ती सबैलाई राख्न थाल्यो भने त म्युजियमै पो चाहिएला। यो कुरो म बुझ्छु। त्यसै पनि कुनै वस्तुको सार्थकता कसैले नदेख्ने कुनामा थुपारेर राख्नुभन्दा कसैलाई प्रदान गरेर खुर्सी पार्नुमै रहन्छ।

त्यसपछि मैले उहाँलाई आफ्नो स्कुल र आनीहरूको तस्बिर देखाएँ। मैले उहाँलाई आनीहरू शिक्षित बनाउने आफ्नो परियोजनाका बारेमा पनि बताएँ। मेरो मस्तिष्कबाट सयौँ पटक निस्केका तिनै विवरण फेरि दोहोऱ्याउनु थियो। तर जसै मैले वर्णन गर्न थालेँ, उहाँले बीचैमा रोकेर तिब्बती भाषामा भन्नुभयो–

'मलाई विश्वास छ, उनीहरूलाई पूजापाठ मात्रै सिकाइरहेकी छैनौ।'

'छैन, पक्कै पनि त्यति मात्र गरिरहेकी छैन।'

'तिमीले उनीहरूलाई कसरी लेखाउने र पढाउने अनि कसरी अङ्ग्रेजी भाषामा पोख्त बनाउने भन्नेतर्फ पनि ध्यान दिनुपर्छ।'

'हो, गुरु।'

'राम्रो, साह्रै राम्रो। आफ्नो काम गर्दै जाँदा भविष्यमा तिमीमाथि कुनै विघ्नबाधा आइपरे मलाई जानकारी गराउनू। लौ, अब सँगै बसेर तस्बिर खिचौँ!'

पाउलोलाई यसको जिम्मेवारी पहिल्यै दिइसकेकाले फोटोको तारतम्य उनैले मिलाइसकेका थिए। तर साथै बसेर तस्बिर खिच्न कसरी अनुरोध गर्ने भनेर मैले साह्रै धक मानेका बेला स्वयं धर्मगुरुले नै पो त्यो प्रस्ताव राखिदिनुभयो। एक पटक फेरि म आनन्दित भएँ। हामी क्यामराअघिल्तिर फर्किएर मुसुक्क हाँस्यौँ। आज पनि जब म त्यो तस्बिर हेर्छु, मेरा आँखाको त्यो चमकलाई फेरि एक पटक अनुभूति गर्छु। यो कुराले मलाई गर्व र खुसी दुवै एकसाथ दिने गरेको छ।

हामीले कुराकानी गरेर थप केही मिनेट बितायौँ। मसँग अर्को अनुरोध पनि थियो। मैले एउटा ठूलो नेपाली कागज लगेकी थिएँ, जसमा उहाँले आफ्नो र आर्यतारा स्कुलको नाम सँगसँगै लेखिदिनुहोस् र त्यतैतिर कतै तिब्बती भाषामा मेरा नानीहरूका निम्ति केही सन्देश प्रकट गरिदिनुहोस् भन्ने चाहना थियो। उहाँले मेरो चाहना अनुसारै गरिदिनुभयो र त्यसको मुन्तिर लेखिदिनु पनि भयो– 'तिम्रो प्रत्येक पाइला सफल होस् र भविष्यका पुनर्जीवनहरू पनि हुनसम्म राम्रा होऊन् भन्ने कामना गर्छु।'

मैले कामना गरेका सबै कुरा पाइसकेकी थिएँ।

हस्ताक्षरसहितको उहाँकै तस्बिर छातीना च्यापेर बाहिर निस्कँदै गर्दा मलाई आफू बादलमाथि उडे जस्तै लाग्यो । त्यसको दुई दिनपछि हामी नेपाल आइपुग्यौं। जब-जब म घर छाडेर कतै बाहिर निस्कन्छु, मलाई थाहा छैन, यो स्वदेशप्रेम हो या यहाँका कामहरूको तिर्सना, जहिल्यै फिर्ता आउन हतारिएकी हुन्छु। फेरि, आमाका बारेमा पनि म अलिक चिन्तित नै थिएँ। हिँड्ने बेलामा उहाँको अनुहार अलिक थकित र रङ्ग उडेको जस्तो देखेकी थिएँ। सधैं गुलाबी गालामा मुस्काउने आमाको अनुहार अलिक खस्केको जस्तो थियो।

भर्खरै विश्वकै अति आदरणीय व्यक्तिबाट पाएको आशीर्वादले मलाई भाग्यमानी र साह्रै बलवान् अनुभूति गराइरहेको थियो । उहाँको समर्थनले मेरो विश्वासलाई अझ गाढा बनाउनुका साथै मेरो लक्ष्यका निम्ति अझ कडा सङ्घर्ष गर्नुपर्छ भन्ने पनि मनमा पारिदिएको थियो। 'शब्दले भन्दा कर्मले अझ चर्कोसँग बोलिरहेको हुन्छ,' कुनै साथीले एक पटक मलाई भनेका थिए। यो कुरो सही रहेछ। केही वर्षमै म एउटी साधारण आनीबाट गायिका हुँदै अब एउटा स्कुलकी प्रमुख भएकी छु; बालिका र किशोरीहरू गरी तीस जनाको जिम्मेवारी छ। सुरुमा त मेरो यस्तो क्रियाकलाप देख्नेहरूका मनमा अनेक प्रश्न उब्जिएका थिए होलान्, तर आज जब स्वयं दलाई लामाले नै मलाई यसका निम्ति बधाई दिनुभयो...

मेरो गर्व र खुसीले कल्पनै गर्न नसकिने सिमाना पार गरिरहेको छ। यसले मभित्र अब शुद्ध ऊर्जाहरूसमेत उत्पन्न गर्न थालेको छ। इच्छाशक्ति र आत्मबलले नयाँ ढङ्गबाट परिष्कृत हुने मौका पाइरहेको छ। मैले अब झनै अघि बढ्नुपर्छ। यहाँभन्दा धेरै अगाडि। संसारलाई सुन्दर पार्न आआफ्नो बाटामा सबै अघि बढ्न सक्दा रहेछन्। केवल थालनी गर्नुपर्दो रहेछ र साथमा उदारता पनि चाहिँदो रहेछ। आफूले केही दिन सकिनँ भनेर फिक्री गर्नुको कुनै

अर्थ छैन, तर के दिन सकिन्छ त्यो चाहिँ भित्री हृदयबाटै तय गर्नुपर्छ। विश्वलाई सन्तहरूको आवश्यकता छ र उत्तिकै आवश्यकता सर्वसाधारणको पनि छ। त्यस्ता साधारण मान्छे, जसले अर्काका मर्म र भावनाहरूलाई बुझ्न सकून्। मैले मान्छेका निम्ति सहयोगी हुन जेजति गरेँ, त्यो कामनामा अब गुणात्मक वृद्धि भएको छ। मलाई थाहा छ, यसभन्दा पनि अझ बढी उपयोगी मान्छे बन्न सक्छु।

यस्ता भावनाहरू छातीभरि सँगालेर र अझ कडा परिश्रम गर्ने अठोट बोकेर म काठमाडौँ फर्किएकी थिएँ।

अध्याय १७

झन्झन् उज्यालो

त्यसपछिका केही वर्ष, अर्थात् २०६४ सालसम्मै, मैले एकोहोरिएर लगातार काम गरेँ। कुनैकुनै वर्ष त पचासभन्दा बढी कार्यक्रम पनि भ्याएँ। त्यसै गरी देशदुनियाँ पनि घुमेँ। फ्रान्स, जर्मनी, फेरि अमेरिका, हङकङ... ! एयरपोर्टका छेकबारहरू, भूमिगत मार्ग, ट्याक्सी– मैले आफ्ना गन्तव्यका मार्गहरू छिचोल्न धेरै साधन प्रयोग गरेँ। घरमा बिताएजत्तिकै समय विमानमा व्यतीत हुन थाल्यो। आर्यतारा स्कुलको आफ्नै भवनका निम्ति जग्गा त जसोतसो किनेँ, तर त्यसमा निर्माण कार्यको श्रीगणेश कसरी गर्ने भन्ने चुनौती उभिएको थियो। फ्रेडीले पहिल्यै निकै गरिसकेका थिए र म अब फेरि उनका सामुन्ने हात फैलाउने पक्षमा थिइनँ। मसँग अझै छ हजार डलर त थियो, तर त्यतिले काम चल्दैनथ्यो। मलाई थप पैसा चाहिन्थ्यो, धेरै बढी, अनि त्यसका निम्ति मैले अन्तका स्रोतहरू खोजी गर्नु थियो।

यसरी भौँतारिएर पैसाको जोहो गर्नु साँच्चै कठिन काम हो। तर, यसैबीच मैले रमाइला क्षणहरू पनि भोग्न पाइरहेकी थिएँ। उदाहरणका निम्ति, पेरिस पुगेका बेला सेलिन डियनको कन्सर्ट चल्दै रहेछ, बेर्सीको पालाइस ओम्निस्पोर्टमा। त्यति बेलाको घटना मेरा साथीहरूलाई असाध्यै मन परेको थियो र बारम्बार मैले यसको उल्लेख गर्दा पनि

उत्तिकै चाख मानेर सुनेका थिए। म फ्रान्समै रहेका बेला विश्वविख्यात अमेरिकी अभिनेता स्टिभन सिगलले मलाई त्यस कार्यक्रममा आमन्त्रण गरेका थिए। मैले त्यसको एक वर्षअघि मात्र स्टिभनलाई नागी गुम्बामा भेटेकी थिएँ। उनी बौद्ध धर्मावलम्बी हुन् र त्यतिखेर मेरा गुरुका नातिलाई भेट्न आएका थिए। त्यसै बेला हामीले कुरा पनि गरेका थियौँ। मैले उनका केही सिनेमा हेरेकी थिएँ। गुम्बामा भएको हाम्रो भेट सौहार्दपूर्ण थियो, जहाँ उनले मलाई दिएका प्रतिक्रियाहरू आत्मीय थिए। त्यसपछिको हाम्रो जम्काभेट एकै पटक फ्रान्समै भएको थियो, लियोनमा, जहाँ मेरा मित्र प्याइभ जिनेटले तिब्बती महोत्सव आयोजना गरेका थिए। पेसाले फोटोग्राफर उनलाई नेपाली आनीहरूका बारेमा फिचर गरिरहेकै बेला २०५५ सालताका भेटेकी थिएँ। उति बेलै पनि हामीबीच निकै हिमचिम भएको थियो। त्यस बेला दुवैलाई थाहा थिएन, पछि गएर हामी असाध्यै घनिष्ठ 'फ्रान्सेली दाइ र नेपाली बहिनी' बन्दै छौँ भन्ने।

यसरी फेरि लियोनमा एकअर्कालाई भेट्दा म र स्टिभन खुब रमाएका थियौँ। उनले नै मलाई केही दिनपछि पेरिसमै सेलिन डियनको कन्सर्टमा निम्त्याएका थिए। मलाई उनको गायकीका बारेमा केवल एउटा गीतको मात्र जानकारी थियो, *टाइटानिक* सिनेमाको, *माई हार्ट विल गो अन...* भन्ने। मलाई त्यो सिनेमा मन परेको थियो। त्यसैले उनको कार्यक्रमको निम्तो मैले सहजै स्वीकार पनि गरिदिएँ।

स्टिभन सेलिन बसेकै होटलमा बसेका थिए। उनैले मेरा निम्ति पनि त्यहीँ एउटा कोठाको व्यवस्था गरिदिएका थिए। मलाई उतिखेर र अहिले पनि सुविधासम्पन्न होटलमा बस्न खुबै मन पर्छ। कार्यक्रम सकिएपछि सेलिन र मैले होटल परिसरमा तस्बिर पनि खिचेका थियौँ।

मेरा साथीहरूले उनका बारेमा पहिले कहिल्यै सुनेका थिएनन् । म फर्किएपछि ती तस्बिर देखाउँदा मात्र उनीहरूले आफ्नी साथी विश्वकै महान् कलाकारसँग पनि घुलमिल भइरहेकी छ भन्ने चाल पाए । यो यथार्थले उनीहरूमा फैलिएको हर्ष म सहजै अनुभव गर्न सक्थें ।

ठाउँठाउँमा कार्यक्रम प्रस्तुत गर्दा र थरीथरीका मान्छे भेट्दा मलाई चरम सन्तुष्टि मिलिरहेको थियो । तर ठीक यति बेलै म घर र आफ्नो मुलुकसँगको दूरीका कारण निस्त्याइरहेकी पनि थिएँ । मैले हुर्कंदै गरेको आफ्नो छोरालाई माया गर्न पाइरहेकी थिइनँ । सधैंको कुदाकुद अनि आफन्तबाट पनि जहिल्यै टाढाको टाढै ! म थाकेर चूर थिएँ । कहिलेकाहीं स्टेजमा नजाऊँ कि जस्तो पनि लाग्थ्यो, तर उत्तिखेरै आँखामा झलझली यी बालिकाहरूको तस्बिर नाच्न थाल्थ्यो । यिनको पालनपोषण र शिक्षाको ग्यारेन्टी यिनै कामले गरिरहेका थिए । र, त्यति बेलै मभित्र जागरण पैदा हुन्थ्यो । मलाई आफ्ना छेउछाउमा पखेटा पलाएको जस्तो खुसी लाग्न थाल्थ्यो; आफ्ना लक्ष्यहरूमा एकोहोरिंदै बढेको जस्तो भान हुन्थ्यो र क्रमशः यस्तै तन्द्रामा हराउन पुग्थें । यो आफैंमा एउटा सदाचारी चक्र जस्तो थियो जसले थकित पार्दापार्दै पनि थप प्रेरणा दिंदै जान्थ्यो । त्यही समयताका मानिसहरूले मेरो उपनाम राखिदिएका थिए– 'आनी बन्ड', मानौं म जेम्स बन्डको अवतार हुँ । २०६१ सालताका युरोप भ्रमणमा गएका बेला एउटी जर्मन साथीले उल्मको रेलवे स्टेसनमा यो बिल्ला भिराइदिएकी थिइन् ।

साङ्गीतिक कार्यक्रमहरूमा म नेपालबाट लगेका ससाना सामान बेच्नसमेत राख्थें । सीडीहरू, रेसमी पछ्यौरा, कपडाका टुक्रा, अगरबत्तीहरू । यी त्यस्ता सामान थिए, जसलाई मान्छेहरू किन्न मन पराउँथे र मलाई दुई पैसा आम्दानी पनि हुन्थ्यो । मेरा

श्रोताहरू गीत सुनिसकेपछि घर फर्कंदा साथमा केही उपहार लैजान चाहिरहेका हुन्थे र आफ्ना एल्बमहरू हस्ताक्षर गर्दै बेच्दै गर्दा छेउमै यी सामान बिक्रीका निम्ति फैलाइदिन्थैँ । प्रायः यो सबै काम म एक्लै गरिभ्याउँथैँ ।

सबै सामान सकी-नसकी ओसारपसार गर्ने पनि मै हुन्थैँ। म सकेसम्म हरेक काममा दुई पैसा जोगाऊँ भन्ने चाहना राख्थैँ। सामान ओसार्न कुनै मोटर भाडामा लिनु सम्भव थिएन। आफ्नो कमाइभन्दा बढी खर्च गर्न म कहाँ सक्थैँ र ? त्यसैले म यी सबै थोक खाँदिएको सुटकेस घरी बोक्दै त घरी गुडाउँदै एउटाबाट अर्को सहर लैजान्थैँ। यसरी गधाले जस्तो एक ठाउँबाट अर्को ठाउँ, एउटा रेलबाट अर्को रेलतिर कुद्दै गर्दा मलाई सवारी छुट्ला कि भन्ने चिन्ता पनि उत्तिकै हुने गर्थ्यो । त्यसो त स्टेसनहरूमा मलाई लिन साथीहरू आइपुगेका हुन्थे । तर बीचमा कतै ओर्लेर रेल बदल्नुपर्दा भने ठूलै झमेला हुन्थ्यो । र, त्यस्तो बेला म भारीले लादिएर विद्युतीय भऱ्याङसमेत नभएका कतिपय स्थानमा दौडादौड गर्ने भरियाको भूमिका निर्वाह गरिरहेकी देखिन्थैँ ।

हस्याङफस्याङको स्थितिमा रहेकी मैले उल्मको रेलवे स्टेसनमा ओर्लिंदाखेरि जीउमा चार वटा बाक्ला सुन्तले गन्जी खापेकी थिएँ, सुटकेसमा अझ बढी सामान अटाऊन् भनेर । तीभन्दा माथि रातो ज्याकेटले छोपिएपछिको अवस्था कस्तो थियो भने मेरा दाँत किटकिट गर्दै थिए; गाला रातापिरा भइरहेका थिए; पसिना तरतरी चुहिरहेको थियो र चिन्डे टाउकामा नसाका धर्साहरू नै देखिएलान् जस्तो भइरहेको थियो । मैले बडेमान सुटकेसहरू बोकेकी थिएँ । तीमध्ये एउटा त झन्डै मैजत्रो ठूलो थियो । उता रेलका स्पिकरबाट ढोका बन्द हुँदै गरेको सन्देश आउन थालिसकेको थियो; यता एक

जना मान्छेको सहायतामा धमाधम सामान झार्दै गर्दा अझै एउटा झोला त भित्रै थियो। स्वाँस्वाँ-फ्याँफ्याँ भइरहेकी थिएँ। मास्तिर हेरेँ, त्यहाँ आँखाभरि व्यग्रता र सम्मान छल्काएर मेरी साथी पर्खिरहेकी रहिछन्।

'कस्ती बौलाही, यत्रो सामान एक्लै बोकेर हिँडेकी! यस्तै चाला हो भने कम्मर भाँचिन बेर छैन!'

'नबोकेर के गरूँ त? रेल छुट्नुअगावै मैले यी पोकापन्तरा बाहिर निकाल्नु थियो। जे होस्, अँ, अनि सुनाउनुहोस्।'

'आनी, आनी, मेरी आनी... तपाईंले आफ्नो तौलभन्दा दुई गुणा बढी त भारी नै बोक्नुभएको छ! म त हेर्दै तपाईंलाई भरिया जस्तो पो देख्छु, जहिले पनि हस्याङफस्याङ, जहिले पनि आफूलाई बहादुर साबित गर्न खोज्ने। मलाई थाहा छ, तपाईं जेम्स बन्ड जस्तै हुनुहुन्छ। बन्ड... आनी बन्ड, हो ठ्याक्कै! लडेर कहिल्यै नथाक्ने र जसको लागि कुनै पनि लक्ष्य असम्भव छैन। हैन त?'

'तपाईंलाई थाहै छ, यी पोकापन्तरामा भएका सामानको मदतले एक दिन मेरो स्कुल ठडिनेछ। त्यसैले यो भारी मेरो लागि केही होइन।'

मैले साँच्चै भनेकी हुँ। यस्ता वस्तुहरूले मलाई प्रशस्त पैसा जम्मा गर्न सघाउँछन्। वास्तविकता पनि यही हो; सीडीबाट सीडी, डलरबाट डलर। निधारबाट चुपचाप, धैर्यपूर्वक र क्रमैसँग तप्केका पसिनाका थोपाहरूकै सहाराले मैले एकएक इँटा जोडेर बनाएको स्कुल हो, आर्यतारा स्कुल। मेरो स्कुल! पक्कै पनि यो स्कुल उभ्याउन केही दाताको समेत योगदान छ, जुन नभइदिएको भए यो सम्भव थिएन। एक अमेरिकी दम्पतीले मलाई पच्चीस हजार डलर दिए। संसारभर फैलिएका ससाना सङ्घसंस्थामध्ये कसैले दुई हजार अनि

कसैले तीन हजार युरो दिए। जर्मनीमा त झन् पैसा मात्र होइन, साङ्गीतिक कार्यक्रम आयोजना गरिदिएर र एक ठाउँबाट अर्को ठाउँको समारोह भ्याउन मोटरको व्यवस्था गरिदिएर समेत कतिपयले सहयोग गरे।

मेरो अहोभाग्य, आफ्ना प्रयासहरू साकार भए। यसरी जम्मा गरेको रकम मैले त्यो भर्खरै किनेको जग्गामा भवन उभ्याउन अब पर्याप्त हुन्थ्यो। जग्गा पनि भयो; पैसा पनि भयो; त्यसपछि पनि एउटा महत्त्वपूर्ण कुरा बाँकी थियो, र त्यो हो– भूमि पूजा। तिब्बती बौद्ध परम्परा अनुसार जब कसैले जग्गा किन्छ र त्यसमा केही निर्माण गर्न चाहन्छ, त्यस्तो बेलामा देवताहरूसँग अनुमति माग्नुपर्छ। किनभने हाम्रो धार्मिक परम्पराले देवीदेवतालाई जग्गाको प्रथम मालिक ठान्दै आएको छ। धार्मिक अनुष्ठानका साथ उनीहरूलाई उपहारसमेत दिनुपर्छ। यो नियमको पालना नगरिए चाहेको काममा विघ्नबाधा आइपर्ने मान्यता हाम्रो समुदायमा छ।

नेपाल फर्केको केही सातामा मैले नयाँ स्कुल बनाउने ठाउँनिर एउटा समारोह आयोजना गरेँ। त्यसमा अत्यन्त सम्मानित बौद्ध गुरु छ्यागमे रिम्पोछेसहित बाआमा र इष्टमित्रलाई निम्त्याएकी थिएँ। हामी झन्डै बीस जना 'मेरो' डाँडामा भेला भएका थियौँ। मौसम एकदमै सफा थियो। छेउको सल्लाघारीबाट सोझै आइरहेको मन्द हावा पनि उस्तै थियो। ताजा फूलले घेरिएको पूजाको वेदी तयार थियो; अक्षताले कचौराहरू भरिएका थिए भने धूपको बास्ना मेरो मस्तिष्कसम्म पुगिरहेको थियो। हामी घेरा बनाएर उभिएका थियौँ; बीचमा बसेका लामाहरू मन्त्रपाठ गर्दै थिए। पलेँटी कसेका अर्का लामा भने केही मन्त्र कागजमा लेख्दै देवीदेवतासँग कुमारी जग्गामा भवन बनाउने अनुमति मागिरहेका थिए।

मैले त्यो सानो जमघटलाई मजाले नियालेँ। पक्कै पनि त्यहाँ एउटा महत्त्वपूर्ण उपस्थिति खट्केको थियो। मेरो मुटु खुम्चियो। दाहिनेतर्फ फर्कंदा मैले अर्को डाँडामा उभिएको त्यो एकान्त आश्रमको ठूलो झ्यालमा सूर्यको टक देखेँ। त्यहाँ म गुरुसँग आउने गरेकी थिएँ। म के विश्वास दिलाउन चाहन्छु भने त्यो उहाँको कोठाको त्यही झ्याल थियो, त्यो बीचको झ्याल। सम्झनाले फेरि घेरा हाल्यो : पहिलो पटक म उहाँका साथ त्यहाँ पुग्दा सायद चौध वर्षकी थिएँ। फुर्तिली थिएँ तर ध्यान गर्न उत्तिको परिपक्व भइसकेकी थिइनँ। म दिनभर त्यो गुम्बावरपर खेलेर बिताउँथेँ। एक दिन म एउटा ठूलै चट्टानमा चढेँ; त्यति बेला दुवै पाखुरा चराका पखेटा जस्तै फैलिएका थिए; हावाले पछाडिबाट धकेलिरहेको थियो, मानौँ म त्यही हावाको विपरीत पल्टिरहेकी छु। त्यहाँबाट पूरै फर्पिङको दृश्य देखिन्थ्यो। मलाई अझै सम्झना छ, त्यो बेला म सोच्ने गर्थें, 'कुनै दिन म यस्तै ठाउँलाई आफ्नो बनाउनेछु।'

मेरो कामना ईश्वरले पूरा गरिदिए। अर्कातर्फको गुम्बाको त्यो झ्यालको सिसाबाट परावर्तित सूर्यको किरण बडो अनौठो किसिमले हामीतिर आइरहेको थियो। पूजास्थलबाट हेर्दा कस्तो सानो देखिन्थ्यो! मानौँ दिउँसै परबाट तारा चम्किरहेको छ। मलाई थाहा थियो, यो राम्रै सङ्केत हो। तर केही बोलिनँ। केवल मुस्काइरहेँ। मनमनै खुसी लागिरह्यो, मानौँ लामो अवधिपछि कुनै यात्री घर फर्किएको छ। मलाई थाहा थियो, धेरै कामले मलाई पर्खिरहेका छन् र यो नयाँ साहसिक गन्तव्यतर्फ पाइला बढाउन म आतुर पनि छु। कसले पो सोचेको थियो र यति छोटो अवधिमा म, त्यही भुमो, बौद्धकी एउटी फुच्ची जो बाल्यकालभर एउटा पुतलीको हकदारसमेत बन्न सकिन, जसका निम्ति पाँच सय रुपैयाँ पनि भाग्यको कुरो हुन्थ्यो, त्यस्तीले

स्कुल खोल्दै थिएँ र गरिबीको दलदलमा फसेका साना बहिनीहरूको जीवन सार्थक बनाउने सपना पूरा गर्दै थिएँ। जे होस्, त्यो परबाट दिउँसै देखिएको 'तारा' ले मलाई उज्यालो पठाइरहेको थियो ।

लगत्तै भवन निर्माणको तयारी सुरु भयो । पहाडी पाखो सम्याउन स्कुलका सबैले हातेमालो गरिदिए। बच्चीहरूले पनि चल्दै र उफ्रँदै भारी बोक्ने र खाल्डो खन्ने गरिरहेका थिए, मानौँ मलाई सघाउँदा र यो विद्यालय निर्माणको एउटा हिस्सा बन्न पाउँदा उनीहरूमा खुसीको सीमा नै छैन । यता, फेरि पनि त्यस क्षेत्रमा पानीको अभावले मेरो उत्साहमा छाया पार्न थाल्यो। पहाडी उचाइमा पिउने पानी रहेनछ। नेपालका आम गाउँहरू जस्तै जटिल परिवेशमा जेलिएको, जस्तो– थोरै घर, ढुङ्गामाटामा खेलिरहेका केटाकेटी र कुकुरका छाउराछाउरी अनि सङ्घारमा बसेर दिक्क मान्दै हेरिरहेका मान्छेहरू। सबैभन्दा पहिले त मैले उनीहरूकहाँ गएर त्यहाँको पानी प्रयोग गर्न र त्यसबापत पैसा तिर्न तयार रहेको सुनाएँ। तर जवाफ चाहिँ गजबको दिइयो : हो, मैले यदि उदारता देखाउने हो भने त्यो पानी प्रयोग गर्न पाउँछु। त्यसका निम्ति खुला दिलले उदारता देखाउनुपर्छ। गाउँका प्रतिनिधिहरू मसँग 'चन्दा' का नाममा यत्ति ठूलो रकमको लोभ गर्दै थिए, म त्यति दिनै सक्दिनथेँ। मेरा नवछिमेकीहरू साह्रै आरिसे स्वभावका रहेछन्। मेरो आगमनलाई उनीहरू विद्वेषपूर्वक हेर्दै थिए। उनीहरू म असाध्यै धनी छु र मेरो सम्पन्नताबाट केही झर्नैपर्छ भन्ने सोच्दा रहेछन् ।

'पानीको लागि चाहिँ तपाईंले डेढ लाख चन्दा दिनुपर्छ ।'

'कस्तो ठट्टा गर्नुभएको ! कहाँ म त्यत्रो पैसा दिन सक्छु ?'

'हाम्रो जग्गामा घर बनाउन आउनुभएको छ। तपाईंसँग त पक्कै पैसा होला नि !'

'पछि सायद म दिन पनि सकुँला। मेरो अवस्थामा सुधार भएपछि म पक्कै तपाईंहरूलाई फाइदा पुऱ्याउँछु। तर अहिले, मलाई विश्वास गर्नुस्, मेरो आर्थिक अवस्था निकै नाजुक छ। तपाईंहरू चन्दाको कुरा गर्नुहुन्छ, तर त्यो त दिने मान्छेले स्वेच्छाले दिने कुरो हो। आजसम्म चन्दा वा सहयोग माग्ने मान्छेले रकमै तोकेर मागेको त मैले कहिल्यै सुनेकी छैन।'

'जीवनमा जे कुरामा पनि पहिलो चोटि भन्ने त हुन्छ नै। हेर्नुस्, तपाईंले पैसा दिनुभएन भने पानी लैजान पाउनुहुन्न।'

'तर तपाईंहरूले पानी चलाउनै दिनुभएन भने मेरो काम अघि बढ्दैन अनि म कहिल्यै तपाईंहरूलाई सहयोग गर्न सक्दिनँ।'

यो मलाई बडो विडम्बना जस्तो लागिरहेको थियो, तर उनीहरूलाई भने कुनै मतलब थिएन। उनीहरू पूरै बेवास्ता गरिरहेका थिए। मेरा नवछिमेकीहरू नराम्रा मान्छे नहुन पनि सक्लान्, तर उनीहरू बडो दयनीय थिए र मेरा आवश्यकताहरूमा छेकबार लगाएर कसरी हुन्छ बढीभन्दा बढी लाभ लिऔं भन्ने ध्याउन्नमा थिए। उनीहरूको यो मतलबीपना देखेर म छटपटिएँ; यो तुच्छताले मलाई निराश पो पार्न थाल्यो। म यो स्थितिबाट पार पाउन सकिरहेकी थिइनँ। तैपनि मैले सङ्घर्ष गर्न छाडिनँ। केही सातापछि नै मभित्रको अहं फेरि जाग्यो। म कुनै विशेष मान्छे पनि त होइन। त्यसै हुँदा कतिपय व्यवहारले मेरो विवेकलाई बन्दी बनाइदिन्छ अनि म सहन गर्न सक्दिनँ। मैले निधो गरें– म कस्तै किसिमले पानी ल्याएरै छाड्छु; अन्त कतैबाट ल्याउँछु, चाहे मैले बढी नै पैसा तिर्नु किन नपरोस्। यसो गरें भने यी छिमेकीलाई एक पैसा दिन म बाध्य हुनेछैन।

म आफ्नै खाले गौरवको बाटामा हिँडें। त्यसो नगरेको भए

हुन्थ्यो कि ! तर के गर्ने ? मलाई असाध्य रिस उठेको थियो । मैले अठोट गरेँ– आवश्यक पर्‍यो भने बरु आफ्नै दुई हातले खाल्डो खनेर भए पनि स्कुलका निम्ति पानी ल्याएरै छाड्छु । र, त्यो पानी म कसैलाई दिन्नँ । म उनीहरूलाई देखाएरै छाड्छु, आनी छोइङले चाहेको कुरा गरेरै छाड्छे !

भवन बनाउन्जेल मैले केही किलोमिटर परको गाउँबाट पानी ओसारेँ । त्यसले गर्दा सम्पूर्ण प्रक्रिया ढिलो, जटिल र महँगो पनि भइदियो । म जब-जब नजिकका गाउँले देख्थेँ, उनीहरूलाई पूरै बेवास्ता गर्थें । स्कुल पुग्न मुख्य सडकबाट अलिकति तल झर्नुपर्थ्यो जहाँ उनीहरूका आँखाले मलाई एकटक हेरिरहेका हुन्थे । म चाहिँ आफ्ना आँखा भत्केका सडकमा मात्र केन्द्रित गर्थें । उनीहरूभन्दा सय मिटरमाथि, पहाडको टाकुरामा मेरो भविष्यको स्कुल उभिँदै थियो । उनीहरूलाई पछाडि छाडेर हिँडेकामा मलाई कुनै पछुतो थिएन । मभित्रको तिक्तताले उनीहरूलाई छुन्थ्यो, वा सायद छुँदैनथ्यो पनि, जे होस् । तर, ममा कुनै नकारात्मक सोचाइ छँदै थिएन । यद्यपि मैले जीवनका यति धेरै वर्ष बुद्ध धर्मको पालना गरेर बिताएँ र दुई दशकभन्दा बढी त आनी अभ्यासै गरिसकेँ, तैपनि मलाई आफूले अझै धेरै काम गर्नु छ भन्ने लाग्छ ।

एक दिन मेरो आक्रोश थामियो । के अनुभव गरेँ भने मेरो त्यो अवस्था अनुत्पादक मात्र नभई विध्वंसक पनि छ । मनमै ठानेँ– मलाई सहयोग मैले मात्र गर्न सक्छु । म मात्र एउटा त्यस्तो व्यक्ति हुँ जसले आफैँलाई खुसी तुल्याउन सक्छ र शान्ति प्रदान गर्न सक्छ ।

गाउँलेको अवरोधको प्रतिकार गर्ने सोचाइबाट मैले स्वयंलाई टाढा लगेँ । उनीहरूको बहुमूल्य पानी खोस्न खोजेर बित्थामा

आक्रोश जन्माउने स्वयंलाई नियन्त्रण गर्नु जरुरी थियो। वल्लो घर पल्लो घर जस्तो गरेर बसेका उनीहरूसँग लडाइँ गर्ने अवस्थामा म थिइनँ।

हरेकले केही छाड्न अडान लिन्छ, र त्यो उनीहरूजत्तिकै ममा पनि लागू हुन्छ। हामी साथसाथको यात्रामा हिँड्न थालेका छौँ र त्यसका निम्ति मैले उनीहरूको मन जित्नुपर्छ। आखिरमा यी गाउँलेहरूले मलाई मन पराउने नै छन् र सहयोगै गर्नेछन्। यो ठीक त्यस्तो अवस्था हो जब कसैले आफ्नो भित्री उज्यालोको केन्द्रलाई अर्कातिर फर्काउँछ।

मैले फरक किसिमले सोच्नु थियो र समस्यालाई नयाँ कोणबाट हेर्नु थियो। त्यसैले आफैँले सम्पूर्ण खर्च लगाएर ठूलो ट्याङ्की बनाउने र त्यसमा पानी तान्ने पम्प राख्ने निधो गरेँ। यति गरिसकेपछि त्यो पानी गाउँलेहरूलाई पनि दिने पक्षमा म थिएँ। एक जर्मन दम्पतीले मलाई 'वाटर फर द वर्ल्ड' मार्फत पचास हजार युरो दिएका थिए। बाँकी खर्च आफैँले लगाएपछि काम सुरु भयो। ठूलो र गहिरो खाल्डो तयार पार्नु, पानी माथिसम्म पुऱ्याउन दुइटा पम्पको जोहो गर्नु, पानी छ सय मिटरसम्म ओसार्ने पाइप बिछ्याउनु र एक पटकमा डेढ लाख लिटर पानी अटाउन सक्ने ट्याङ्की तयार पार्नु जस्ता काम यसमा समेटिएका थिए।

एक वर्षमै सम्पूर्ण संरचना तयार भयो। यति गरिसकेपछि स्कुल र छेवैको गुम्बाबाहेक दुई सय घरहरूलाई समेत दिगो रूपमा खानेपानीको बन्दोबस्त भयो।

पम्पको मात्रै पनि डेढ लाख रुपैयाँभन्दा बढी लागेको थियो, जबकि मैले गाउँलेहरूकै भनाइ मानेको भए त्योभन्दा थोरैमा काम हुन्थ्यो। मैले त उनीहरूले चाहेभन्दा दस गुणा बढी पो खर्च गर्नुपऱ्यो, तैपनि म आफूलाई सहज अवस्थामै हिँडाइरहेकी थिएँ,

तनावमुक्त। र सबैभन्दा ठूलो कुरो, मेरो प्रयासले गर्दा यो भेगकै एउटा जटिल समस्या सधैंका निम्ति समाधान हुँदै थियो। सारा गाउँलेले अब सजिलै पानी पाउने भएका थिए। गाउँले र मैले मिलेर 'हामी' भावनाको विकास गऱ्यौं; योभन्दा राम्रो अरू के नै हुन सक्थ्यो ? र, म भित्रभित्रै कतै घमन्ड पनि गरिरहेकी थिएँ, दुर्गम गाउँमा पानी ल्याइपुऱ्याएकी छु भनेर। परम्परागत रूपमा पनि हाम्रा गाउँघरमा टाढाबाट पानी ओसारेर घरबार चलाउनु महिलाहरूकै दायित्वमा पर्छ। यसमा उनीहरूले असाध्यै दुःख उठाएका हुन्छन्। पानीका लागि कतिपय पहाडी गाउँमा त घण्टौं हिँड्नुपर्नेसमेत हुन्छ। यसरी मेरो पहलबाट त्यस गाउँका महिलाको बोझ पनि हल्का भएको थियो। यसप्रति म आफ्नै किसिमले गर्व पनि गर्छु।

त्यहीताका मेरो साङ्गीतिक जीवनले पनि नयाँ उचाइ लिन थालिरहेको थियो। एक दिन मलाई आएको टेलिफोनलाई धन्यवाद दिन चाहन्छु। त्यो फोन नेपालका चर्चित सङ्गीतकार न्ह्यू बज्राचार्यको थियो। यसअघि हाम्रो कहिल्यै भेट भएको थिएन। पहिलो भेटमा सामान्य अभिवादनपछि उहाँले भनेको कुरा म अझै सम्झन्छु।

'आनी, म दलाई लामाको बारेमा एउटा गीत बनाउँदै छु। त्यसैको लागि फोन गरेको।'

'गज्जब, त्यसको भाव के छ ?'

'उहाँभित्र निहित संवेदना शक्ति, उहाँको महानता... । म यी हरफहरूको बीचमा केही तिब्बती शब्द पनि मिसाउन चाहन्छु। यसमा अन्यथा अर्थ लाग्ने शब्द नपरोस् भनेर तपाईंको सहयोग चाहेको हुँ।'

म उहाँको स्टुडियो जान र उहाँका कामहरू हेर्न तयार भएँ।

मलाई यो निकै राम्रो लाग्यो। वास्तवमै त्यहाँको परिवेशले मलाई प्रभावित पाऱ्यो। हामीले एकअर्कालाई राम्ररी चिन्दै गयौँ र त्यसै क्षण मैले एउटा प्रस्ताव पनि राखेँ–

'मेरो लागि पनि केही धुन बनाइदिनुहुन्छ कि ?'

'मन्त्रको लागि ?'

'हजुर, त्यसमा केही परिमार्जन र आधुनिकीकरणसहितको।'

र, हामीले त्यही गऱ्यौँ। हामीले सही धुन पहिल्याउन निकै कडा परिश्रम गऱ्यौँ। एक दिन जब म स्टुडियो पुगेँ, उहाँ एउटा भजनमा धुन भर्नुहुँदै रहेछ। पहिलो पटक सुन्नेबित्तिकै उहाँको सङ्गीतले मलाई स्पर्श गऱ्यो; त्यो कतै भित्र आत्माको गहिराइसम्म पुगे जस्तो भयो।

गीतको भावमा एक किसिमको अनुनय थियो : सुन्दा यस्तो लाग्यो मानौँ यसले गुरुकै श्रद्धामा मलाई डुबाइरहेको छ। म आफ्ना निम्ति केही यस्तै गीत चाहन्थेँ। मुलुककै श्रद्धेय कवि र गीतकारका रूपमा परिचित दुर्गालाल श्रेष्ठसँग न्ह्यू बज्राचार्यले मेरो परिचय गराइदिनुभयो। सत्तरी वर्षको छेकतिर पुगेका गीतकारसँगको भेटघाटमा मैले तत्कालै अनुभव गरेँ– जीवनमै असाध्यै आकर्षक मान्छेसँग वार्ता गरिरहेकी छु। अर्काका कुरा मजाले सुन्ने र भद्रताको प्रतिमूर्ति जस्ता यी व्यक्तित्वको सामीप्यले मलाई छुन थाल्यो। पहिलो पटक त उहाँले मेरा निम्ति गीत लेख्छु वा लेख्दिनँ भनी यकिन भन्न सक्नुभएन। एक त हाम्रो चिनारी राम्ररी भइसकेको थिएन; त्यसबाहेक आनी देखेर पनि उहाँ हच्किनुभएको थियो। अलिक सङ्कोच मान्न थाल्नुभयो। त्यसैले एक दिन मैले उहाँको घरै पुगेर शान्त वातावरणमा एउटा मन्त्र गाइदिएँ। उहाँले ध्यानपूर्वक सुन्नुभयो।

नेपालीहरूमा मन्त्र सुन्ने उत्तिको बानी छैन। विश्वभरकै प्रचलन जस्तै यहाँ पनि आम श्रोताहरू विद्युतीय वाद्ययन्त्रका साथ बज्ने आफ्नै खाले स्वादमा बढी झुकाव राख्छन् । साठीको दशकताका बनेका हिन्दी गीतहरूलाई नयाँ टेक्नो म्युजिकमा ढालेर पुनर्संरचना गरिएका सिर्जनाहरू पनि यहाँ असाध्यै चल्छन् । तर जहाँसम्म मन्त्रका कुरा छन्, ती गुम्बामा त पक्कै सुनिन्छन् तर घरको क्यासेटमा राखेर चाहिँ कसैले सुन्दैन । यस्तो कसैले गरेको पनि सुनिएको छैन ।

तर, दुर्गालाल श्रेष्ठ यसका निम्ति तयार भइदिनुभयो। सुनिसकेपछि उहाँबाट प्रतिक्रिया आउन थाले :

'मैले शब्दहरू त ठ्याम्मै बुझिनँ, तर मलाई यसले भित्र कतै गहिराइमा पुऱ्याएको जस्तो चाहिँ लाग्यो । यो असाध्यै राम्रो छ, कर्णप्रिय ! यस्तो मैले आजसम्म सुनेको थिइनँ ।'

'धन्यवाद, तपाईंले मन पराइदिनुभएकोमा मलाई साह्रै गर्व अनुभव भयो । हामी साथमा काम गरौं भन्ने मनमा लागिरहेको छ ।'

'म तयार छु; तपाईंसँग त्यस्तो शक्ति पनि छ । तपाईंले स्वर वरदानमा पाउनुभएको रहेछ ।'

उहाँ साह्रै प्रभावित हुनुभएछ; म पनि कृतज्ञ भएँ । हाम्रो काम पनि अघि बढ्यो । कहिलेकाहीँ एकै बसाइमा दस घण्टा पनि ! स्टुडियोमै बसेर गीत लेखिन्थे र त्यसमा सङ्गीत पनि भरिन्थे । भोक-प्यास केहीको ख्याल हुँदैनथ्यो । सिर्जनाको क्षणले दिने एक किसिमको तन्मयता थियो हामीमा । आध्यात्मिक महत्त्व कायम रहनुपर्ने मान्यतासहित परम्पराको खानीलाई थोरै नयाँपन दिऊँ भन्ने मेरो सोच थियो । सकारात्मक सन्देशहरू सञ्चार गर्ने, मानवीय गुणहरूको महत्त्वमा जोड दिने, आशा, सम्भावना र प्रेमका शब्दहरू

फैलाउने इच्छा मभित्र थियो। गायिकाका रूपमा म अब बौद्ध, हिन्दू वा इसाई केही पनि थिइनँ। म स्वाभाविक हिसाबले मानवीयताको कामनामा मग्न थिएँ।

मेरो नेपाली एल्बम *मोमेन्ट्स अफ ब्लिस* २०६० सालमा सार्वजनिक भयो। त्यसो त यो मेरो चौथो एल्बम थियो, तर सफलताको वास्तविक स्वाद मलाई पहिलो पटक यसले चखायो। यसअघि स्टिभको सहकार्यमा तयार भएका एल्बमहरू *च्छो, डान्सिङ डकिनी* र *सेल्वा* विदेशमा मात्र बेचिएका थिए।

*मोमेन्ट्स अफ ब्लिस*ले चाहिँ मलाई चर्चाको चुलीमा पुऱ्यायो। म नेपालमा सक्रिय त थिएँ नै, तर यस एल्बमले मलाई रातारात चर्चित बनायो। म अचानक स्टार बन्न पुगें। त्यो पहिलो क्षणको ठ्याक्कै सम्झना त छैन, तर कसैले मलाई बाटैमा रोकेर मेरो अटोग्राफ लिएको थियो र मतर्फ एकोहोरिएर हेर्दै भनेको थियो, 'उः तिनै हुन्। हो, तिनै हुन्।'

तर यो सबै बडो अनौठो पाराले अनायास भइदिएको थियो। नेपाली भाषामा निस्केको *मोमेन्ट्स अफ ब्लिस*मा मानवताका सन्देशले भरिभराउ गीत थिए, जसलाई आधुनिक साजहरूले सजाएर प्रस्तुत गर्दा सङ्गीत बजारका निम्ति त यो एउटा सनसनी जस्तो भइदियो। र, आम श्रोताले यसलाई एकै पटकमा मन पनि पराइदिए। आजै जस्तो कसैले मलाई एल्बमको गीत टेलिभिजनमा गाउन अनुरोध के गरेका थिए, भोलि पल्टै त त्यो जनजनको जिब्रोमा गुन्जिन थाल्यो, यसरी जङ्गलको डढेलो जस्तो भइदियो। सडकदेखि छिमेकसम्म अनि सहरदेखि पूरै मुलुकसम्म मेरो चर्चा अब घरघरमा हुन थालिसकेको थियो। एउटा गीत त, त्यो यद्यपि मेरो सबैभन्दा प्रिय चाहिँ हैन, निकै

लोकप्रिय भइदियो। रेडियोमा, बौद्धका सडकहरूमा, सुपरमार्केटहरूमा वा जताततैका टेलिभिजनमा बजिरहेको त्यो गीतले भन्थ्यो :

फूलको आँखामा फूलै संसार

काँडाको आँखामा काँडै संसार...

सुरुसुरुमा त यो अनौठो अनुभूतिले धेरै पटक म अलमलमा पनि परेँ। उदाहरणका निम्ति, जब मान्छेहरू रेस्टुरेन्टमा मलाई चिन्थे, मप्रति आदरभाव प्रकट गर्दै यही गीत बजाउन थाल्थे। म खाँदा, हिँड्दा, बस्दा जे गर्दा पनि पृष्ठभूमिमा बजेको आवाज मेरो आफ्नै हुन थालेको थियो।

यो एल्बम सर्वाधिक बिक्रीको सूचीमा पनि क्रमशः उक्लँदै गइरहेको थियो। ठीक त्यति बेलै इराकमा बाह्र जना नेपालीलाई निर्मम तरिकाले हत्या गरिएका कारण सम्पूर्ण मुलुक शोकमा डुब्यो। त्यस्तो बेला नागरिकमा फैलिएको आक्रोश मत्थर पार्न र उनीहरूमा थोरै भए पनि धैर्य र संवेदना भर्नु जरुरी छ भन्ठानेर एउटा टेलिभिजनले मेरा एल्बमका गीतहरूको प्रत्यक्ष कार्यक्रम आयोजना गरिदियो। त्यसले मेरो चर्चालाई झन् विस्तार गरिदियो।

केही महिनापछि म एउटा सुपरिचित अवार्ड समारोहमा निम्त्याइएँ, जहाँ वर्षकै उत्कृष्ट कलाकारहरू सम्मानित हुने भएका थिए। त्यो समारोहका बेला भने मलाई फुर्सद थिएन। मैले अन्तै एउटा सहरमा कार्यक्रम प्रस्तुत गर्नुपर्ने थियो र त्यसका निम्ति वचन पनि दिइसकेकी थिएँ। समारोहको प्रत्यक्ष प्रसारण टेलिभिजनबाट भइरहेको थियो। त्यसका निम्ति मेरो सानो भाइ कर्मा चोसाङलाई पठाउने निधो गरेँ। मलाई आफू मनोनयनमा परेकी भन्ने थाहा थियो, तर विजेता पनि मै भएछु भन्ने चाहिँ जानकारी थिएन। यस्ता कार्यक्रममा गोपनीयताको

महत्त्वलाई ध्यानमा राखेर आयोजकहरूले नतिजाको रहस्य अगाडि नै खोलिदिने गर्दैनन् । तैपनि उनीहरूले मलाई यसको पूर्वाभास दिलाउन भरसक कोसिस गरेका थिए। तर, के गर्नु, अर्कातर्फ कसैलाई दिइसकेको वचनका सामुन्ने म लाचार थिएँ ! त्यसैले भाइलाई प्रतिनिधित्व गराउने निश्चयमै म अडिएँ ।

'तिमी गइदेऊ; तिमीले नै त्यहाँ राम्ररी प्रतिनिधित्व गर्न सक्छौ; मलाई विश्वास छ ।'

'मान्छेले त तपाईंलाई पो हेर्न खोज्छन्, मलाई होइन नि दिदी !'

'तर म सक्दिनँ ! म कतै अन्यत्रैका निम्ति वचनबद्ध भइसकेकी छु । त्यो सहरका कार्यक्रम आयोजकले मलाई केही नराम्रो पनि गरेका छैनन्; अनि मैले कसरी उनीहरूलाई निराश पार्न सक्छु ?'

'कुनै न कुनै बाटो निकाल्नुस्; जाऔँ न बरु त्यही समारोहमा !'

मैले निर्णय बदल्न सकिनँ। मेरा निम्ति संसारका सबै अवार्डहरूजत्तिकै महत्त्वपूर्ण मेरो वचन पनि हो । बरु भाइले त्यो समारोहको भरपूर आनन्द लेला भन्ने लाग्यो । अरु इमानदारीपूर्वक भन्छु, कसै गरी जितेँ भने मलाई टेलिभिजनको चमकदमकमा देखा पर्ने आकाङ्क्षा थिएन । सङ्गीत व्यवसायमा लागेकाहरूले अन्तिम सूचीमा पारेका पाँच कलाकारमध्ये एकलाई छान्ने काम आम जनताको मतबाट हुनेवाला थियो । अवार्ड वितरण समारोहको साँझ म निकै पर कुनै ठाउँमा गीत सुनाइरहेकी थिएँ । कार्यक्रम सकिएपछि एउटी किशोरी बडो प्रफुल्ल मुद्रामा मेरो नजिक आइन् ।

'तपाईंले जित्नुभो ! तपाईंले जित्नुभो !'

'के जितेँ र मैले ?'

'यो वर्षकै सर्वोत्कृष्ट गीत *फूलको आँखामा* अनि यो वर्षकै सर्वोत्कृष्ट गायिका पनि...'

आफ्नो कुरो सक्दा-नसक्दै उनले मलाई ग्वाम्लाङ्ङ अँगालो हालिन्। मलाई आफूभन्दा उनी नै धेरै खुसी छिन् कि जस्तो लाग्यो। म पनि पुरस्कार पाएर खुसी नै भएँ। यस्तो सफलताले पनि मेरा योजनाहरूलाई अघि बढाउन केही मदत गर्ने नै थियो। अचानक मैले आमालाई सोच्न थालेँ। घर जान मन लाग्यो। सबै कुरा कति चाँडै भइदियो !

'नआत्तिनुस्, त्यो समारोह छुटाएकोमा पछुताउनुपर्दैन। हामीले तपाईंकै निम्ति त्यसको भिडियो खिचेका छौँ।'

'होइन, मैले त्यस्तो सोचेकी होइन। र, म त्यो रेकर्ड हेर्दा पनि हेर्दिनँ।'

यो सम्पन्न भयो, र त्यो समारोह पनि, मेरो उपस्थितिबिनै। मेरा निम्ति यो ठीकै रह्यो। म निकै खुसी भएँ। तर जहाँ सबै मलाई बधाई दिइरहेका थिए, त्यहीँ म भने कतै अन्तै पुगिरहेकी थिएँ। मलाई सबैभन्दा राम्रो अनुभूति आफ्ना ती गीतका भावहरूले दिइरहेका थिए, जसमा प्रेम, उमङ्ग र सद्भाव भरिएका छन्। धेरै श्रोताका निम्ति यी कुराले अर्थ राख्न सके र उनीहरूको मनलाई तिनले स्पर्श गरे। मेरो आवाज माध्यम बनिदियो जसले मेरो सफलताका निम्ति वायुमार्गको काम गर्‍यो।

मेरो विचारमा चर्चामा आउनु भनेको पहाडको उचाइबाट आएको एउटा आवाज जस्तै हो, जुन पहराहरूमा ठोक्किन्छ, कम्पन हुन्छ र एकै छिनमा हराउँछ पनि। सुरुसुरुमा साथीहरूको प्रोत्साहनमा लागेर

मैले पत्रपत्रिकामा छापिएका सामग्रीहरूको कटिङ पनि राख्न थालेँ। तर, पछि छाडिदिएँ। अब त यसरी कटिङ जम्मा गरेर साध्यै नहुने भइसकेको छ। यसको आकर्षण पनि हराउँदै जान थालेको छ। मलाई एउटै कुराले बाँधेर राखेको छ, आम मान्छेका बीचमा गीतैका माध्यमबाट कसरी हुन्छ शान्तिको कामना र सद्भावको सञ्चार गर्ने।

समाजलाई सेवा गर्न धेरै उपाय छन्। एक पटक सोचौँ न, अभावमा रहेका केटाकेटीलाई खेलौनाहरू दिनुमै पनि कति आनन्द हुन्छ !

अचेल विदेश यात्राबाट फर्कंदा म आफ्ना नानीहरूलाई बार्बी डल ल्याइदिन बिर्सन्नँ। जर्मनीको प्रत्येक यात्रापछि नेपाल फर्कंदा मैले टेडी बियर ल्याउने गरेकी छु। त्यसबाहेक आफ्ना साथीहरूले माया गरेर दिने यस्ता खेलौनाहरू पनि म सङ्कलन गरेर राख्छु। कहिलेकाहीँ त उनीहरू मेरो स्कुलका बच्चीहरूलाई भनेर आफ्ना केटाकेटीले खेलाइसकेका पुराना खेलौना पनि दिन्छन्। आफ्नै भोगाइले गर्दा मलाई थाहा छ, बाल्यकालमा यस्ता खेलौनाहरूको साथ नपाउनुको मूल्य कति हुन्छ भनेर। जति बेला म सानी थिएँ, मलाई केटाकेटी हुने मौका कहिल्यै दिइएन। अब म गुमाएका तिनै पलहरूलाई समेट्न खोज्दै छु। साथमा रहेका केटाकेटीको सङ्गतको पनि म त्यसै गरी आनन्द लिन्छु। मेरा नानीहरूलाई पनि त्यो रमाइलो बाँडेर आफूले गुमाएको चीज परिपूर्ण भएको अनुभव गर्न खोज्छु। म उनीहरू पढेको र उच्च शिक्षाका निम्ति भारतका ठूला विश्वविद्यालयमा गएको हेर्न चाहन्छु; उनीहरूले चाहेको सबै कुरा पूरा भएको देख्न चाहन्छु। मेरो जीवनका रिक्त ठाउँहरूलाई यसरी भर्न खोज्छु म। मैले त चाहेर पनि पढ्न सकिनँ। तर, त्यही मौका म अरूलाई उपलब्ध गराएर रमाउन थालेकी छु। उनीहरूलाई उज्ज्वल भविष्य बनाउने अवसर दिन पाउँदा म साह्रै आनन्द अनुभव गर्छु।

आखिरमा कसैलाई कुनै कुरा दिनुको मजा पनि त यही हो। भनिन्छ नि, उपहार भनेको जहिले पनि अरूका निम्ति हो, सत्य हो। तर त्यसअगावै मलाई लाग्छ, हामीले आफ्नै निम्ति पनि यस्ता उपहार दिइरहेका हुन्छौँ। किनभने अर्कालाई खुसी पार्दा बेग्लै आनन्द आउँछ। कहिलेकाहीँ यस्तो भावनाले मान्छेमा यसको लतै बसाइदिन बेर लगाउँदैन।

उपहारले लिने र दिने दुवैलाई फाइदा गराउँछ; कहिलेकाहीँ त यसको हिसाबकिताबमा दिनेले पाउनेभन्दा बढी प्राप्त पनि गरिरहेको हुन्छ। मैले जति दिएकी छु त्यति नै बढी प्राप्त पनि गरेकी छु। सधैँजसो ! र, यति गर्न चर्चित व्यक्तित्व हुनु जरुरी छैन।

अध्याय १८

मृत्यु बोकेको सोमबार

मैले आमालाई गाडीमा राखेर अस्पताल पुऱ्याएँ। तत्काल डाक्टरले मलाई एक छेउ पन्छ्याए र आमालाई जाँच्न थाले। आमाको लगातार पेटदुखाइले हामी चिन्तित थियौं। बजारमा प्रचलित औषधिमा बालाई विश्वास थिएन; त्यसैले सुरुमा त हामीले आयुर्वेदिक उपायबाटै समाधान खोज्यौं। तर त्यसले आमाको पीडा रत्ती पनि कम पारेन। डाक्टरले उहाँलाई चिनी रोगको समस्या रहेको र रक्तचाप पनि उच्च रहेको बताए। उहाँका मृगौलामा असर सुरु भइसकेको रहेछ।

नेपालमा स्वास्थ्य बिमाको प्रचलन छैन। बिरामी परेका बेला तपाईंसँग पैसा छ भने उपचार गराउन सक्नुहुन्छ; छैन भने लामो सास्ती खेप्नैपर्दैन; सक्दो चाँडो कालको मुखमा परिहाल्नुहुन्छ।

आमाको स्वास्थ्य समस्याले मलाई निकै गहिरो पीडा दिइरहेको थियो। मेरी आमा केवल आमा हुनुहुन्थेन, उहाँ मेरी अत्यन्तै घनिष्ठ साथी पनि हुनुहुन्थ्यो। म प्रत्येक कुरा उहाँसँग साट्ने गर्थें : आफ्ना भावना अनि आफ्ना गल्तीहरू। उहाँ मात्र एक यस्ती मान्छे हुनुहुन्थ्यो जसले मेरा गल्तीहरू सहजै पचाइदिनुहुन्थ्यो र त्यही भएर पनि कुनै सङ्कोच नराखी म हरेक कुरा धक नमानी उहाँलाई भन्न

सक्थेँ । उहाँका सामुन्ने म आनी, गायिका अथवा कुनै विद्यालयकी सञ्चालक थिइनँ । उहाँका निम्ति म सधैँ सानी छोरी नै थिएँ, र यो यस्तो अनुभूति थियो जसले लामो यात्रापछिको थकानका बेला मनतातो पानीले नुहाएको जस्तो अनुभव गराउँथ्यो । आमा हुन्जेल, जेसुकै होस्, म सुरक्षित र न्यानो अनुभव गरिरहेकी हुन्थेँ । र, यो मायाको घेरो बडो आनन्ददायी थियो ।

अब उहाँ साताको तीन पटक डाइलासिसका निम्ति अस्पताल जान थाल्नुभएको थियो । तीनै पटक उहाँको दूषित रगत परिवर्तन गर्नुपर्थ्यो, जसलाई सफा गर्ने काम उहाँका मृगौलाले बन्द गरिदिएका थिए । केही वर्षका निम्ति हराएका जीवनका अँध्याराहरूले फेरि मलाई घेरा हाल्न थालेका थिए । हाम्रा लागि फेरि परीक्षाको घडी आएको थियो । यो जीवनकै एउटा स्वाभाविक चक्र थियो र म स्वीकार गर्न तयार थिएँ ।

के हामीसँग कुनै विकल्प पनि थियो ? म आमालाई तिनै पलहरू याद दिलाउने गरी गफगाफले रमाइलो पार्न चाहन्थेँ, जति बेला हामी ट्याक्सीमा बसेर सहर घुमेका थियौँ र त्यसका धमिला सिसाहरूभन्दा बाहिर लहरै उभिएका पसलहरूलाई नियालेका थियौँ । आमा हाँस्न खोज्नुहुन्थ्यो, तर ओठ अलिअलि फैलाउन पनि उहाँलाई निकै कष्ट हुन्थ्यो । रोगले उहाँको चेहराको रौनक मेटाउन थालेको थियो। उहाँ असह्य पीडामा हुनुहुन्थ्यो ।

एक दिन डाक्टरले एउटा ट्युब उहाँको शरीरमा जडान गर्न लागेका थिए । त्यसो गरेपछि चाहिँ उहाँलाई सुई दिइरहनुपर्थेन र उहाँको रक्त परिवर्तन प्रक्रिया पनि कम पीडादायी हुने थियो ।

'अब अति भइसक्यो ।'

'मलाई थाहा छ आमा, म बुझ्छु, तर यो गर्नैपर्छ ।'

'बरु फेरि आयुर्वेदिक उपचारतर्फ जाऔँ क्यारे; त्यो शरीरलाई सुहाउँदो पनि हुन्छ ।'

'होइन आमा, त्यसो गर्नु उचित हुन्न । याद गर्नुस् त, पछिल्लो पटक दुई सातामै तपाईं बेलुन जस्तै फुल्नुभएको थियो र हामीले झन्डैझन्डै तपाईंलाई गुमाएका थियौँ ।'

डाइलासिसमा आउनुअघि आमाले सम्भव सबै उपाय अपनाउनुभएको थियो, परम्परागत उपचारदेखि योगाभ्याससम्म । पछिपछि उपचारको आवश्यकता बुझाउन खोज्दा पटकैपिच्छे उहाँ र मेरो झगडा हुन थालेको थियो । हाम्रो समुदायका धेरै परिवारले जस्तै मेरो परिवारले पनि बजारमा प्रचलित आधुनिक उपचार विधिलाई उत्तिको विश्वास गर्थेन । भोटिया समुदाय आफ्नो उपचार स्वयंले वनस्पति र धार्मिक गतिविधिबाट गर्न खोज्छ । यी उपायले प्राय: काम गरिरहेका पनि हुन्छन् र म यसमा विश्वास पनि गर्छु । मलाई कुनै पनि औषधि खाइहाल्न मन लाग्दैन, चाहे दाँतको असाध्य पीडा नै किन नहोस् ।

तर मलाई थाहा थियो, आमाको मामिलामा चाहिँ उहाँलाई अत्याधुनिक स्वास्थ्य सेवा दिइनैपर्छ र त्यसको तारतम्य डाक्टरहरूले मात्र मिलाउन सक्छन् । उनीहरूको रेखदेखबिना उहाँ लामो समय बाँच्न सक्नुहुन्थेन । मैले त्यसको सङ्केत देखिसकेकी थिएँ । अझ एक पटक त मैले उहाँ मृत्युनजिकै पुगिसक्नुभयो भन्ठानेकी थिएँ ।

एक साँझ करिब आठ बजेको थियो होला; म सिनेमा हेर्न बसेकी थिएँ। त्यति बेलै आमाको कोठाबाट ओर्लंदै गर्नुभएका मामाको अनुहार डरलाग्दो देखियो ।

'तयार होऊ छोइङ ।'

'तयार हुने ? केको लागि ?'

हस्याङफस्याङ गर्दै सिँढी उक्लेर मैले आमा सुत्ने कोठाको ढोका उघारेँ। आमा ओछ्यानमा हुनुहुन्थ्यो। अनुहार, पेट, खुट्टा, उहाँको सम्पूर्ण शरीरै डरलाग्दो गरी सुन्निएको थियो। उहाँ स्वाभाविक आकारभन्दा तीन गुणा ठूली देखिनुभएको थियो। उहाँको श्वास-प्रश्वासको गति मूर्च्छित अवस्थाको बरबराहटसँग मिसिएको थियो, मानौँ निकै कष्टसाथ सास फेर्दै हुनुहुन्छ। आँखा आधा बन्द थिए। टाउको यसरी पछाडि ठेलिएको थियो, मानौँ पानीबिनाको माछो अन्तिम समयको सास्ती खेप्दै छ। उहाँ मृत्युनजिकै पुगिसक्नुभएको रहेछ।

'आमा, म तपाईंसँगै छु। मैले बोलेको सुन्नुहुन्छ ? म सबै थोक मिलाउँछु, बुझ्नुभो होइन ? ठ्याम्मै डराउनुपर्दैन।'

मैले उहाँको हात समातेँ र नरमसँग थिचेँ, घाइते सानो चरालाई सुमसुम्याए जस्तै गरी। यसरी समात्नु घातक हुन्छ कि भनेर डर पनि लागिरहेको थियो। उहाँको छाला पोल्ने गरी तातो थियो। मैले उहाँलाई स्पर्शबाटै सकारात्मक संवेग प्रदान गर्ने कोसिस गरेँ। यसो गर्दा उहाँ जहिल्यै आनन्द मान्नुहुन्थ्यो, तर आज यसको प्रभाव पनि परेको थिएन। मैले आमाबाट कुनै प्रतिक्रिया पाउन सकेकी थिइनँ। उहाँले मलाई हेर्नुभएको पनि थिएन। आँसु थाम्न सकिनँ र हठात् कोठाबाट निस्किएँ। अन्तर्मनले आर्तनाद गरिरहेको थियो।

'लौन, कसैले मेरी आमालाई बचाइदेओ ! उहाँ मर्दै हुनुहुन्छ !'

तर स्वर फ्याट्टै बाहिर निस्केन। मेरो गुहार भित्र निसास्सियो।

मैले के गर्ने भनेर भेउ नै पाइनँ। गर्न सक्ने केही छुँदा पनि त थिएन ! म उहाँसँगै बसेँ; आफ्नो शिर ओछ्यानमा उहाँनजिकै ढल्काएर उहाँका हात समाइरहेँ। मलाई लाग्छ, म झन्डै चार घण्टा त्यसै गरी बसेँ। मैले आफ्नो मुटुको चाल सुनिरहेकी थिएँ; सायद त्यो मेरो निधारमा रक्त प्रवाहको आवाज नै पो थियो कि ! मृत्यु जब नजिक

आइपुग्छ, जीवन पनि उत्तिकै स्पन्दित हुँदो रहेछ ।

आफूभित्रैको कुहिरीमण्डलबाट आएको एउटा आवाज मैले सुनेँ– तिमीले तत्कालै केही गरिनौ भने स्वयंलाई कहिल्यै माफ गर्न सक्नेछैनौ '

'आमा, सुन्नुस् आमा, मलाई थाहा छ तपाईं डाक्टरकहाँ जान चाहनुहुन्न। तर बिन्ती छ, तपाईंलाई अस्पताल लैजान दिनुस्। तपाईं र म मात्र जाने। सुटुक्क जाने। कसैलाई नभनुँला। निको भएपछि पनि म सुटुक्कै यहाँ ल्याइदिन्छु। तर, हामीले केही गर्नैपर्छ आमा, बिन्ती छ।'

उहाँको घाँटीबाट कामेको अस्पष्ट स्वर निस्क्यो । टाउको घुमाउनुभयो र मतिर हेरेर परेला झिमिक्क पार्नुभयो । यो उहाँको स्वीकारोक्ति थियो ।

तल्लो तलामा सुतिरहनुभएका बालाई पनि नउठाई रातको सुनसानमा मैले चुपचाप आमालाई बोकेर तल झरेँ र मोटरको अघिल्लो सिटमा राखेँ । हामी सहरकै सबैभन्दा नामी अस्पतालको इमर्जेन्सी वार्डमा पुग्यौँ । चिकित्सकहरूले तत्कालै जाँच-पडताल सुरु गरे । यहाँ आइपुग्न किन यति ढिलाइ गरेको भनेर कसैले पनि सोधेनन् । उनीहरू केवल आमाको परीक्षणमा केन्द्रित भए। कसैले मलाई चिने जस्तो पनि गरेनन्। किनभने म यहाँ कुनै चर्चित व्यक्तित्व होइन, केवल आफ्नी आमाको जर्जर स्वास्थ्य अवस्थाका बारेमा चिन्तित एउटी छोरी थिएँ। दुई घण्टापछि उनीहरूले आमालाई एउटा सुई लगाइदिए र मलाई उहाँलाई राखिएको कोठामा गएर भेट्ने अनुमति दिए । उहाँ शान्तसँग आराम गरिरहनुभएको थियो; अङ्ग-प्रत्यङ्ग सबै सुस्ताएका थिए; छाला पहिले जस्तै चम्किलो थियो, मानौँ केही भएकै छैन। मैले एउटा भयावह अवस्थाबाट पार पाएँ। मेरो भित्री पहिरन पसिनाले निथ्रुक्कै भएको थियो। यसबीच मैले औँलाहरूका

नङ टोकेरै सकेछु। उहाँ बाँच्नुभयो। कम्तीमा अहिलेका लागि।

त्यो डरलाग्दो क्षण र अस्पतालको चौधदिने बसाइपछि आमाले आफ्नो उपचार अब जेजसरी अनुकूल पर्छ, त्यसरी नै गरे हुन्छ भन्ने अनुमति दिनुभयो। त्यसै बेलादेखि सातामा तीन पटक डाइलासिस सुरु भएको थियो।

त्यसपछि मैले भ्रमणहरू सक्दो कम गर्न थालेँ। मैले साङ्गीतिक कार्यक्रम पूरै बन्द त गरिनँ, तर बढीभन्दा बढी समय बाआमासँग बिताउन थालेँ। प्राय:जसो म उहाँहरूसँगै हुन्थेँ। आर्यतारा स्कुलको भवन निर्माण धमाधम अघि बढ्दै थियो। यो आठ वर्षदेखि बीस वर्षसम्मका रुन्डै सय जना आनीहरूको आश्रम बन्दै थियो। म उनीहरूलाई भेट्न सातामा कैयौँ चोटि गइरहन्थेँ। त्यति बेलै मैले बाआमालाई हरसम्भव माया पनि दिएँ। म उहाँहरूलाई 'आमागागा' र 'आबागागा' भनेर सम्बोधन गर्थें, जसको अर्थ 'प्यारी आमा' र 'प्यारो बा' भन्ने हुन्छ। हामीले बिताएका ती क्षणहरू निकै आत्मीय थिए। लगभग सधैँजसो बाका बानी-ब्यहोरा नरमाइलो छाप पार्ने गरी दोहोरिरहन्थे। उहाँको क्रोध र राग अहिले पनि प्रस्फुटन हुँदै थियो, जुन उहाँकै निम्ति बोझिल बन्दै जान थालेको थियो। तैपनि मैले आफ्नो क्षमताले भ्याएसम्म बालाई खुसी राख्ने हरसम्भव कोसिस गरेँ। र म साँच्चै भन्दै छु, उहाँले मलाई गुनासो गर्ने सायदै कुनै कारण फेला पार्नुभयो। बालाई वशमा राख्ने क्षमता मैसँग थियो। यसलाई यसरी पनि भनूँ, म उहाँका निम्ति औषधि हुन पुगेँ। उहाँका निम्ति सबै उपाय अपनाउँथेँ : बेवास्ता गर्ने, ठट्टा गर्ने र उहाँका कुरालाई घरीघरी बुझिदिने पनि। कति पटक म उहाँभन्दा चर्को आवाजमा कराएँ पनि। यद्यपि यसो गर्नु आगोमा घिउ थपे जस्तो हुन्थ्यो। आक्रोशले आक्रोशलाई कहिल्यै नियन्त्रणमा ल्याउन सक्दैन। प्रेमले यसलाई काबुमा ल्याउन सकिन्छ।

एक दिन बा मसँग साह्रै रिसाउनुभयो। उहाँ थाकेर ओछ्यानमा पल्टनुभएको थियो। टाउकामा मैले नै बुनिदिएको टोपी थियो। सुरुमा त यो टोपी मैले गुरुका निम्ति बुन्न थालेकी थिएँ, तर उहाँको निधन भइदियो। त्यसपछि मैले यसलाई बाले लगाउनुहुन्छ भनेर पूरा गरिदिएकी थिएँ। उहाँले यो टोपी लगाएको मलाई खुब मन पर्थ्यो। म उहाँका निम्ति पुस्तक पनि वाचन गरिदिन्थेँ। आफैँले पढेका बेला घरीघरी उहाँ अक्षर ठम्याउन सक्नुहुन्थेन र मायालाग्दो गरी मसँग निहुँ खोज्न थाल्नुहुन्थ्यो। कत्ति न मैले नै लेखेको किताब जस्तो! त्यसैले मै पढेर सुनाइदिन्थेँ।

'म त दिक्क भइसकेँ! तपाईंलाई खुसी राख्न भनेर यत्रो सब गर्छु; उपहार दिन्छु; विदेशबाट फर्कंदा अत्तरहरू ल्याइदिन्छु; तपाईंका कुरा सुन्छु। सधैँ तपाईंको लागि केही न केही गरिरहेकै हुन्छु, सधैँ। आमाले जस्तो तपाईंलाई माय दिन खोज्छु। मेरो प्रेम र समर्पणमा शङ्का गर्ने कुनै ठाउँ छैन। तैपनि तपाईंको चाला यस्तो छ, जहिल्यै मलाई गुनासो मात्रै गर्नुहुन्छ। तपाईंले कुनै अर्कै चीज खोजे जस्तो छ। लौ भन्नुस्, के हो तपाईंले खोजेको?'

'के कुरा गरेकी छोरी त्यस्तो? मैले तिमीलाई कुनै कुराको लागि कहिल्यै भनेको छैन। यी सबै कुरा छाड र फ्वट्ट गएर मलाई एक कप चिया बनाएर ल्याऊ।'

'हैन, यो पटक तपाईंले मेरो प्रश्नको उत्तर दिनैपर्छ। लौ भन्नुस्, तपाईंलाई के समस्या छ? मैले के गरेँ? मैले के देखिरहेकी छु भने तपाईं यिनै कुरामा आफ्ना छोराहरूसँग चाहिँ बेग्लै खालको व्यवहार गर्नुहुन्छ। अरू नभए पनि लोडु कुन्छापसँग त तपाईं एकदमै खुसी देखिनुहुन्छ। तपाईंको खुब महान् छोरो हैन लोडु कुन्छाप? ऊ चाहिँ तपाईंलाई ठ्याम्मै वास्ता गर्दैन त! तैपनि उसप्रति तपाईंको यति विघ्न प्रेम चाहिँ किन नि?'

मैले भनिहालेँ, यी कुरा उक्काउनुका पछाडि मभित्र महिनौँदेखि दबेर बसेको एक किसिमको डाहले काम गरेको थियो। महिना पनि होइन, अझ वर्षौंदेखि। लोडु कुन्छापको जन्म मेरी आमाको कोखबाट भएको होइन। मभन्दा दस वर्षजति अघि उनको जन्म भारतमा भएको थियो, बाकी जेठी पत्नीबाट। यी हाम्रा ठुल्दाइ हामीसँगै बस्न भनेर एक दिन अचानक काठमाडौँमा झुल्किएका थिए। उनी बडो असल तन्नेरी देखिन्थे। उनले लामाका रूपमा भारतको हिमाचल प्रदेशमा केही वर्ष बिताए। यो धर्मशालानजिकै पर्ने ठाउँ हो। त्यसपछि उनी हामी भए ठाउँ आए; बिहे गरे र न्युयोर्कमा बस्न भनेर गए। बा उनको अत्यन्तै प्रशंसा गर्नुहुन्थ्यो। उनी काठमाडौँमा हुन्जेल जहिल्यै छोरा केमा खुसी हुन्छ भनेर ख्याल राख्नुहुन्थ्यो; उनैलाई आँखाअगाडि पाइरहन चाहनुहुन्थ्यो र बात मार्न हत्ते गर्नुहुन्थ्यो। हामी तमाम सन्तानमाझ उनी मात्र एक थिए, जसले बाका हातबाट कहिल्यै कुटाइ खाएनन्। अर्कातिर लोडु कुन्छापले भने कहिल्यै बालाई चासो दिएनन्; उनी जहिल्यै आफ्नै दुनियाँमा व्यस्त रहन्थे। म सायद यी कुरा भन्दिनथेँ, तर उनी जहिले पनि मतलबी जस्तो व्यवहार गर्थे। मलाई भेदभावको छटपटीले छोइरहन्थ्यो। म कसैसँग सकभर त्यसबारे गुनासो नगरूँ नै भन्ने चाहन्थेँ, तर प्रकट भएरै छाड्यो।

मेरा कुरा सुनेर उठ्नुभएका बाका आँखामा अचानक अन्धकार फैलियो। उहाँ दाह्रा किट्न थाल्नुभयो। उहाँका गाला थरथराउन थाले। तत्कालै आएको ऊर्जालाई पूरै प्रयोग गरेर उहाँ ओछ्यानमा थ्याच्च बस्नुभयो। मलाई थाहा थियो उहाँको आक्रोशको सङ्केत, र, यता म चाहिँ किन यसो भनेछु भनेर छटपटिन थालेँ। म चुपै लागेकी भए हुन्थ्यो। मैले क्षमा याचनाका निम्ति उहाँतिर हेरेँ। तर उहाँका आँखा एकदमै विनम्र पो देखिए! उहाँले दुवै हातलाई

सेतो तन्नामा सुस्तरी फैलाउँदा चाउरी परेको छालामा नरम फैलावट देखिन थाल्यो, मानौँ एक किसिमको शान्त अनुनय गरिरहनुभएको छ। उहाँले दृष्टि मबाट भित्तातिर घुमाउनुभयो।

'तिमीले ठीक भन्यौ, छोइङ !' उहाँ बरबराउन थाल्नुभयो, 'तिमी सही छचौ। यसमा कुनै शङ्का छैन, म तिमीलाई भन्दा बढी लोडु कुन्छापलाई माया गर्छु। अझ तिम्रा भाइहरूलाई भन्दा पनि बढ्ता। तिम्री आमालाई भन्दा पनि बढ्ता। तर बिनाकुनै कारण मैले उसलाई यसरी माया गरेको छु भन्ने चाहिँ नसोच। म उसलाई किन माया गर्छु भने ऊ त्यस नारीको सन्तान हो जसलाई मैले जीवनमा अपार प्रेम गरेँ। मेरो जीवनकै त्यो अतुलनीय प्रेम, जो असमयमै टुहुरो भयो। उनलाई मैले भोटमै भेटेको थिएँ र हामी साथै भागेर भारत आइपुगेका थियौँ। कलकलाउँदो उमेरमै उनी त्यहीँ बितिन्। मेरो जीवनको त्यो पहिलो प्रेम थियो, छोइङ। तिमी बुझ्न सक्छचौ यसलाई ?'

उहाँ रुनुभएन; उहाँको स्वर कामेको पनि थिएन। धैर्यपूर्वक बोलिरहनुभएको थियो र त्यसमा एकोहोरोपन मात्र थियो, मानौँ अन्ततः स्वीकार गर्नैपरेको एउटा अवश्यम्भावी घटनासँग उहाँले साक्षात्कार गरिरहनुभएको छ। मेरो विचारमा यी शब्दहरू लामो समयको प्रसव वेदनापछि बल्ल अभिव्यक्त हुन सकिरहेका थिए। मैले चुपचाप सुनिरहेँ। बाकी जेठी श्रीमतीबारे हामी कहिल्यै कुराकानी गर्दैनथ्यौँ। मलाई थाहै थिएन, उहाँको जीवनमा ती नारीको यत्रो महत्त्व थियो भनेर। यो कुरा भन्न बाले यति लामो समय किन लगाउनुभयो ?

'लोडु मैले उनीबाट पाएको एक मात्र उपहार हो। उनको सम्झना गर्ने यही एउटा मात्र कुरा मसँग छ। बस, एउटा मात्र।

जब-जब म तिम्रो त्यो दाइको अनुहार हेर्छु, म उसमा उनैको चेहरा देख्छु, भारतमा रहँदा हामीले साथसाथै बिताएका पलहरू । खुसीका ती दिनहरू ।'

बा चुप लाग्नुभयो । मसँग पनि बोल्न शब्दै भएनन् । उहाँका विस्फारित आँखाबाट सम्झनाका धर्काहरू ओहोरदोहोर गरिरहेका देखिए । उहाँ अब मलाई थप केही भन्ने अवस्थामा देखिनुहुन्थेन । मलाई त्यसको चाह पनि थिएन । मैले ती अज्ञात महिलाको सम्झना गरेँ जसको प्रेमका यति घना प्रवाहहरू मैले आफ्ना बाको छातीमा अनुभूति गर्न पुगेँ । म ती महिलाप्रति नतमस्तक भएँ जसले बाभित्र त्यत्रो माया भरिदिएकी रहिछन् । यद्यपि म उनलाई चिन्दैचिन्दिनँ । लोडु कुन्छाप किन सदैव आँखाको तारा भएका रहेछन् भन्ने छटपटीबाट पनि मैले उन्मुक्ति पाइरहेकी थिएँ । त्यसमा मेरो कमजोरी केही होइन रहेछ, बरु लोडुकै भाग्य त्यस्तो रहेछ जसका अगाडि मेरो तुलनै हुन नसक्ने रहेछ । जेजति कुरा बितेर जान्छन्, तीसँग संसारमा कसैले लड्न सक्दैन । त्यहाँदेखि यता मैले बालाई कहिल्यै गुनासो गरिनँ र उहाँको मनमुटुमा खिल जस्तो गडेको त्यो प्रेमलाई सदैव सम्मानपूर्वक हेर्न थालेँ ।

यसले हामीबीचको प्रेम अझ गाढा बनाइदियो । दोब्बरै बढ्यो । त्यसपछि चाहिँ एउटा अर्को सत्य मेरो सामुन्ने उभिन थाल्यो; सबैले व्यहोर्नैपर्ने अन्तिम क्षणका सङ्केतहरू बामा देखिन थाले । म समयको उल्टो गतिमा कुदेर भए पनि आफ्ना अभिभावकको जीवन स्वर्णिम पार्ने निधो गरिरहेकी थिएँ । बाआमाले जीवनमा जेजस्ता कुराहरूको कामना गर्नुभयो, तर पाउनुभएन, त्यो उहाँहरूलाई दिलाउन मृत्युसँगै पनि लड्ने अठोट मभित्र हुर्किन थालेको थियो । म उहाँहरूमाथि उमङ्गको फोहोरा वर्षा गराइदिन चाहन्थेँ । किनभने मलाई थाहा थियो, अब यी कुराबाट सन्तोष लिने समय पनि उति बचेको छैन ।

उहाँहरूको जीवनको अन्त्यमा म उहाँहरूकी आमा बन्न थालेँ। कुनै आमाले जस्तै म बाआमालाई स्याहार्न थालेँ। साँझपख म उहाँहरूका हातगोडामा तेल लगाइदिन्थेँ। उहाँहरूको कपाल कोरिदिँदा पनि म घण्टौँ बितेको पत्तै पाउँदिनथेँ। मन पर्ने परिकार मम किनेर ल्याइदिन्थेँ। अनि उहाँहरू अझै जवान हुनुहुन्छ भनी विश्वास दिलाउन खोज्थेँ।

अनौठो, बाले पहिले हामीलाई माया मार्नुभयो ! त्यसो त आमाभन्दा बाको उमेर पच्चीस वर्ष बढी थियो, तैपनि म यसलाई अनौठै मान्छु। किनभने उहाँको जीउडाल पछिसम्मै आमाको भन्दा कहाँ हो कहाँ सद्दे देखिन्थ्यो। सतासी वर्षको उमेरमा पनि उहाँ अग्लो र तगडा हुनुहुन्थ्यो; आकर्षक, छरितो र सुगठित पनि। उहाँलाई मुटुको समस्या थियो। केही वर्षयता पेसमेकर प्रयोग गर्दै आउनुभएको थियो। म उहाँलाई सदैव उस्तै देख्थेँ। म बेलाबेलामा भीमकाय बाभन्दा बरु आमालाई लिएर चाहिँ अत्यन्तै बढी चिन्तित थिएँ। आमा दिन-परदिन कमजोर देखिँदै जानुभएको थियो। बाको निधन अस्पतालको शय्यामै भएको थियो। खुसीको कुरो, प्राण जाने बेलामा उहाँलाई उति सास्ती भएन। बालाई देख्ने कसैलाई पनि उहाँको मृत्यु हुँदै छ भन्ने लाग्दैनथ्यो, तर बा यस कुराबाट अवगत हुनुहुन्थ्यो।

एक दिन सबेरै उठेर उहाँले मलाई भन्नुभयो, 'मलाई अलिक बिसन्चो भए जस्तो छ।'

'बा, तपाईंलाई अस्पताल लैजानुपर्छ कि ?'

'आज के बार हो ?'

'बिहीबार, किन ?'

'आज होइन, हामी भोलि जाऔँला।'

बाको व्यवहार अलिक अनौठो थियो, तर त्यसभन्दा बढ्ता उहाँले

केही भन्दा पनि भन्नुभएन। मलाई थाहा थियो, उहाँको यो निर्णयविरुद्ध जबरजस्ती गर्नु बेकार छ।

बरु मैले पछि बुझें।

भोलि पल्ट उहाँ शान्तसँग उठ्नुभयो। अलिकति आत्तिएझैं त देखिनुहुन्थ्यो, तर त्यसबाहेक केही थिएन। उहाँले अस्पताल लैजाऊ भनी इसारा गर्नुभयो। मेरो मोटरमा पनि उहाँ ढुक्कैसँग बस्नुभयो। अनुहारमा हल्का मुस्कान थियो। स्वभावको ठीक उल्टो उहाँको चेहरामा कहिलेकाहीँ भद्रताको झौंका पनि परेको देखिन्थ्यो।

'खोइ, तिम्री आमा कता गई नि, छोइङ ?'

'अन्तैको अस्पतालमा बा। त्यहाँ आमाको मृगौलाको डाइलासिस भइरहेको छ।'

'ए..., उसो भए अब मेरो भेट तिम्री आमासँग नहुने भो।'

'धन्दा नमान्नुस् बा, म आमालाई लिएर भेट्न अस्पताल आउँछु।'

तर बाले मेरा कुरामा चासो देखाउनुभएन। मैले त्यो र त्यसपछिका एकाध दिन उहाँकै शय्याछेउ कुरेर बिताएँ। आफ्नो उपस्थिति मात्र पनि उहाँलाई औषधि जस्तो हुन्छ भन्ने मैले बुझेकी थिएँ। म उहाँका खुट्टा र हातमा मालिस गरिदिन्थें। हामी धेरै गफिन्थ्यौं, तर त्यसको सार केही हुन्थेन। उहाँमा मृत्युको भय पसिसकेको थियो भन्नेमा शङ्का थिएन र म साथै बसिरहूँ भन्ने चाहनुहुन्थ्यो। उहाँलाई मभित्र कुनै दैवी शक्ति छ जसले उहाँका पीडा र भुक्तमानहरू पन्छ्याइदिन सक्छ भन्ने लाग्थ्यो। उहाँको अनुहारबाट सुन्तला रङ्गका प्रभावहरू विस्तार भइरहेका थिए, जुन वास्तवमै अनौठो थियो र स्वर्णिम देखिन्थ्यो। आफूभित्रका सारा सज्जनता प्रकट गरेर यस्तरी बदलिनुभएको थियो, मानौं उहाँ मेरा

तिनै बा हुँदै होइन । उहाँमा अद्भुत परिवर्तन आएको थियो । आक्रोशको मसिनो धर्सो पनि अब उहाँमा जीवित थिएन ।

केही दिनमै उहाँ असाध्यै कमजोर देखिनुभयो । त्यति बेला बेलुकीको त्यस्तै सात बजेको थियो होला, दिनभरि साथै बसेर उठ्न लागेकी मलाई उहाँले पाखुरामा समातेर तान्नुभयो । मेरो हात आफ्नो निधारमा लैजान खोज्नुभयो ।

'तिमी अरू जस्ती छैनौ, छोइङ; मैले चाल पाइसकें, तिमी विशिष्ट मानव हौ। हेर्दा सामान्य देखिन्छचौ तर यो कायाभित्र एउटा असाधारण व्यक्तित्व लुकेको छ। तिमी जस्ती छोरी पाएर म धन्य भएँ।'

मैले बोल्न चाहिनँ। उहाँलाई चाहिँ बोल्नुपरिरहेकै थियो। मैले आफ्ना आँखाको सम्पूर्ण शक्ति केन्द्रित गरेर उहाँलाई हेरिरहें, ताकि उहाँ सुस्तरी निदाउन सक्नुहोस् । म देख्दै थिएँ, बा बिदा लिँदै हुनुहुन्थ्यो । र, यति बेला उहाँभित्र गुम्सिएका मायालु भावहरूले निकास खोज्दै थिए।

'धन्यवाद छोइङ, धन्यवाद। मेरी छोरी, तिमीले हाम्रो ऋण पूरै चुक्ता गर्‍यौ।'

मलाई यस्तो खुसी अरू कुनै कुराले दिलाउन सक्दैनथ्यो। मैले जेजति गरेकी थिएँ, त्यो कुनै त्यस्तो काम थिएन जसले कुनै दिन यी शब्दहरू सुनाउला भन्ने मलाई लागोस् । तैपनि बाका तर्फबाट पाएका प्रशंसाका शब्दहरू उहाँले दिन सक्ने सर्वोत्कृष्ट उपहार लाग्दै थिए। उहाँले मलाई जन्म दिनुभएको थियो र म जहिल्यै स्वयंलाई उहाँको ऋणी ठान्थें। अब त्यो सकियो। उहाँ बिदा हुँदै हुनुहुन्थ्यो र हामी दुवैका आत्माले शान्ति पाउँदै थिए।

अर्को दिन बिहानैपख म निसास्सिएर अस्पतालबाट निस्कें। आज कुन दिन हो भन्ने होस पनि नराखेकी म एकदमै थकित थिएँ। मैले

बालाई गुमाएँ। तिनै बा, जसले मेरो जीवनमा अठोट भरिदिनुभएको थियो, उहाँले आज मलाई छाडेर जानुभयो। मलाई वर्षौं आतङ्कको छायामा हुर्काएका 'भयानक' बा मेरो प्रेमलाई आत्मसात् गर्दै सुस्तरी र विश्वासका साथ मेरै पाखुरामा सदाका निम्ति निदाउनुभयो। एउटा मीठो अन्त्य थियो त्यो। मेरो कर्म राम्रो भइदियो। अर्थात्, अर्को जन्म म शान्तिले बाँच्न सक्नेछु।

मोटर राखेको ठाउँमा टिकट हेर्दा पो थाहा पाएँ, सोमबारै रहेछ। ओहो सोमबार! अस्तव्यस्त क्षणहरूमा मैले दिनगन्ती छाडिदिएकी थिएँ, तर बाले भने छाड्नुभएको रहेनछ। हाम्रो धार्मिक मान्यता अनुसार आइतबारको मृत्यु अशुभ मानिन्छ। बा त्यसैले सोमबारका दिन मृत्युवरण गर्न चाहनुहुन्थ्यो। मेरा बाले मृत्युलाई पनि चार दिनसम्म पर्खाएर राख्न सक्नुभएको रहेछ! जति बेला चाहनुभयो त्यति बेलै उहाँले यो संसार छाडिदिनुभयो!

अध्याय १८

टुहुरी

बाको निधनपछि आमा डरलाग्दो गरी उदास-उदास देखिन थाल्नुभएको थियो। घरमा मन नअडिएपछि उहाँले माइतीमा बस्ने इच्छा गर्नुभयो। मामाले उहाँको राम्ररी ख्याल राख्नुहोस् भनी मैले त्यस घरको भाडा आफैँले तिरिदिन थालेकी थिएँ। उहाँ बेलाबखत बातचित गर्न साथीहरूलाई निम्त्याउनुहुन्थ्यो। तर उहाँको मन त्यहाँ अडेको हुँदैनथ्यो। म चाहिँ उहाँको मन वहलाउन सक्दो कोसिस गर्थें; अनेक रमाइला कथा सुनाउने, उहाँलाई अर्को पति खोजिदिएकी छु भनेर जिस्क्याउने, अट्टहासहरूमा उहाँको उदासीलाई ढाक्ने गरेर। मैले उहाँको अनुहारमा लगाउन गुणस्तरीय क्रिमहरू ल्याइदिएकी थिएँ। आफैँले कपाल कोरिदिन्थेँ। सक्नेजति सबै हेरचाह गरिरहेकी थिएँ। आत्मैमा चोट पुगेको यो बेला म उहाँको शरीरमार्फत केही सान्त्वना दिलाउने कोसिस गर्दै थिएँ।

एक दिन म र आमा भारतको राजधानी दिल्ली पुग्यौँ। उहाँको आशाको एउटा झिनो त्यान्द्रो रहेकी मैले कसैलाई नभनी सुटुक्क उहाँलाई त्यहाँ लैजानुको कारण थियो– आफ्नो एउटा मृगौला उहाँमा प्रत्यारोपण गर्नु। कसैसँग सल्लाह नै नगरी मैले यो निधो गरेकी थिएँ। परिवारका अन्य सदस्यलाई धरि थाहा थिएन। यो व्यक्तिगत

निर्णय थियो जसमा अरू कसैको सरोकारको आवश्यकता थिएन, तर मेरो चाहिँ पूरापूर थियो ।

त्यसताका नेपालमा मृगौला प्रत्यारोपण गर्ने एउटै अस्पताल थिएन । भारतै पुग्नुपर्थ्यो । यसका लागि कुरुवासहित जान विमान भाडा, लामो बसाइ खर्च, शल्यक्रिया र त्यसपछि निको नहुन्जेल थप व्ययभार । साह्रै थोरै मान्छेले मात्र यी सब खर्च जुटाउन सक्थे । भाग्यले भनूँ, मेरा हकमा म चाहिँ सक्षम थिएँ। अर्को भाग्य के पनि थियो भने मेरा मृगौला एकदमै स्वस्थ थिए । दिल्लीमा डाक्टरहरूले एकपछि अर्को परीक्षण गरे। आमालाई चाहिँ मैले सबै कुरा नखुलाई उहाँको परीक्षण मात्र गराउन थालेको जानकारी दिएकी थिएँ । एक युवक र एक वृद्ध गरी उहाँका दुई शल्य चिकित्सकलाई मात्र यथार्थ जानकारी दिइएको थियो । एक दिन सबेरै उनीहरूमध्येकै एक जना बडो प्रसन्नतापूर्वक मुस्काउँदै आमाको क्याबिनमा आए ।

'लौ, सबै कुरो मिल्यो ! परीक्षणको रिपोर्ट एकदमै सकारात्मक छ ! तपाईंहरू भाग्यमानी हुनुहुन्छ। तपाईंलाई आफ्नी छोरीको मृगौला लिन अब कुनै विघ्नबाधा छैन । अब तपाईंको लागि काम अघि बढाउन सकिन्छ ।'

'के रे ? के कुरा गरेको यस्तो ? तपाईंले भन्न के खोजेको ? मेरी छोरीको मृगौला !'

आमाको अनुहार एक्कासि पहेँलो भयो र उहाँले मतिर चोरलाई जस्तो हेर्न थाल्नुभयो। एक छिन त उहाँ मैले झूटो बोलेकामा स्तब्ध हुनुभयो । र, आफूलाई एकदमै नराम्रो लागेको भाव प्रकट गर्न थाल्नुभयो ।

'कदापि हुँदैन ! म बरु मर्न तयार छु। तर यस्तो कहिल्यै हुन्न। बुझ्नुभो तपाईंले ? म कदापि छोरीको मृगौला लिन तयार छैन। यो संसारबाट मैले चाहेको अन्तिम कुरो अब यति मात्र हो !'

सदैव मिठासपूर्ण र मिलनसार बोली-व्यवहार गर्ने मेरी आमा अब एक्कासि विद्रोही देखिन थाल्नुभयो । उहाँलाई सम्झाउने कुनै बाटो थिएन। मैले सम्झाउने कोसिस गरेँ– मृगौला दान गर्ने अर्को उपयुक्त पात्र खोज्न वर्षौं लाग्न सक्छ। तर उहाँ आफ्नो अडानबाट टसको मस हुनुभएन। मैले गर्न सक्ने केही बाँकी रहेन। किनभने म उहाँलाई जबरजस्ती कुनै पनि काम गराउन सक्दिनथेँ । हामी दुवै नेपाल फर्कियौँ, दुईतिर फर्किएका दुइटा लत्रिएका अनुहार लिएर ।

तर म पनि यत्ति सजिलै त कहाँ छोड्नेवाला थिएँ र ! नेपालमा अति विपन्नहरूले पैसाका निम्ति आफ्नो अङ्ग बेच्ने गर्छन् भन्ने सुनेकी थिएँ। मैले यस्तै एक दाता-बिक्रेता फेला पारेँ। मलाई थाहा छैन, यस्ता मानिसलाई ठ्याक्कै कुन शब्दले सम्बोधन गरिन्छ । कसैको अङ्ग लिने यो उपाय मलाई त्यति रुचिकर त थिएन, तर आखिरमा उनले कसै न कसैलाई बेचिहाल्थे। म नभए कोही अर्कले त पक्कै लिने थियो। अर्कातर्फ म जुनसुकै उपाय लगाएर भए पनि आफ्नी आमा बाँचेको देख्न चाहन्थेँ। केही महिनापछि हामी भारतकै मद्रास गयौँ। हरेक कुरा तयार थियो। म सपना देख्न थालेँ– हामी आमाछोरी अब चाँडै क्यानाडा र सिकागो जानेछौँ, जहाँ हाम्रो परिवारका सदस्यहरू छन्। अनि जर्मनी पनि, जहाँ मेरा धेरै मित्र छन्। त्यसै गरी ती तमाम तीर्थस्थलहरूमा, जहाँ पुग्ने इच्छा लामो समयदेखि मनमा दबेर बसेको थियो। छिटै लेखिन लागेको यो नयाँ अध्यायलाई लिएर म असाध्यै रमाइरहेकी थिएँ। तर चिकित्सकहरू हाम्रा सामु नराम्रो समाचार लिएर उपस्थित भइदिए : आमाको हृदय कमजोर छ; उहाँका धमनीहरूमा रगतका पाप्रा फेला परेका छन्। यसर्थ सबैभन्दा पहिले उहाँको मुटुको उपचार गर्नुपर्ने भयो । मान्छेलाई भवितव्य पर्न थालेपछि तिनको प्रहार हत्तपत्त रोकिँदैन। एकपछि अर्को गर्दै

हिर्काइरहनु यसको चरित्र हो । कुनै विकल्प नरहेकाले अब मृगौला प्रत्यारोपणलाई थाती राखेर मुटुतिरै केन्द्रित भयौँ । नेपाल फर्केको पाँच महिनापछि मृगौला प्रत्यारोपणका निम्ति फेरि भारत पुग्यौँ । यो तेस्रो भ्रमण थियो । यस पटकको यात्रामा चाहिँ हामीले साँच्चै आशा मारेका थियौँ । आमा असाध्यै अशक्त हुनुहुन्थ्यो । 'शल्यक्रिया गर्न असाध्यै कमजोर !' डाक्टर पनि यसै भन्दै थिए, 'उहाँले बाँकी जीवन डाइलासिस गरेरै बिताउनुपर्नेछ । अर्को उपाय छैन ।' म ती डाक्टरको भनाइ यसरी सुन्दै थिएँ, मानौँ उनी कुनै अर्कै ग्रहको भाषा बोलिरहेका छन् । म यी शब्दको अर्थ बुझ्नै चाहन्नथेँ । आमालाई सत्य बताउने इच्छा त झन् पटक्कै थिएन । आमालाई अँध्यारोमा पनि नराखूँ भनेर मैले अलिक नरम झूट बोलिदिएँ । उहाँले पनि यसलाई विश्वास गरिदिएको भाव देखाउनुभयो । हामी घरै फर्कियौँ ।

शारीरिक रूपले आमा अत्यन्त दुर्बल हुँदै गएको स्पष्ट देखिन्थ्यो । मैले दिनरात उहाँको हेरचाह गर्न थालेँ । कमजोरीले गाँज्दै लगेपछि अब उहाँ कसैको सहाराबिना हिँडडुल पनि गर्न नसक्ने अवस्थामा पुग्नुभएको थियो । नेपाल फर्कने बेलामा विमानमा उहाँले शौचालय जाने इच्छा प्रकट गर्नुभएको थियो । मैले विमानको सानो क्याबिन जस्तो शौचालयको सिटमा बसाइदिएँ र शौच सकिएपछि उठाउँला भनेर पर्खिबसेँ । सकिएपछि जसै उहाँलाई धोईपखाली गरिदिँदै थिएँ, उहाँको मलद्वार नियन्त्रण गर्ने प्रणालीले धोका दियो र फेरि अचानक पखाला सुरु भएर मेरो हातभरि लाग्यो । मैले केही नभनी खुरुखुरु उहाँलाई सफा पार्दै गएँ । त्यसपछि उहाँलाई सरासर सिटमा लगेर सुताएपछि आफ्ना हात धोईपखाली गरेँ । फर्केर आउँदा उहाँले ओढ्ने तानेर अनुहारसम्मै छोप्नुभएको रहेछ । यस्तरी मानौँ त्यहाँ कुनै सानी बच्चीले बदमासी गर्दा पक्राउ परेपछिको हाउभाउ प्रकट भइरहेको

छ। उहाँका गह आँसुले भरिए। उहाँका भयभीत आँखाले मतर्फ हेर्ने साहस जुटाउन सकिरहेका थिएनन्।

'म बडो लज्जित छु, छोइङ; मलाई माफ गरिदेऊ।'

'केको लागि माफी ?'

'मैले तिमीलाई यस्तो काम पनि गर्न लगाएँ र स्वयंले यस्तो फोहोरी चाला देखाएँ।'

'धन्दा नमान्नुस्, आमा। लौ भन्नुस् त म बालक छँदा तपाईंले यही काम कति चोटि गर्नुभयो ? कति पटक तपाईंले मेरो फोहोर नितम्ब सफा गरिदिनुभयो ? सय चोटि ? दुई सय चोटि ? तपाईंलाई त्यति बेला लागेको थियो म फोहोरी छु भनेर ? तपाईंले एक चोटि पनि मुन्टो फर्काउनुभयो ? हो, एक चोटि पनि घुमाउनुभएन। अब मेरो पालो हो तपाईंको सेवा गर्ने।'

म यो कुरामा गहिरो विश्वास गर्छु। सन्तानले बाआमाको सेवा गर्ने मौका पाए भने यसलाई अवसरका रूपमा लिनुपर्छ र उनीहरूप्रति आफ्नो उत्तरदायित्व पूरा गर्नैपर्छ। तपाईंहरूमध्ये पनि कसैकी आमा हुनुहुन्छ भने, म भन्छु, सक्दो सेवा गर्नुस्। उहाँलाई प्रेम गर्नुस् र संरक्षण दिनुस्। तपाईंकी आमा साथमा हुनुहुन्छ भने केवल कुरा गर्नकै निम्ति भए पनि डाक्नुस्; तपाईंले त्यतिखेर देख्नुहुनेछ, उहाँले उसै गरी सास फेरिरहनुभएको हुनेछ जसरी तपाईंले; कुनै कुराको पर्बाह नगरी, अझ हाँसोको फोहोरा छुट्दा त पूरै प्रकृति रमाएको जस्तो आनन्द आउनेछ। कुनै पनि आमाले जहिलेसुकै आफ्ना सन्तानको भलो चिताइरहेकी हुन्छिन्। सन्तानको खुसी देख्दा उनी गर्वले फुलिरहेकी हुन्छिन् र पीडा देख्दा छटपटाइरहेकी हुन्छिन्; यस्तो बेला सन्तानभन्दा पनि बढी उनलाई दुखिरहेको हुन्छ। मान्छेले ईश्वरका

कुरा गर्छन्, तर अभिभावक भनेका त्यसभन्दा पनि कता हो कता बढी हुन्। उनीहरूले नै हाम्रो रक्षा गरेका हुन्। उनीहरू नभइदिएका भए जन्मनेबित्तिकै हामी मर्न पनि सक्थ्यौँ।

बाआमा मृत्युको मुखमा नपुग्दासम्म उहाँहरूलाई मैले आफूले सक्दो सबै थोक निर्धक्क दिने कोसिस गरेँ। बाआमाका दिन फेरिए र म ढुक्कै भन्न सक्छु– यसले ममा आत्मगौरव बढाएको छ। म उहाँहरूप्रति किन पनि आभारी छु भने यो खुसी अनुभव गर्ने अवसर उहाँहरूले नै जुटाइनुभयो। आफूले केही गर्न सक्नुको सुखानुभूतिजत्तिको खुसी संसारमा कुनै कुराले दिँदैन।

आमाको जीवनका अन्तिम महिनाहरू बडो सुस्त गतिमा अघि बढेका थिए, तैपनि ती क्षणहरू अत्यन्त बेफुर्सदिला बिते। त्यतिखेरै मैले भाइको बिहेको तारतम्य पनि मिलाउनुपर्‍यो। केही वर्षदेखि क्यानाडा बस्दै आएको ऊ आमासँग अन्तिम घडी साथै बिताउन यता आइपुगेको थियो। काठमाडौँमै उसले एउटी युवतीलाई भेटेछ र उनैलाई मन पराएछ। ऊ अब जतिसक्दो चाँडो बिहे पनि गर्न हतारिएको थियो। भारतमा बस्दै गरेकी ती युवती उन्नाइस वर्षकी थिइन्। हाम्रो टाढाको नाता पनि पर्दी रहिछन्। भाइ तीस वर्ष लागे पनि मभन्दा सानो भएकाले उसप्रति दायित्व बोध गर्थें। उसैले पनि यी कन्यासँग बिहे गर्न मेरो अनुमति मागेको थियो र मैले हुन्छ भनिदिएकी थिएँ। म यो परिवारकै मुख्य व्यक्ति भएकी थिएँ। मामाघरमा हुन लागेको वैवाहिक समारोहको खर्च निश्चय नै मैले उठाउन लागेकी थिएँ। आमा जीवितै रहेका बेला उनीहरूको बिहे हुन लागेकामा मलाई गर्व महसुस हुँदै थियो र सक्दो छिटछिटो सबै थोक सम्पन्न गरौँ भन्ने ध्याउन्नमा लागेकी थिएँ। मलाई थाहा थियो, हामीसँग अब धेरै दिन छैनन्। तिथि पनि तय भइसकेको थियो– डिसेम्बर १७।

बिहेका प्रक्रियाहरू योजनाबद्ध ढङ्गले नै अघि बढे। शरीर साह्रै गलिसकेको भए पनि आमा यी महत्त्वपूर्ण क्षणहरू हामीसँग बिताउन पाउँदा साह्रै खुसी देखिनुहुन्थ्यो।

डिसेम्बर २१ को दिन उहाँले मलाई ओछ्यानजिकै बोलाउनुभयो। उहाँ असाध्यै छटपटाएकी देखिनुहुन्थ्यो। कहिलेकाहीँ त आमा यसरी पीडित भएको देख्दा मलाई एक मन मृत्यु नै आइदिए पनि हुन्थ्यो भन्ने लाग्न थाल्थ्यो। यी कठिनाइका घडी सकिएर उहाँ मुक्त भएको देख्न चाहन्थेँ। यसबीच फुन्डिएको समयले दिएको सबैभन्दा अप्ठ्यारो के थियो भने उहाँ न वास्तवमा जीवित हुनुहुन्थ्यो, न मृत। कस्तो भयावह !

'तिम्रो स्कुलछेउको ठूलो गुम्बामा बौद्ध समारोह चल्दै छ रे, म त्यहाँ जान चाहन्छु।'

'यस्तो बेलामा तपाईंको शरीरलाई सास्ती हुन्छ जस्तो लाग्दैन आमा ?'

'होइन होइन, तिम्रो भाइलाई भनेर मलाई त्यहाँ पुऱ्याउन लगाइदेऊ। कार्यक्रम सकिएपछि म तिम्रो स्कुल पनि कस्तो भएछ हेर्न चाहन्छु।'

त्यस दिन आफू जरुरी बैठकमा जानुपर्ने भएकाले मैले आमालाई लग्ने जिम्मा भाइलाई दिएँ। आर्यतारा स्कुलमा पुगेका बेला भने म पनि पुग्ने योजना अनुसारै हाम्रो भेटघाट त्यहाँ भयो। शरीर गलेको भए पनि आमाको अनुहार उज्यालो देखिएको थियो।

'मैले आफूलाई समर्पित गरेँ, छोइङ। म पनि अब तिमी जस्तै आनी बन्ने भएकी छु।'

यद्यपि यसका बारेमा आमाले मलाई केही भन्नुभएको थिएन, तर उहाँको यो निर्णयले मलाई आनन्द अनुभव गरायो। यो कुरा मेरो

दिमागमा पनि आएको त थियो, तर उहाँलाई जबरजस्ती कुनै कुरा गर्न लगाउनु उचित नहोला कि भनेर म थामिएकी थिएँ। कुनै पनि बौद्धमार्गीका निम्ति सांसारिक कुराहरू त्यागेर शान्त मृत्युवरण गर्नुको अर्थ आफ्नो कर्मलाई सुधार्नु हुन्छ।

आमाले गतिलोसँग आर्यतारा स्कुल घुमेको यो पहिलो पटक थियो। पछिल्लो पटक उहाँ केही वर्षअघि आउनुभएको थियो; त्यति बेला यो बन्दै गरेको थियो। उहाँले मेरो कोठा नियाल्नुभयो; भान्छा अनि कक्षाकोठाहरू पनि हेर्नुभयो। उहाँको अनुहारमा अलिक चमक देखियो र मलाई यस्तो पनि मनमा आयो– सायद आमाको अन्तिम दिन यतै बितेको पो राम्रो हो कि! त्यसपछि हामीले उहाँलाई नजिकै गुम्बाका बौद्ध गुरुकहाँ पुऱ्यायौँ। गुरुले उसै गरी आमाको चुल्ठो काटिदिनुभयो जसरी वर्षौंअघि मेरो चुल्ठो काटिएको थियो। उहाँ बडो खुसी देखिनुभयो; पटक्कै बोल्नुभएन र काठमाडौँ फर्कंदा मोटरमा पनि आरामले निदाउनुभयो। त्यस रात उहाँ निदाउनुअघि मामासँग फुसफुसाइरहनुभएको थियो, 'मैले आज स्कुल देखेँ; साह्रै खुसी लाग्यो।'

भोलि पल्टै सधैँझैँ उहाँको डाइलासिस गर्नुपऱ्यो। म बाआमाकै घरमा थिएँ र अस्पताल पुऱ्याउने जिम्मेवारी भाइले लिएको थियो। भरे लिन आउन मामालाई अनुरोध गर्दै उसैले आमालाई लग्यो। भाइहरू वरपर भएका बेला आमाको हेरचाहको जिम्मेवारी उनीहरूलाई पनि उठाउन दिनुपर्छ भन्ने मैले पनि सोचेकी थिएँ। किनभने, उनीहरू आमानजिक उति बस्नै पाउँदैनथे।

बिहानको दस बजे भाइले मलाई फोन गऱ्यो। आमालाई सास फेर्न अप्ठ्यारो हुन थालेको रहेछ। उहाँले बोल्न पनि सक्नुभएको थिएन। म मोटरमा उफ्रेरै चढेँ र सक्दो छिटो पुग्ने हिसाबले अघि बढेँ। अस्पतालका प्यासेजहरूमा हतारहतार कुद्दै उहाँको क्याबिनको ढोका उघारेँ। निकै ढिलो भइसकेको रहेछ। आमा हामीलाई छाडेर

गइसक्नुभएको रहेछ । मैले बिदा गर्नुअगावै आमाको मुटुको धडकन बन्द भइसकेको रहेछ । यत्तिका दिन मैले बिरामी आमाको ओछ्यान कुरेर बिताएँ, तर अन्तिम क्षण चाहिँ म त्यहाँ रहिनँ !

मैले हरेक कुरालाई सुस्त गतिमा नियाल्न थालेँ– आँसु बगाइरहेका भाइहरू, चुपचाप नर्सहरू जो हात बाँधेर कुनामा उभिएका छन्; आमा ठूलो सेतो ओछ्यानमा साँघुरिनुभएको छ, निदाएझैं । मैले आफैँलाई भनेँ, 'नरो, रुनको लागि उपयुक्त ठाउँ होइन यो ।'

र, म बौलाही जस्ती भइछु । हाँस्न पो थालेँ । भतभतिएको छातीबाहिर देखिने झूटो मुस्कानझैं । मानसिक रूपले एकदमै विक्षिप्त बिरामी कहिलेकाहीँ हाँसेझैं । र, हत्तपत्त आफूलाई सम्हाल्ने कोसिस गरिहालेँ ।

तत्कालै मैले सबै कुरा निर्वाह गर्न स्वयंलाई तयार पारेँ । मामालाई यसको जानकारी दिनुका साथै अन्त्येष्टिका निम्ति बौद्ध गुरुको चाँजोपाँजो मिलाउनसमेत अनुरोध गरेँ । आमाको शरीर अग्निदाह गर्न कुन दिन उपयुक्त हुन्छ भन्ने टुङ्गो पनि हामीले अस्पतालको त्यही क्याबिनमा लगायौं, जहाँ आमाको शरीर अझै तातै थियो । यस किसिमका निर्णयहरू प्रायः ज्योतिषीहरूको सल्लाहमा लिने गरिन्छन् । कुनै पनि व्यक्तिको अन्तिम प्रस्थानका निम्ति कुन समय उपयुक्त हुन्छ भन्ने ज्ञान उनीहरूले राखेका हुन्छन् । मामाका ज्योतिषीले यकिन मिति पत्ता लगाउने क्रममा आउँदा चार दिनसम्म राम्रो साइत नरहेको उल्लेख गरे । अर्थात्, हामीले अब आमाको पार्थिव शरीरलाई त्यसै दिन अन्त्येष्टि गर्नुपर्ने भयो । त्यसै दिन, हो त्यसै दिन ! २०६३ साल पुस ७ गते मेरी आमाको शरीर पञ्चतत्त्वमा विलीन भयो र उहाँ बाँकी यात्राका निम्ति स्वर्गतर्फ लाग्नुभयो ।

आमाले पतिबिना दुई वर्षजति बिताउनुभयो । ती दुई वर्ष उहाँको समय मृत्युतर्फ वेगवान् भएको थियो । त्यसैबाट मैले लुछ्दै

र खोस्दै जम्मा गरेका पलहरू हामी आमाछोरीले बिताएका थियौँ। तिनै कुराले आज मलाई आमाबिनाका क्षणमा कतै विलीन हुन दिएका छैनन् । म आमाबिनाका पलहरूमा कहिलेकाहीँ भक्कानिन्छु, तर मलाई थाहा छ, मैले उहाँलाई बाँचुन्जेल आफूले सक्ने सबै दिएकी थिएँ। त्यही सम्झेर थोरै भए पनि चित्त बुझाउन खोज्छु। हामीले एकअर्कालाई असाध्यै माया गरेका थियौँ, अझ ती पछिल्ला दुई वर्ष त सायद त्यसअघिका दिनहरूभन्दा झनै बढी।

हामीले अन्त्येष्टिका सम्पूर्ण प्रक्रिया पुऱ्याउँदै आमालाई बिदा गरेका थियौँ, जसका निम्ति पूरै उनन्पचास दिन लाग्यो। त्यस बेला हामीले उहाँको आत्मशान्तिका निम्ति पूजा-अर्चना, भाकल गर्दै सयौँ दियो बालेका थियौँ। समवेदना प्रकट गर्न धेरै आफन्त र छिमेकीहरू आएका थिए । हाम्रो मान्यता अनुसार यसो गरिएन भने मृतकले यो संसारबाट आफू बिदा भएको ठान्दैन र कुनै न कुनै रूपमा मान्छेसँग सम्पर्क बनाउने कोसिस गरिरहन्छ । आफूलाई बेवास्ता गरियो भन्ने लागेमा मृतकको आत्मा भट्किन थाल्छ भन्ने मान्यता हाम्रोमा छ । उनन्पचास दिनको प्रक्रियाले त्यही आत्मालाई शान्त बनाउँदै संसारबाट बिस्तारै स्थानान्तरण गर्छ भन्ने धार्मिक विश्वास गरिन्छ। यो क्षण अलिक कठिनै हुन्छ, तर सम्पूर्ण समय हामीलाई यसले व्यस्त राख्ने भएकाले सोचेर रुमलिरहने फुर्सदै नमिल्ने हुँदा समय जसोतसो कटिहाल्छ।

त्यसपछिको समय झनै गाह्रो हुन थाल्यो। म आर्यतारा स्कुल गएँ; शिक्षक-विद्यार्थी सबैसँग भेटघाट गरेँ र तुरुन्तै कोठामा फर्किहालेँ। म थाकेकी थिएँ । ओछ्यानमा यसो पल्टन खोज्दा तकियामुन्तिर गुजुमुज्ज परेको मोतीको माला भेटियो। त्यो आमाको प्रार्थना गर्ने सबैभन्दा प्रिय माला थियो। अन्तिम पटक यहाँ आउँदा उहाँले यो छाड्नुभएको रहेछ। मलाई थाहै थिएन। उहाँलाई थाहा थियो, अब

छिटै के हुँदै छ भन्ने ! यति बेला यो आफ्ना हातमा पर्नुलाई मैले अर्कै लोकबाट उहाँले पठाएको सन्देशका रूपमा लिएँ ।

एक्कासि आँसुका बलिन्द्रधारा बग्न थाले, लामो समयसम्म रोकेर राखेको पानी धाराको टुटी खोलिनासाथ वेगवान् भएझैँ । बुद्ध शिक्षाले मृत्युलाई जीवनकै एक अङ्गका रूपमा आफूमा समाहित गरेको हुन्छ । हामी सबैले पाएको ज्ञान अनुसार जीवनका सबैभन्दा ठूला सत्यमध्ये मृत्यु पनि एक हो । मलाई लाग्यो, आफूलाई यो थाहा भएकैले म यसका निम्ति तयार थिएँ । यो सजिलोसँग हुनेछ भन्ने मैले सोचेकी थिएँ । तर जति बेला जसलाई यो आपत् परेको हुन्छ, उसले यी सबै कुरालाई यसै गरी सोच्नै नसक्दो रहेछ । प्रज्ञा, ज्ञान, ध्यान र कारणहरूको खोजी जस्ता विषय आमाको मृत्यु ब्यहोरेर बसेकाहरूका निम्ति निरर्थक बन्दा रहेछन् । म पीडामा थिएँ । म शरीरको भित्रभित्रसम्म आमाको अभाव अनुभव गरिरहेकी थिएँ । मभित्र कतै शून्यतामा जोडजोडले केही चिच्याएझैँ भइरहेको थियो । हे ईश्वर ! मेरी आमा फर्काइदेऊ...

त्यसपछिका केही साता कठिनतापूर्वक बिते । भाइहरू पनि फर्किए । मेरो जीवन पनि फेरि निर्धारित दैनिकीमा कुद्न थाल्यो । साथीहरू त मसँग थिए, तैपनि डरलाग्दो एकान्त अनुभव गरिरहेकी थिएँ । अभिभावकका साथ यत्रो समय बिताएकी म फेरिएको परिस्थितिमा आफैँलाई सुस्त र बेकार जस्तो महसुस गरिरहेकी थिएँ । मैले लगातार स्मृतिको एउटा प्रहारलाई ब्यहोर्नुपरिरहेको थियो, जसले बारम्बार बाआमा अब यस दुनियाँमा हुनुहुन्न भन्ने सम्झना गराइरहन्थ्यो । ती सारा क्षण म उहाँहरूको आत्मशान्तिको कामना गर्थें र त्यसले नै मलाई केही चैन दिन्थ्यो ।

मसँग चित्त बुझाउने र विषादबाट आफैँलाई पर राख्ने अर्को कुरा

पनि थियो, मेरो भावना। यसले म कर्तव्यपालनामा कतै पनि चुकिनँ भनी आश्वस्त पार्थ्यो। मैले दिनुपर्ने जेजति थियो, ती सबैका निम्ति कोसिस गरेँ भन्ने आत्मसन्तुष्टि मभित्र थियो । र, सदाझैँ जीवन जहिले पनि शून्यबाट सुरु भएको हो भन्ने अर्को चेत पनि थियो, जसले सानाठूला खुसियालीहरू जोडेर मलाई जहिले पनि तनावहरूबाट पार लगाइदिन्थ्यो ।

'आनी, मेरा एक मित्रलाई भेट्नुस् न ! उनी नेपाल घुम्न आउँदै छिन्। मैले तपाईंको बारेमा सुनाइसकेकी छु। उनी पनि तपाईंसँग भेट्न इच्छुक छिन्। तपाईं जस्तै सङ्गीतमा लागेकी तिनको नाम ट्रेसी च्यापम्यान हो। तपाईंसँग यसको लागि समय होला ?'

अमेरिकी नागरिक पिटर लामो समयदेखि काठमाडौँमा बस्दै आइरहेका थिए। प्रायः भेटघाटहरूमा उनी मेरो प्रशंसा गरिरहेकै हुन्थे । हाम्रो गफगाफ पनि खुब मिल्थ्यो । मलाई थाहा थियो, जसको म वर्षौंदेखि प्रशंसक थिएँ तिनै गायिका ट्रेसी च्यापम्यानका उनी साथी हुन् भनेर। म उनलाई भेट्न कति व्यग्र हुन्छु भन्ने थाहा पाएरै पिटरले जिस्कँदै मसँग यसरी कुरा गरेका थिए।

जनवरी महिनाको त्यो क्षण हामीले तत्कालै भेट्ने योजना पनि बनायौँ। उनी हामीलाई भेट्न स्कुलमै आइपुगिन्। बालिकाहरू काम गरिरहेकै थिए। मैले उनलाई स्कुलको माथिल्लो तलामा स्वागत गरेँ, फराकिलो बैठकसहितको आफ्नो सानो अपार्टमेन्टमा। मैले आफ्ना सङ्गीतकारलाई निम्त्याएकी थिएँ र त्यहाँ पिटरको पनि उपस्थिति थियो। त्यसबाहेक मेरा केही थप साथीहरू पनि थिए। हामी दुवैले गायौँ : उनले हाम्रा निम्ति, मैले उनीहरूका निम्ति । त्यो क्षण मैत्रीपूर्ण सहवासको महत्त्वपूर्ण पल बनेको थियो। मसँग त्यस दिनको सम्झना सधैँका निम्ति गहिरो बनेर बस्न पुग्यो। हामी स्कुल परिवेश हेर्दै घुम्यौँ; पछिपछि पुच्छर हल्लाउँदै मेरो कुकुर सुमा पनि आएको

थियो। साथमा तस्बिरहरू खिच्यौँ र हाँसोठट्टा पनि गऱ्यौँ। जीवन यस्तै कुराहरूले जोडिँदै जाने रहेछ।

अङ्ग्रेजी क्यालेन्डरका हिसाबले तिब्बती नयाँ वर्ष 'ल्होसार' फेब्रुअरी महिनातिर पर्छ। सन् २००७ को फेब्रुअरीमा पनि मैले आफ्नो टोलीका सबै सदस्यलाई सन्देश पठाएँ, जसमा मेरी आमा परलोक भएकै कारण हामी सबैको नववर्ष बेस्वादको बन्नु हुँदैन भन्ने उल्लेख गरेकी थिएँ। कलिला भिक्षुणीहरूलाई, जो बालखै छन्, यो अवसर उत्सवका रूपमा मनाउने पूरापूर हक थियो। जब त्यो दिन आइपुग्यो, मेरा नानीहरूले मजाको कार्यक्रम प्रस्तुत गरे। कोठालाई मिलाएर बनाइएको स्टेजमा म पहिलो लहरमै बसेकी थिएँ र मञ्चमा उनीहरू बुद्धको जीवनको एउटा महत्त्वपूर्ण घटनालाई अभिनयमार्फत उतारिरहेका थिए। फरक-फरक भूमिकामा उत्रिएका बालिकाहरू बेस्मारी हाँस्ने र उफ्रिने गरिरहेका थिए अनि दर्शकदीर्घामा सबै जना मस्त थिए। मलाई मुटुमा कताकता गहिरोसँग च्वास्स घोच्यो। यो मुटुलाई फेरि खुसी हुन सिकाउनैपर्छ भन्ने लाग्यो। र, तत्कालै मभित्र तरङ्ग फैलन थाल्यो; बाँध फुटे जस्तो गरेर उमङ्ग फैलियो। यस ठाउँमा यी सबैका साथ बस्दा र अझ बेलाबेलामा मेरो छोरो पनि साथै भएका बेला हामीले वास्तवमै केही चिरस्मरणीय क्षण बिताएका थियौँ। हामी कति भाग्यमानी ! म जुरुक्क उठेँ; मञ्चमा सरासर चढेँ र त्यो उल्लासमय गोलोलाई पछ्याउँदै बालिकाहरूसँग नाच्न थालेँ। हामी सबैले एकअर्काको हात समात्यौँ र सबै जोडजोडले हाँस्ने र चिच्याउने गर्न थाल्यौँ। मैले यसरी गाउँदै र नाच्दै गरेको देखेपछि सुमाले पनि ल्यापल्याप चाट्दै पुच्छर हल्लाउन थाल्यो। हावामा माथि उठेका मेरा हातहरूमा चढ्न खोज्ने ऊ, झन् पछि, झन् माथि उफ्रिरहेको थियो। त्यो कुकुर पनि खुसीले हाँसिरहे जस्तो लाग्दै थियो। मैले त्यसका खुट्टा च्याप्प समातेँ र मास्तिर उचालेँ। कुकुर पनि हाम्रो गोलाकारमा मिसिएर नाच्ने

एउटा सदस्य बन्न पुग्यो। मलाई बडो खुसी लाग्यो। त्यो क्षण म जीवनमा कहिल्यै बिर्सन सक्दिनँ।

कहिलेकाहीँ जब सपना देख्छु, मलाई थाहा छ, मैले सपना देखेकी हुँ र म यसलाई त्यति गम्भीरतापूर्वक लिन्नँ। पीडालाई पनि मान्छेले त्यसै गरी लिनुपर्छ। मान्छेले पीडा भोगिरहेको त हुन्छ, तर साथसाथै त्यसबाट मुक्त भई खुसी हुने बाटाहरू पनि उसले चाहेमा त्यतै कतै खोज्न सक्छ। मान्छेले आफूभित्रबाट स्वयंलाई तयार पार्ने कुरा हो यो। जीवनले हामीसँग जति कुरा खोसेको छ, त्यसभन्दा बढी दिएको पनि छ। पीडा परेका बेलामा आफूले जीवनबाट पाएका तिनै कुरा सम्झेर भए पनि स्वयंमाथि हामीले न्याय गर्नैपर्छ। म सदैव यसै गर्ने कोसिस गर्छु। कहिलेकाहीँ सोच्छु– सायद मेरी आमाले कतै न कतै पुनर्जन्म लिएर आएको हुनुपर्छ। म उहाँका निम्ति खुब प्रार्थना गर्छु।

उपसंहार

आफ्ना कथा सुनाइरहेका बेला म श्रोतहरूका आँखामा कहिलेकाहीँ फरक बुझाइ पनि भेट्ने गर्छु । एक दिन मेरो कुरा सुन्दै गर्दा मेरा बाको हिंस्रक व्यवहार सुनेर एक जना चिच्याउन पो थाले । 'त्यस दैत्यले त तपाईंको बालापन चोर्ने काम गरेछ !' तर वास्तवमा सत्य त्यसको ठीक विपरीत छ । मैले यिनै कुरा प्रस्ट पार्न यो किताब लेखेकी हुँ । बुद्ध धर्मको पालना गर्दा प्रत्येक शत्रुलाई आफ्ना निम्ति गुरुका रूपमा लिन सिकाइन्छ । यस्तो गुरु जसको प्रेरणाले हामी स्वयंभित्रका नकारात्मक पक्षलाई नाश गर्न सकौँ । बाका व्यवहारले मलाई आफूभित्रको अन्तरकुन्तरसम्म नियाल्न सक्षम बनाए र म स्वयंलाई थाहा नभएको आफूभित्रको शक्तिसँग साक्षात्कार गराए । उहाँले मलाई लड्न सक्ने बनाउनुभयो । यी कुराका निम्ति म बाको ऋणी छु र सदा उहाँप्रति कृतज्ञ रहनेछु । बाको कुटाइ नखाएकी भए म गुरुको सङ्गतमा कहिल्यै पुग्ने थिइनँ र मभित्र कुनै यस्ता गुण विकसित हुने थिएनन् जसका कारण आज स्वयंलाई असल नागरिकका रूपमा उभ्याउन सकेकी छु । मलाई के विश्वास छ भने त्यस्ता अग्निपरीक्षाका घडीहरूले मान्छेलाई झन् निखार्ने काम गर्छन् । समस्याको भुङ्ग्राबाट गुज्रिएकाहरूले नै जीवनका स्वादहरूको पूर्ण मजा लिन सक्छन् । दोधारमा परेका बेला, जब पोल्ने हावा चल्न थाल्छ, त्यही क्षणले मलाई गुरुको सम्झना गर्न सघाउ पुऱ्याउने

गर्छ । तपाईंले जब कागतीका बारेमा सोच्न थाल्नुहुन्छ मुख अमिलो हुन्छ; त्यसै गरी बरफका बारेमा सोच्दा चिसो लाग्छ अनि आगोका बारेमा सोच्दा तातो। गुरुको सम्झना गर्नेबित्तिकै अनुकम्पाका बत्तीहरू झलमल्ल हुन पुग्छन् र हृदय प्रेमले भरिन थाल्छ । उहाँ नै मेरा पथप्रदर्शक हुनुहुन्छ ।

दुई ध्रुवका बीचमा हल्लिरहेको कम्पास जस्तै मैले स्वयंभित्र प्रेम र घृणा उमारेकी छु र त्यहींनेर हिंसा र निःस्वार्थ प्रेम अनि नियन्त्रण र व्यापकता पनि रोपिएको छ । म एउटा दिशामा बग्दै थिएँ; समयले अर्कै दिशा दियो र यो बहाव जारी रहनेछ ।

आज मसँग खुसीका स्रोतहरू असङ्ख्य छन् : स्कुलमा करेसा बारी तयार पार्नु, मुसा घाइते भेटिए त्यसलाई सुरक्षित तुल्याउनु, बाखा बुटातिर अड्केर छटपटिरहेको फेला परे डोरी फुकाइदिनु, लामो समयपछि भेटिएका साथीसँग अबेरसम्म बात मार्नु, मनले खुब रुचाएका जुत्ता किन्नु, सडकमा भेटिएका माग्नेलाई केही खानेकुरा दिनु, बाआमाको घर मर्मतसम्भार गरिदिनु, भाइहरूका बारेमा जानकारी लिनु, साथीको अनुहारको मुस्कान समात्नु, सपनामा गुरुलाई देख्नु र मुस्काउँदै जाग्नु, वृद्धाश्रमका निम्ति सहयोग रकम जुटाउन सघाउनु, नयाँ खाले गीत पत्ता लगाउनु, झमझम पानी परेका बेला मोटर हाँक्नु, हिन्दी सिनेमा हेरेर त्यसको कथासँगै रुनु, इन्डियन आइडलका प्रशिक्षार्थी गायक-गायिकाहरूको गतिविधि देखेर उत्तेजनामा रमाउनु, छोरालाई स्कुलबाट ल्याउनु, मेरो क्षमताले कसैलाई सघाउ पुग्छ भने सघाइदिनु, भविष्यमा बन्न लागेको अस्पतालका डाक्टरहरूसँग कुरा गर्नु, यो किताब लेख्नु... । देख्न सक्ने हो भने मान्छेका निम्ति खुसियाली चारैतिर छन्। प्रत्येकको पहुँचभित्रै छ। खुसियालीको उपस्थिति भनेकै कुनै पनि कुराको रसास्वादन गर्न सक्नुमा छ। आफूसँग भएका कुराले कसरी सन्तुष्ट हुने भन्नेमै यसको रहस्य लुकेको छ ।

यति हुँदाहुँदै मैले पूर्णता हासिल गरिसकेकी छैन । धेरै कुरा सिक्न बाँकी छ। र, कहिलेकाहीँ म निराश पनि हुन्छु। मान्छेहरूले

निराश पारिदिन्छन् । त्यस्ता मान्छेहरूका निम्ति आफ्नो ऊर्जा खेर नफालौँ भनेर म कोसिस पनि गर्छु । भागेर त हिँड्दिनँ तर कुनै पनि अरुचिकर क्षणलाई सकभर आउन नदिने कोसिस गर्छु । कतै द्वन्द्व छ भने आफूलाई लागेको कुरा त भनिदिन्छु, तर स्वयंलाई कुनै पनि जटिल परिस्थितिबाट जोगाउने कोसिस गर्छु। जे कुरा पनि ध्यान पुऱ्याएर र सक्दो राम्रो गर्ने कोसिस गर्छु । र, म समदूरीमै लामो समय बस्दा पनि बस्दिनँ ।

केही दिनअघि एउटी बालिकाले स्कुलमा भर्ना लिइन् । आफ्ना बाबाट नराम्ररी पिटिएकी उनका पछिल्ला वर्षहरू मुड्की र अपहेलनामै गुज्रिएका रहेछन् । यस्ता कथाहरू जबजब सुन्छु मेरो धैर्यको बाँध भत्कन खोज्छ । अन्यायको पराकाष्ठाले मलाई असाध्य क्रोधित बनाउने गर्छ । तर तत्काल म शान्त हुने कोसिस गर्छु । मलाई थाहा छ, यी बालिकामाथि के गुज्रेको होला भनेर । उनीसँग कुरै नगरे पनि यहाँनेर आएर म केही न्किटता पाउँछु । हामीले आफूभित्र एउटै भोगाइ लुकाएका छौँ । हानी उस्तै परिवारका सदस्य हौँ । आफैँले नभोगेसम्म मान्छेले कहिल्यै यस्ता अनुभवलाई बुझ्न सक्दैन। आफ्नै विगतको पाठले मलाई अरूका पनि उस्तै भोगाइहरूलाई सजिलै आत्मसात् गर्न सिकाएको छ। त्यसै भएर तिनलाई सबैभन्दा राम्ररी मैले नै सघाउन सक्छु भन्ने पनि मलाई लाग्छ।

जसलाई जहाँ मेरो सेवाको खाँचो पर्‍ पनि म सधैँ सकेका बेला आफूलाई त्यहाँ उभ्याउने कोसिस गर्छु। दुःखको कुरा के भने मान्छेका विपत्तिहरू प्वाल परेका भाँडा जस्तै हुन् जसलाई सदैव भरिभराउ राख्न माथिबाट प्रेम र सद्भाव निरन्तर हालिरहनुपर्छ । म सदैव यही प्रयासमा हुन्छु र यसैले मलाई अपार सन्तोष दिने गरेको छ ।

आफूले बनाउन आँट गरेको अस्पतालमा आजभोलि मेरो पर्याप्त ऊर्जा लागिरहेको छ। यो यस्तो परियोजना हो जसले मेरो जीवनमा अत्यन्त ठूलो महत्त्व राख्छ। नेपालमा बहुसङ्ख्यक बिरामीहरू मधुमेह

र रक्तसम्बन्धी रोगले पीडित छन् । आधारभूत स्वास्थ्य चेतनाको अभाव र उच्च भौगोलिक अवस्थाका कारण पनि यी समस्या विकराल भएका हुन् । धेरै महिलाहरू नाङ्गा खुट्टा हिँड्छन्; पर्याप्त पानी पिउँदैनन् र मूत्र सम्बन्धी समस्याहरूको उपचार गराउँदैनन् । हामीले स्वास्थ्य शिक्षा र शारीरिक चेतनाबारे जानकारी विस्तार गर्नै छ । मैले आफ्नी आमालाई वचन दिएकी छु– यो अस्पताल म खोलेरै छाड्छु, चाहे जतिसुकै समय लागोस् । स्वास्थ्य सेवा अत्यन्त महँगो रहेको नेपालमा मैले चाहेको जस्तो अस्पताल साह्रै आवश्यक छ । किनभने डाइलासिस सेन्टरहरूमा पर्याप्त बेड छैनन् भने अर्कातिर यो सेवाका निम्ति आवश्यक उपकरणहरू साह्रै महँगा पनि छन् । र, जर्मनी अनि फ्रान्समा जुन उमेरमा मान्छेहरू जीवनको आनन्द लिइरहेका हुन्छन् त्यति बेलै हामीकहाँ बिरामीहरू उपचार नपाएर मरिरहेका हुन्छन् । मेरा प्रशंसकहरूको घेरामा पूर्वप्रधानमन्त्री एवं नेपालका लोकप्रिय नेता स्वर्गीय गिरिजाप्रसाद कोइराला जस्ता व्यक्तिको नाम पनि छ, जसले बाँचुन्जेल मलाई यस कामका निम्ति सहयोग गर्ने वचन दिनुभएको थियो ।

यो पुस्तक लेख्नुको मेरो अर्को उद्देश्य त्यसै अस्पतालका निम्ति सहयोग रकम जुटाउनु पनि हो । म आफ्ना प्रकाशक फिलिप रोबिनेटलाई धन्यवाद दिन चाहन्छु। यो पुस्तक लेख्न हौस्याएर उनले मेरो परियोजनालाई अघि बढाउन सघाउसमेत पुऱ्याइरहेका छन् ।

मान्छेले असम्भव पहाड चढ्न सुरुमा हिचकिचाइरहेका हुन्छन्। तर, उनीहरू नै शिखरमा पुग्छन् पनि। मान्छेले केवल आफूमा 'म सक्छु' भन्ने विश्वास जन्माउनुपर्छ। मेरा अनुभवहरूले यही सिकाएका छन्।

www.ingramcontent.com/pod-product-compliance
Lightning Source LLC
Chambersburg PA
CBHW022110040426
42450CB00006B/657
* 9 7 8 9 9 3 7 8 7 4 0 9 0 *